新零售系列教材

NEW RETAILING MANAGEMENT

智慧物流管理

主　编◎殷延海

副主编◎范广辉

復旦大學 出版社

新零售系列教材编委会

主　编　焦　玥

编　委　（按姓氏笔画排序，排名不分先后）

　　　　吕　洁　冯　睿　刘　欣　张广存　李　清

　　　　吴培培　殷延海　高　振　曹　静

Preface 序

新零售时代已经到来，这是以人为中心的"线上线下一体化"的全渠道新零售。随着消费升级的变化，消费者的购物方式和消费理念在发生改变。面对消费者的多元化需求，信息技术的发展，以及经营环境的变化，零售企业要对经营理念和运营方式进行调整，对提供的产品和服务进行升级，利用大数据对用户行为进行分析，创新精准营销和体验营销，搭建智慧物流体系，这对零售企业提出了更多新挑战。

上海商学院建设有全国最早的连锁经营管理本科专业，于2017年新设了教育部首个零售业管理专业，工商管理专业2019年成为国家级一流本科专业建设点，在零售方向的专业教学始终处于领先地位。工商管理基于一流本科专业和一流学科建设，结合新商科、新需求、新模式、新技术发展，致力于培养具有互联网思维、创新创业能力、国际化视野的现代商业与商务管理人才，以满足上海"五个中心"和"四大品牌"建设及我国商业的新发展对高素质应用型商科人才的需求。

为实现以上人才培养的目标，专业定期更新课程体系，将行业前沿适时融入课程内容。经过长期的积累，形成了新零售系列教材，涵盖了零售基本理论、新零售管理理论、数字营销、智慧物流、商业数据分析、市场调查、商业伦理、组织行为等方面。新零售系列教材特色鲜明，内容覆盖新零售的方方面面，体现了教学内容的理论性、行业发展的前沿性和管理实践的应用性。

新零售系列教材，适用于零售管理、企业管理、工商管理等经济管理类专业的本科生，也适用于对新零售感兴趣的企业和研究人员。

Contents 目录

第一章　智慧物流概述

- 1　本章要点
- 1　第一节　智慧物流的兴起
- 8　第二节　智慧物流的整体框架
- 12　第三节　智慧物流系统的创建
- 14　第四节　智慧物流的实施
- 22　本章思考题

第二章　智慧物流技术

- 24　本章要点
- 24　第一节　智慧物流技术架构与技术体系
- 27　第二节　RFID 技术
- 30　第三节　数据挖掘技术
- 33　第四节　GIS 技术
- 37　第五节　物流自动化技术
- 40　第六节　北斗导航系统
- 45　本章思考题

第三章　人工智能与智慧物流

- 46　本章要点
- 46　第一节　人工智能的理论与发展
- 49　第二节　人工智能在物流领域的应用场景
- 57　第三节　人工智能对物流行业发展的推动
- 59　第四节　物流管理者如何应对 AI 时代带来的挑战
- 64　本章思考题

第四章　智慧仓储

- 65　本章要点
- 65　第一节　智慧仓储概述
- 72　第二节　智慧仓储管理的内容
- 73　第三节　智慧仓储管理系统
- 74　第四节　无人仓
- 76　第五节　智慧云仓
- 87　本章思考题

第五章　智能配送与智能调度

- 88　本章要点
- 88　第一节　智能配送概述
- 91　第二节　智能调度
- 96　第三节　无人车配送
- 102　第四节　无人机配送
- 117　本章思考题

第六章　物流可视化

- 118　本章要点
- 118　第一节　物流可视化的内涵
- 120　第二节　可视化物流平台建设
- 130　第三节　物流可视化的层次体系
- 142　本章思考题

第七章　智慧物流园区

- 143　本章要点
- 143　第一节　物流园区概述
- 150　第二节　智慧物流园区概述
- 156　第三节　智慧物流园区的运营管理
- 161　第四节　智慧物流园区的应用场景
- 164　第五节　智慧物流园区建设
- 171　本章思考题

第八章　智慧供应链

- 172　本章要点
- 172　第一节　智慧供应链概述
- 174　第二节　智能制造与智慧供应链
- 178　第三节　新零售与智慧供应链
- 180　第四节　智慧供应链的构建思路
- 182　第五节　智慧供应链构建内容
- 192　本章思考题

第九章　智慧港口

- 193　本章要点
- 193　第一节　智慧港口概述
- 198　第二节　智慧港口的功能
- 201　第三节　人工智能在智慧港口的应用
- 203　第四节　基于5G技术的智慧港口的应用场景
- 206　第五节　智慧港口的建设策略
- 213　本章思考题

第十章　大数据与智慧物流

- 214　本章要点
- 214　第一节　大数据概述
- 218　第二节　大数据与智慧物流
- 224　第三节　大数据在智慧物流领域的应用策略
- 232　本章思考题

第一章 智慧物流概述

 本章要点

- 智慧物流的含义与特征
- 智慧物流的发展机遇
- 智慧物流的整体框架
- 智慧物流系统的创建
- 智慧物流的实施

第一节 智慧物流的兴起

物流业是支撑国民经济发展的基础性、战略性、先导性产业。物流高质量发展是经济高质量发展的重要组成部分,也是推动经济高质量发展不可或缺的重要力量。可以预见,中国物流行业将重点着力于智慧物流的深化应用、物流供应链模式创新、可持续发展的绿色低碳物流等方面的建设。

"智慧物流"是实现物流行业高质量发展的重要抓手。智慧物流是指通过智能硬件、物联网、大数据等智慧化技术与手段,实现物流资源的在线化、自动化、数字化和智能化,提高物流系统感知、分析、预测、决策和智能执行的能力,从而提升整个物流系统的自动化、数字化和智能化水平,降低社会物流成本。智慧物流作为智慧城市的一大行业领域,支撑了整个物流产业链的智能化、无人化革新,推动了物流行业迈入新的智慧化发展阶段。

新一代物流拥有短链、智慧以及共生的特征,具有快捷、方便、智能化的优势。物流行业的未来发展,离不开与5G、物联网、云计算、大数据、人工智能、AR/VR、区块链、机器人等新技术的深度融合应用。我们欣喜地看到,物流行业经多年发展,已逐步应用新技术创新出非常多的智慧物流行业应用场景,诸如物流路径优化、物流跟踪追溯、智能物流作业、智能物流调度、物流信息保真等,新模式的创新将全面推动社会供应链物流的智能化进程,从连接到智能的"智慧+"浪潮已经开始。

一、智慧物流的含义

物流业是支撑国民经济和社会发展的基础性、战略性产业。随着新技术、新模式、新业态不断涌现,物流业与互联网深度融合,智慧物流逐步成为推进物流业发展的新动力、新路径,也为经济结构优化升级和提质增效注入了强大动力。

国际商业机器公司(IBM)2009年提出建立一个面向未来的具有先进、互联和智能三大特征的供应链,通过感应器、RFID标签、制动器、GPS和其他设备及系统生成实时信息的"智慧供应链"概念,紧接着"智慧物流"的概念由此延伸而出。与智能物流强调构建一个虚拟的物流动态信息化的互联网管理体系不同,"智慧物流"更重视将物联网、传感网与现有的互联网整合起来,通过以精细、动态、科学的管理,实现物流的自动化、可视化、可控化、智能化、网络化,从而提高资源利用率和生产力水平,创造具有更丰富社会价值的综合内涵。

智慧物流是利用集成智能化技术,使物流系统能模仿人的智能,具有思维、感知、学习、推理判断和自行解决物流中某些问题的能力。在流通过程中获取信息,从而分析信息做出决策,使商品从源头开始被实施跟踪与管理,实现信息流快于实物流。可通过RFID、传感器、移动通信技术等让配送货物自动化、信息化和网络化,从而推动物流的发展,降低社会物流成本,提高效率。

二、智慧物流的特征

跟传统物流相比,智慧物流具有多元驱动、情景感知、智能交互、智慧融合四个显著特征。

(一)多元驱动

多元驱动是智慧物流的重要特征。与传统物流相比,现代物流每一阶段发展的关注重点和发展力都不同,比如关注物流成本或关注物流服务质量。在现代物流更上一层的智慧物流,能够通过结合技术、应用和经营管理来让物流的每一个阶段都能协同发展,同时实现低成本、高效率、优质服务等多元化发展目标。

(二)情景感知

智慧物流应用了自动识别与数据获取技术,能够保证具有情景感知的能力。现代物流所面对的物流工具和环境都变得多种多样,要做到在不同的环境、不同的地点和不同的对象下都能够实现稳定、可靠和安全的运输,就必须依靠自动识别与数据获取技术,保证物流运输的全程情景感知。通过条码识别、GPS实时定位、图像识别等相关技术,可以在物流过程中获取物流的数据和信息,从而能够确定目标是什么、要运到那里去、处于一个什么样的状态等相关的基础信息,为智慧物流的管理提供基础数据。

(三)智能交互

物流活动与人们的生活和企业的生产紧密相关,物流使用者与物流各环节、物品本身的互动过程,直接影响着物流效果。

智慧物流的智能交互特征是指物流服务的使用者(如寄送包裹的客户、为大厂商生产零件的供应商等)、物流的实施者(如快递送货人员、物流运送企业等)、物流工具(如运输工具、配送流水线等)和物品之间,可以通过简单、便捷的途径实现沟通与互动,智能配置物流资源,协调物流环节,从而实现物流过程的有效运转。

(四)智慧融合

技术、系统应用与经营管理的高度融合正是智慧物流"智慧"特征的重要体现。可以应用于物流产业的关键技术(如感知技术)、系统应用(如物流信息系统)与管理理论(如物流决策方法)数量众多,各有优势,而智慧物流可以实现这些技术、应用和管理方法的无缝集成、高度融合。在智慧物流情境之下,物流服务的使用者与实施者无须了解复杂的技术过程、处理手段、管理思想,就可以轻松地实现物流目标与效果,而具体的物流处理过程也会随需求的不同和技术的进步实现灵活的选择、配置。

三、智慧物流的基本功能

(一)感知功能

运用各种自动识别与数据获取技术能够获取运输、仓储、包装、装卸搬运、配送、信息服务等各个物流环节的大量基础信息,能够实现实时数据收集,使各方能准确掌握目标物流的基本信息。

(二)规整功能

把智慧物流网通过感知收集的信息传输到数据中心,数据归档,并建立强大的数据库。对数据进行分类,使各种数据按照要求规整,实现数据的联动性和开放性,并通过对数据和流程的标准化,实现不同平台的系统整合。

(三)智能分析功能

智慧物流可以运用智能模拟器模型等手段去模拟分析物流问题,根据问题提出假设,并在实践过程中不断验证问题,发现新问题。系统会自行调用原有经验数据,随时发现物流作业活动中的漏洞或者薄弱环节。

(四)优化决策功能

结合特定需要,根据不同的情况评估成本、时间、质量、服务、碳排放和其他标准,评估基于概率的风险性预测分析,协同制订决策,提出最合理有效的解决方案,使做出的决策更准确、科学,从而实现创新智慧。

(五)系统支持功能

系统智慧集中表现于智慧物流并不是各自独立、毫不相关的各个环节自动运行,而是每个环节都能相互联系、互通有无、共享数据、优化资源配置的系统,从而为物流各个环节提供最强大的系统支持,使得各环节协作、协调、协同。

(六)自动修正功能

在上述各个功能的基础上,按照最有效的解决方案,系统自动遵循最快捷有效的路线运行,并在发现问题后自动修正,并且备用在案,方便日后查询。

（七）及时反馈功能

物流系统是一个实时更新的系统。反馈是实现系统修正,系统完善必不可少的环节。反馈贯穿于智慧物流系统的每一个环节,为物流相关作业者了解物流运行情况,及时解决系统问题提供强大的保障。

四、智慧物流的分类

按照服务对象和服务范围划分,智慧物流体系可以分为企业智慧物流、区域智慧物流、国家智慧物流。

（一）企业智慧物流

企业智慧物流主要是指在企业层面,应用新的智能技术,实现物流过程中运输、存储、包装、装卸等环节的智慧化和一体化。

（二）区域智慧物流

区域智慧物流主要是指在一定的区域（省、区、市）建设智慧区域物流中心。通过搭建区域物流信息平台,连接区域各个层次的物流系统,将原本分离的采购、运输、仓储、代理、配送等环节紧密联系起来,促进区域经济发展和世界物流资源优化配置,实现区域物流信息化及网络化,满足企业信息系统对相关信息的需求,满足政府部门监督行业与规范市场的信息需要,使得运输合理化、仓储自动化、包装标准化、装卸机械化、加工配送一体化、信息管理网络化。

（三）国家智慧物流

国家智慧物流主要是从国家层面制定产业发展规划、标准和规范、政策和制度等。鼓励及支持智慧技术的研发和应用,培养智慧物流人才,整合地方物流信息平台成为全国性的智慧物流信息平台。

五、智慧物流的作用

智慧物流就是能迅速、灵活、正确地理解物流,运用科学的思路、方法和先进技术解决物流问题,创造更好的社会效益和经济效益。那么,智慧物流到底有哪些具体的作用呢？

（一）降低物流成本,提高企业利润

智慧物流能大大降低制造业、物流业等各行业的成本,实打实地提高企业的利润,生产商、批发商、零售商三方通过智慧物流相互协作,信息共享,物流企业便能更节省成本。其关键技术诸如物体标识及标识追踪、无线定位等新型信息技术应用,能够有效实现物流的智能调度管理、整合物流核心业务流程,加强物流管理的合理化,降低物流消耗,降低物流成本,减少流通费用,增加利润,从而改善备受诟病的物流成本居高不下的现状。此外,智慧物流还能够提升物流业的规模、内涵和功能,促进物流行业的转型升级。

（二）加速物流产业的发展,成为物流业的信息技术支撑

智慧物流的建设,将加速当地物流产业的发展,集仓储、运输、配送、信息服务等多功能

于一体,打破行业限制,协调部门利益,实现集约化高效经营,优化社会物流资源配置。将物流企业整合在一起,将过去分散于多处的物流资源进行集中处理,发挥整体优势和规模优势,实现传统物流企业的现代化、专业化和互补性。此外,这些企业还可以共享基础设施、配套服务和信息,降低运营成本和费用支出,获得规模效益。

智慧物流概念的提出对现实中局部的、零散的物流智能网络技术应用有了一种系统的提升,契合了现代物流的智能化、自动化、网络化、可视化、实时化的发展趋势,对物流业的影响将是全方位的,因为现代物流业最需要现代信息技术的支撑。

(三)为企业生产、采购和销售系统的智能融合打基础

随着RFID技术与传感器网络的普及,物与物的互联互通将为企业的物流系统、生产系统、采购系统与销售系统的智能融合打下基础,而网络的融合必将产生智慧生产与智慧供应链的融合,企业物流完全智慧地融入企业经营之中,打破工序、流程界限,打造智慧企业。

(四)使消费者节约成本,轻松、放心购物

智慧物流通过提供货物源头自助查询和跟踪等多种服务,尤其是对食品类货物的源头查询,能够让消费者买得放心、吃得放心,增加消费者的购买信心并促进消费,最终对整体市场产生良性影响。

(五)提高政府部门工作效率,助于政治体制改革

智慧物流可全方位、全程监管食品的生产、运输、销售,大大节省了相关政府部门的工作压力的同时,使监管更彻底更透明。通过计算机和网络的应用,政府部门的工作效率将大大提高,有助于体制的改革,削减开支。

(六)促进当地经济进一步发展,提升综合竞争力

智慧物流集多种服务功能于一体,体现了现代经济运作特点的需求,即强调信息流与物质流快速、高效、通畅地运转,从而降低社会成本,提高生产效率,整合社会资源。

智慧物流的建设,在物资辐射及集散能力上同邻近地区的现代化物流配送体系相衔接,全方位打开企业对外通道,以产业升级带动城市经济发展,推动当地经济的发展。物流中心的建设,将增加城市整体服务功能,提升城市服务水平,增强竞争力,从而有利于商流、人流、资金流向物流中心所属地集中,形成良性互动,对当地社会经济的发展有较大的促进作用。

六、智慧物流的发展现状

在智慧的概念上可以形成"智慧+"系统,如"智慧城市"以及"智慧城市"中的"智慧管网""智慧社区""智慧物流"等,和所有智慧系统一样,智慧物流也必须实现感知、交互、分析、发现和决策过程。

(一)物流的五大物理要素

物流的五大物理要素分别是人、货、车、节点、线路,这些物理要素受到重点关注是因为人们将实体经济和虚拟经济进行结合的时候发现,物流是最重要的结合点。同时,这些物理要素自身价值加上其背后交织的大量经济关系、社会关系、资金流、信息流,形成盘根错节的各种链条和网络。物流结构变迁可以客观反映实体经济变化,物流承载信息是最真实的信

息。物流就像一个深潭,藏着太多可以被挖掘的、增量的价值;又像一个支点,任何逻辑的改变都可能演绎出各种各样的商业模式,撬动越来越大的市场,或者越来越细分的市场。

(二)物流五大物理要素的发展现状

(1)人。如运输中的司机、仓库中的拣货人员、园区中的参与者等。过去利用GPS进行定位数据采集,现在利用手机App获得对人们行为数据的多维刻画。

(2)货。过去利用条码技术记录,现在利用RFID技术,不仅能安全跟踪货物,还能通过反复读写数据发现商业机会。比如某服装品牌以往通过服装销量判断款式的流行程度,通常销售量低的服装被淘汰。而现在,该品牌给店里的每一件试品装上RFID,通过服装试穿次数与其销售数据进行关联统计,对试穿次数多、销售量小的服装进行分析改进,让服装重获新生。

(3)车。过去利用GPS进行数据采集,现在载运货车出厂时已安装传感器。某个实时追踪解决方案的提供商已经开发了一个可用于连接各种远程信息技术和传感器硬件设备开放平台,以便整合不同的应用程序和模式下的数据。这个平台能够合并多种资源,例如将货厢或卡车与一个易于使用、具有世界范围访问权限的门户网站相连,让物流供应商和客户都能在他们各种设备上实时跟踪所有资产。

(4)线路。过去利用摄像头采集数据,现在国外某公司发明一种利用太阳能技术进行发电的路面,如果全部铺设这种路面,每年的供电量是现有用电量的3倍,若与电动车充电技术结合,电动车充电瓶颈将迎刃而解,该路面下还可以安装各种传感器对车辆和其他线路信息实时采集。比如在车队和资产管理方面,传感器可以监测某个卡车、集装箱、ULD(航空载具)的使用及闲置频率,然后它们将采集这些数据用于最优化利用分析,通过测量负载能力可以了解特定路线上交通工具的闲置运力,从中提出巩固和优化路线的建议。这将创造车队效益、节约燃料,并减少空车返回的里程。

(5)节点。尽管物流园区、物流中心目前仍以内部管理系统为主,如WMS、TMS、ERP等,但更多的中小公司已经通过SaaS等互联网软件服务应用模式,向提供商租用基于Web的软件,可以用更低的成本,更快速地采用先进技术管理企业经营活动,此过程也为数据互联互通创造了可能。

(三)基于互联的企业发展现状

互联分为互联1.0和互联2.0。互联1.0中人通过移动互联,货、车、线路通过信息平台互联,节点和企业通过内部管理系统链接,互联1.0主要特点是互联有明确的边界,是有限的连接。互联2.0的范围要大得多,初步看来有三类企业及其联盟可能在未来举足轻重。

第一类是互联网企业(如谷歌、腾讯等),它们同时在设备和应用上加大了投资力度,谷歌在无人驾驶车辆技术方面遥遥领先于汽车制造企业,而一些企业也在汽车领域流露出野心。互联网企业通过终端设备提供对接平台业务接口,以数据服务化方式掌控全网资源,一个个庞大的网络帝国正急速膨胀。

第二类是以云服务和物流为核心竞争力的运营类企业,类似于亚马逊和京东,亚马逊AWS占有全球云计算市场份额的27%,营业利润率为23.5%,活跃用户数已经突破100

万,其中包括900多个政府机构、3 400个教育机构和超过11 200个非营利机构。"AWS IoT"服务使工厂生产车间、车辆、家电等物联网设备通过云计算技术相互连接。亚马逊通过开放其"亚马逊物流+"平台,将物流与云无缝连接。

第三类是物流专业化互联网平台,物流是典型低利润、零散化行业,尤其在公路货运方面,如今分散物流资源联盟化趋势已经非常明显,一些平台开始着手物流联盟间资源整合,帮助企业完成全链条、多环节、跨行业物流资源整合和协同。如oTMS一站式运输服务平台,传化、天地汇、卡行天下等公路港整合平台,物流数据服务商G7等都崭露头角,表现出强劲的增长势头。

(四)在智慧物流自动决策层面的企业发展现状

一些子系统中已经能够自动形成决策方案,例如自动化仓库中能够自动储存、自动分拣,但还有待从无序走向有序,从封闭系统向互联系统跨越。智慧物流结构是围绕五大实体要素形成的物流数据感知、物流数据互联、物流规律发现、物流行为决策和自动执行的有机结构。

七、智慧物流的发展机遇

近年来,大数据、物联网、云计算、机器人、AR/VR、区块链等新技术推动物流业在模块化、自动化、信息化等方向持续、快速变化。

这些新技术驱动物流变化的结果,主要体现在三个方面:一是感应,使物流整个场景数字化;二是互联,使整个供应链内的所有元素相互连接;三是智能,供应链相关的决策将更加自主、智能(见图1-1)。

技术的影响结果	云计算和存储	物联网	库存和网络优化工具	自动化机器人	可穿戴和移动设备	预测性大数据分析	3D打印	无人驾驶车和无人机	AR/VR	区块链
感应		✓	✓	✓	✓			✓		
互联	✓	✓	✓	✓				✓		✓
智能	✓			✓	✓	✓	✓			

图1-1 新技术对物流变化的影响

无人机、机器人与自动化、大数据等已相对成熟,即将商用;可穿戴设备、3D打印、无人卡车、人工智能等技术在未来10年左右逐步成熟,将广泛应用于仓储、运输、配送、末端等各物流环节,为推动中国智慧物流的全面实现和迭代提升奠定基础。

物流系统和设备能够自主进行路线设计,仿真人类的视觉识别、抓取等动作,并将各环节的智能设备系统地、有机地结合在一起,实现运营的智能化。原本依靠经验的决策体系,也将通过大数据和人工智能技术彻底改变,系统和设备实现自我思考和自主决策,做到决策的智慧化(见图1-2)。

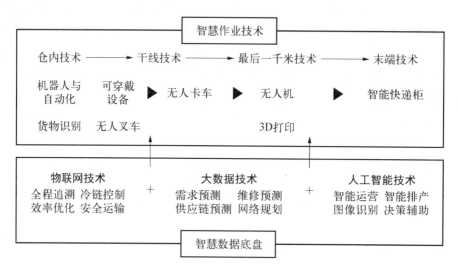

图1-2　物流系统决策智慧化

正是通过科技革命和物流业的深度融合,智慧物流有力推动了物流业由劳动密集型向技术密集型转型,由作业服务型向价值创造型转型,在不断降低成本、提高效率的同时,还将反向指导上游生产制造,为消费者提供更好的服务体验。

第二节　智慧物流的整体框架

伴随科技的发展和商业模式的升级,以及消费者消费习惯的改变,物流数据、物流云及物流技术三大服务领域持续提出更高的智慧化、数字化和智能化要求。行业各方要在平台、运营和作业三个层面加强对物联网、大数据、人工智能等技术的研究与应用,从而加快实现智慧物流。基于领先企业最佳实践及物流行业发展趋势,可以描绘出智慧物流应用的框架及其主要内容。

智慧物流整体架构自上而下体现在三个层面:智慧化平台、数字化运营、智能化作业(见图1-3)。

形象地说,如果把智慧物流看作"人",智慧化平台就是"大脑"、数字化运营就是"中枢"、智能化作业就是"四肢"。"大脑"负责开放整合、共享协同,通过综合市场关系、商业模式、技术创新等因素进行全局性的战略规划与决策,输出行业解决方案,统筹协同各参与方;"中枢"负责串联调度,依托云化的信息系统和智能算法,连接、调度各参与方进行分工协作;"四肢"负责作业执行,依托互联互通、自主控制的智能设施设备,实现物流作业高效率、低成本。

智慧化平台	大数据网络布局 网络规划、模拟仿真……	行业洞察 数据分析、最佳实践……	供应链深度协同 库存计划、面板、指标健康……
数字化运营	全链路智能排产 负荷监测+智能匹配+排产算法	+	运营规则智能设置 规则建模+模拟仿真+机器学习
	仓储 智能存储+智能拣选+智能耗材推荐+…… WMS+算法-最优布局、定位， 最短路径，设备调度……	运输 智能调度 TMS+算法-动态规划……	配送 智能分拣 路径规划 配送管理系统+ 算法-遗传、蚁群……

	入库	存取	拣选	包装	出库	调拨	摆渡	传站	分拣	派送
智能化作业	自动验收	AS/RS	货到人	自动包装	分合流		辅助驾驶		自动化分拣	配送员+智能终端
	码垛机器人	AGV	拣货机器人	复核包装	AGV搬运		无人货车		机器人分拣	无人配送车	无人机
	盘点	RFID盘点		视觉盘点						

图 1-3 智慧物流应用框架

一、智慧化平台

随着商品交易品类越来越多，物流交付时效要求越来越高，物流服务范围越来越广，物流网络布局及供应链上下游的协同面临巨大挑战，这迫切需要依托智慧化的平台，通过数据驱动网络的智慧布局，实现上下游协同和共赢。

（一）数据驱动，智慧布局

网络布局是一个多目标决策问题，需要统筹兼顾覆盖范围、库存成本、运营成本、交付时效等指标。未来将具备采用大数据及模拟仿真等技术来研究确定如何实现最优的仓储、运输、配送网络布局的能力，基于历史运营数据及预测数据的建模分析、求解与仿真运行，更加科学、合理地确定每类商品的库存部署，以及每个分拣中心、配送站的选址和产能大小等一系列相关联的问题。

以配送网络中的智能建站/拆站为例：通过构建综合评价模型、成本最优模型、站点数量最少模型等多维度模型，基于订单量、路区坐标等入参参数以及传站时间、配送半径等约束条件，采用遗传算法等智能算法进行求解，得出最优的站点数量、每个站点的坐标、平均派送半径等规划决策。

（二）开放协同，增值共赢

智慧物流的目标之一是降本增效，而当前物流行业各方的协同成本仍然过高。未来将统一行业标准、共享基础数据，基于大数据分析洞察各行业、各环节的物流运行规律，形成最佳实践，明确各参与方在智慧物流体系中最适合承担的角色。在此基础上，上下游各方在销售计划、预测等层面进行共享,指导生产、物流等各环节的运营,实现供应链的深度协同。

二、数字化运营

物流需求正在变得更加多样化、个性化,未来将通过数字化技术,在横向的仓储、运输、配送等业务全流程,纵向的决策、计划、执行、监控、反馈的运营全过程中,根据实时需求进行动态化的决策,根据具有自学习、自适应能力的运营规则进行自主管理,并在信息系统中落地实现。

(一)动态决策,自主管理

主要体现在全链路智能排产和运营规则智能设置两个方面。

1. 全链路智能排产

未来的排产将是全链路仓、运、配等各环节联动的,动态最优的。基于运营计划、客户需求、负荷监测、资源能力等构建产能模型,通过排产算法进行求解,动态识别瓶颈环节,智能计算并更新各环节产能阈值,动态编排各环节生产节拍,实现各环节的平稳生产,通过设置适度积压的安全缓冲,减轻峰值、低谷的压力,节省成本(见图1-4)。

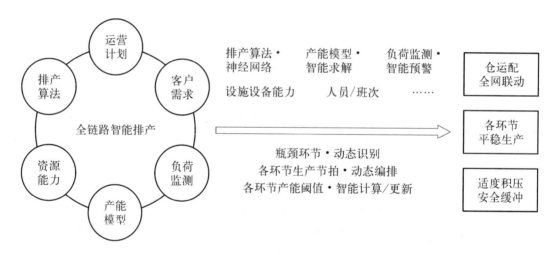

图1-4 全链路智能排产

以订单生产及装车顺序智能编排为例:基于实时定位的应用,根据车辆信息(包括预计到达仓库/分拣中心的时间、车辆规格等),以及实际订单的地址及投递时效信息,智能设置动态的截单时间,按照波次编排订单生产顺序和集单拣货顺序,并按包裹投递顺序倒排装车顺序(见图1-5)。

2. 运营规则智能设置

物流需求将会越来越场景化、精细化,为满足各类需求,要逐项提炼运营规则,对物流时效、运费、最后一千米等业务的条件和触发操作进行建模,通过模拟仿真进行验证后,配置在规则引擎中,驱动各类业务按规则运营。未来将会通过机器学习,使规则引擎具备自学习、自适应的能力,能够在感知业务条件后进行自主决策(见图1-6)。

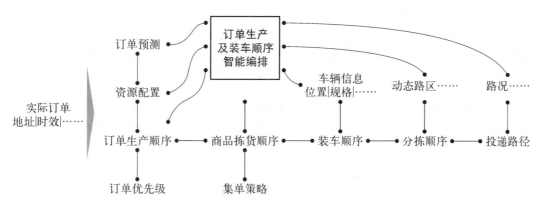

图 1-5 订单生产及装车顺序智能编排示例

图 1-6 运营规则智能设置

以电商 B2C 物流运营规则为例：网络购物具有高峰、常态两种场景，由于订单规模的巨大差距，对应的订单生产方式、交付时效、运费、异常订单处理等的规则差异很大，未来的规则引擎将能自动感知时间、商品品类等条件，自主为每类订单设置最优的运营规则。

（二）软化灵动，智能调度

未来的仓储、运输、配送等各环节的运营，将依托 SaaS 化的信息系统，通过组件化的业务应用和智能算法服务，实现动态、实时的调度。

1. 仓储

基于仓库、商品、订单、波次等基础数据，未来将会实现入库、存取、拣选、包装、出库和盘点环节中各项作业的智能调度。

以智能耗材推荐为例：为了更充分地利用包装箱内的空间，在商品按订单打包环节，通过测算百万 SKU 商品的体积数据和包装箱尺寸，利用深度学习算法技术，由系统智能地计算并推荐耗材和打包排序，从而合理安排箱型和商品摆放方案。

2. 运输及配送

基于车辆、分拣、配送站、波次等基础数据，未来将会实现运输、分拣、派送环节中各项作

业的智能调度。

以智能路由推荐和动态分拣为例：在运输环节，根据商品件型、货物重量和体积、商家地址以及目的地址等信息，由系统利用历史数据及智能算法，匹配出相应规格的上门接货车辆，并生成运输路由。还能根据实际情况，实时动态调整路由，当到达中转站出现延误时，系统自动推荐新的后续路线。在配送环节，根据各分拣中心的产能和负荷情况，系统动态调整分拣中心覆盖的路区，使各分拣中心负荷更加均衡，避免忙闲不均，影响部分订单的配送时效。

三、智能化作业

智能化作业的核心是依托一系列互联互通、自主控制的智能设施设备，在 WMS、WCS、TMS 等业务运作系统的智能调度下，实现仓储、运输、配送环节各项作业的智能化执行。在满足客户需求的前提下，实现物流作业高效率、低成本。由于商品属性差异很大，物流企业要结合自身的实际情况，选择最适合的智能化作业实现方式。

目前，我国物流机器人使用密度每万人不足 1 台。伴随"中国制造 2025"战略和国家机器人产业发展规划的落地实施，我国物流智能化作业系统会更广泛地普及应用。到 2025 年，我们预测物流机器人使用密度将达到每万人 5 台左右，有望节约 20%～40% 的物流作业成本。

（一）实时互动，自主控制

仓储作业已经在自动化层面发展多年，未来要提高智能化水平，根据商品的件型、重量、销量、交付时效等属性，设计不同的作业流程，并采用相匹配的物流智能化系统进行实现。未来的智能化仓库，机器人、AGV 等设备是互联互通的，并具有自主控制、自我学习和适应新规则的能力以及更高的柔性程度和稳定性。

以存取和拣选环节为例：基于多层穿梭车技术的货到人拣选已经实现，未来将会应用拣选效率更高的货到机器人拣选方式，以及"取货＋拣选"一体化的机器人拣选方式。

（二）实时定位，动态交付

运输、分拣和派送环节的辅助驾驶、编队运输、自动化及机器人分拣、智能终端已经实现应用。随着购物场景的碎片化以及交付地点的动态化，未来在实现无人化作业的同时，会基于实时定位的应用，在消费者日常的某个动态节点实现交付，与消费者的工作和生活完美融合。

以移动配送为例：消费者在家中下单后，在其出行的路上，系统实时获取消费者的地理位置，并在一个合适的地点由无人配送车或移动自提柜，将包裹交付给消费者。

第三节　智慧物流系统的创建

一、建立基础数据库

建立内容全面丰富、科学准确、更新及时且能够实现共享的信息数据库是企业建立信息化建设和智慧物流的基础。尤其是数据采集挖掘、商业智能方面,更要做好功课,对数据采集、跟踪分析进行建模,为智能物流的关键应用打好基础。

二、推进业务流程优化

目前企业传统物流业务流程信息传递迟缓,运行时间长,部门之间协调性差,组织缺乏柔性,制约了智慧物流建设的步伐。企业尤其是物流企业需要以科学发展观为指导,坚持从客户的利益和资源的节约保护为出发点,运用现代信息技术和最新管理理论对原有业务流程进行优化和再造。企业物流业务流程优化和再造包括观念再造、工作流程优化和再造、无边界组织建设、工作流程优化(主要指对客户关系管理、办公自动化和智能监测等业务流程的优化和再造)。

三、重点创建信息采集跟踪系统

信息采集跟踪系统是智慧物流系统的重要组成部分。物流信息采集系统主要由RFID射频识别系统和传感器数据处理中心(Savant)系统组成。每当识读器扫描到一个EPC(电子编码系统)标签所承载的物品制品的信息时,收集到的数据将传递到整个Savant系统,为企业产品物流跟踪系统提供数据来源,从而实现物流作业的无纸化。而物流跟踪系统则以Savant系统作为支撑,主要包括对象名解析服务和实体标记语言,包括产品生产物流跟踪、产品存储物流跟踪、产品运输物流跟踪、产品销售物流跟踪,以保证产品流通安全,提高物流效率。当然,创建信息采集跟踪系统,要先做好智慧物流管理系统的选型工作,而其中信息采集跟踪子系统是重点考察内容。

四、实现车辆人员智慧管理

在车辆调度方面,提供送货派车管理、安检记录等功能,对配备车辆实现订单的灵活装载;在车辆管理方面,管理员可以新增、修改、删除、查询车辆信息,并且随时掌握每辆车的位置信息,监控车队的行驶轨迹,同时可避免车辆遇劫或丢失,并可设置车辆超速告警以及进出特定区域告警;监控司机、外勤人员实时位置信息以及查看历史轨迹;划定告警区域,进出相关区域都会有告警信息,并可设置电子签到,并最终实现物流全过程可视化管理。实现车辆人员智能管理,还要能做到高峰期车辆分流控制系统,避免车辆的闲置。企业尤其是物流企业可以通过预订分流、送货分流和返程分流实行三级分流。高峰期车辆分流功能能够均衡车辆的分布,降低物流对油费、资源、自然的破坏,有效确保客户单位的满意度,对提高效率与降低成本的矛盾具有重要意义。车辆人员智能管理也是智慧物流系统的重要组成模式,在选型采购要加以甄别,选好选优。

五、做好智能订单管理

推广智慧物流一个重点就是要实现智能订单管理,一是让公司呼叫中心员工或系统管理员接到客户发(取)货请求后,录入客户地址和联系方式等客户信息,管理员就可查询、派

送该公司的订单;二是通过 GPS/GPSone 定位某个区域范围内的派送员,将订单任务指派给最合适的派送员,而派送员通过手机短信来接受任务和执行任务;三是系统还要能提供条码扫描和上传签名拍照的功能,提高派送效率。

六、积极推广战略联盟

智慧物流建设的最后成功需要企业尤其是物流企业同科研院校、研究机构、非政府组织、各相关企业、IT 公司等通过签订协议契约结成资源共享、优势互补、风险共担、要素水平双向或多向流动的战略联盟。战略联盟具有节省成本、积聚资源、降低风险、增强物流企业竞争力等优势,还可以弥补建设智慧物流所需资金、技术、人才之不足。

七、制定危机管理应对机制

智慧物流的建设不仅要加强企业常态化管理,更应努力提高危机管理水平。企业尤其是物流企业应在物联网基础上建设智能监测系统、风险评估系统、应急响应系统和危机决策系统,这样才能有效应对火灾、洪水、极端天气、地震、泥石流等自然灾害和瘟疫、恐怖袭击等突发事件对智慧物流建设的冲击,尽力避免或减少对客户单位、零售终端、消费者和各相关人员的人生和财产造成的伤害和损失,实现物流企业健康有序发展。

八、将更多物联网技术集成应用于智慧物流

物联网建设是企业未来信息化建设的重要内容,也是智慧物流系统形成的重点组成部分。目前在物流业应用较多的感知手段主要是 RFID 和 GPS 技术,今后随着物联网技术不断发展,激光、卫星定位、全球定位、地理信息系统、智能交通、M2M 技术等多种技术也将更多集成应用于现代物流领域,用于现代物流作业中的各种感知与操作。例如,温度的感知用于冷链物流,侵入系统的感知用于物流安全防盗,视频的感知用于各种控制环节与物流作业引导等。

第四节 智慧物流的实施

一、智慧物流的实施基础

(一)信息网络是智慧物流系统的基础

智慧物流系统的信息收集、交换共享、指令的下达都要依靠一个发达的信息网络。没有准确的、实时的需求信息、供应信息、控制信息做基础,智慧物流系统也就无法对信息进行筛选、规整、分析,也就无法发现物流作业中有待优化的问题,更无法创造性地做出优化决策,整个智慧物流系统也就无法实现。

(二)网络数据挖掘和商业智能技术则是实现智慧物流系统的关键

对海量信息进行筛选规整,分析处理,提取其中的有价值信息,实现规整智慧,发现智

慧,从而为系统的智慧决策提供支持,必须依靠网络数据挖掘和商业智能技术。在此基础上,该技术能自动生成解决方案,供决策者参考,实现技术智慧与人的智慧的结合。

(三)良好的物流运作和管理水平是实现智慧物流系统的保障

智慧物流的实现需要配套的物流运作和管理水平,实践证明,如果没有良好的物流运作和管理水平,盲目发展信息系统,不仅不能改善业绩,反而会适得其反。智慧物流系统的实现也离不开良好的物流运作和管理水平,只有两者结合,才能实现智慧物流的系统智慧,发挥协同、协作、协调效应。

(四)智慧物流的实现需要专业 IT 人才与熟知物流规律的经营人才的共同努力

物流业是一个专业密集型和技术密集型的行业,没有人才,大量信息的筛选、分析乃至应用将无从入手。智慧技术的应用与技术之间的结合也无从进行。

(五)智慧物流的建成必须实现从传统物流向现代物流的转换

智慧物流所要实现的产品的智能可追溯网络系统、物流过程的可视化智能管理网络体系、智能化的企业物流配送中心和企业的智慧供应链必须建立在综合物流之上,如果传统物流业不向现代物流业转变,智慧物流只是局部智能而不是系统的智慧。

(六)智慧物流系统只有在物流技术、智慧技术与相关技术有机结合的支持下才能得以实现,两者相辅相成

只有应用这些技术,才能实现智慧物流的感知智慧、规整智慧、发现智慧、创新智慧、系统智慧。这些技术主要包括新的传感技术、EDI、GPS、RFID、条形码技术、视频监控技术、移动计算技术、无线网络传输技术、基础通信网络技术和互联网技术。

二、智慧物流的实施模式

(一)第三方物流企业运营模式

第三方智慧物流不同于传统的第三方物流系统,顾客可以在网上直接下单,然后系统将对订单进行标准化并通过 EDI 传给第三方物流企业。第三方企业利用传感器、RFID 和智能设备来自动处理货物信息,实现实时数据收集和透明度,准确掌握货物、天气、车辆和仓库等信息;利用智能的模拟器模型等手段,评估成本、时间、碳排放和其他标准,将商品安全、及时、准确无误地送达客户。

(二)物流园区模式

在智慧物流园区的建设中要考虑信息平台的先进性、供应链管理的完整性、电子商务的安全性,以确保物流园区商流、信息流、资金流的快速安全运转。智慧物流园区要有良好的通信基础设施,共用信息平台系统,提供行业管理的信息支撑手段来提高行业管理水平。建立智慧配送中心使用户订货适时、准确,尽可能保证用户所需的订货不断档,保证订货、出货、配送信息畅通无阻。

(三)大型制造企业模式

大型制造企业模式要求制造企业里的每个物件都能够提供关于自身或者与其相关联的对象的数据,并且能够将这些数据进行通信。这样一来每一个物件都具备了数据获取、数据

处理以及数据通信能力,从而构建由大量的智慧物件组成的网络,在智慧物件网络基础上,所有的物品信息均可连通,组成物联网,企业就有了感知智慧,能够及时、准确、详细地获取关于库存、生产、市场等的所有相关信息,然后通过规整智慧和发现智慧,找出其中的问题、机会和风险,再由创新智慧及时地做出正确的决策,尽快生产出满足市场需求的产品,从而实现企业的最大效益。

三、智慧物流的实施步骤

(一)第一步:完善基础功能

提高既有资源的整合和设施的综合利用水平。加强物流基础设施在规划上的宏观协调和功能整合,使物流基础设施的空间布局更合理、功能更完善,逐步提高各种运输服务方式对物流基础设施的支持能力、物流基础设施的经营与网络化服务能力以及物流基础设施的信息化水平。

(二)第二步:开发物流模块的智慧

智慧物流系统设计可以采取模块设计方法,即先将系统分解成多个部分,逐一设计,最后再根据最优化原则组合成为一个满意的系统。在智慧物流感知记忆功能方面包括基本信息维护模块、订单接收模块、运输跟踪模块、库存管理模块;在智慧物流的规整发现功能方面主要是调度模块。这是业务流程的核心模块。通过向用户提供按关键项排序、归类和汇总的订单,详细的运输工具状态查询等智能支持,帮助完成订单的分理和调度单的制作。智慧物流的创新智慧主要表现在分析决策模块,系统提供了强大的报表分析功能,各级决策者可以看到他们各自关心的分析结果;而系统智慧体现在技术工具层次上的集成、物流管理层次上的集成、供应链管理的层次上的集成、物流系统同其他系统集成,共同构成了供应链级的管理信息平台。

(三)第三步:目标和方案的确立

智慧物流的建设目标包括构建多层次智慧物流网络体系,建设若干个智慧物流示范园区、示范工程、产业基地,引进一批智慧企业。智慧物流系统的建设步骤包括搭建物流基础设施平台,加强物流基础功能建设,开发一些最主要的物流信息管理软件,完成服务共享的管理功能和辅助决策的增值服务功能,进一步完善物流信息平台的网上交易功能。

(四)第四步:发现智慧、规整智慧的实施与创新智慧和系统智慧的实现

利用传感器、RFID和智能设备来自动处理货物信息,实现实时数据收集和透明度。在各方能准确掌握货物、车辆和仓库等信息的基础上,通过对数据的挖掘和商业智能对信息进行筛选,提取信息的价值,找出其中的问题、机会和风险,从而实现系统的规整智慧与发现智慧。然后利用智能的模拟器模型等手段,评估成本、时间、质量、服务、碳排放和其他标准,评估风险并进行预测分析。最终实现具有优化预测及决策支持的网络化规划、执行,从而实现系统的创新智慧和系统智慧。

四、智慧物流实施的瓶颈制约

（一）基础信息缺乏的制约

物流信息是物流系统的整体中枢神经，是物流系统变革的决定力量。在智慧物流系统中，必须对海量、多样、更新快速的信息进行收集、加工、处理，才能成为系统决策的依据。如果缺乏物流基础信息，智慧系统也就无从谈起。

（二）对智慧物流功能需求、市场需求不明确的制约

一个系统能否运行成功要看它所提供的功能是否能被系统参与使用者接受。因此，进行智慧物流系统的功能需求分析就成为构建智慧物流系统的首要任务。

（三）传统物流企业发展现状层次较低的制约

首先，传统物流发展整体规划不足，基础平台相对薄弱，难以发挥物流资源的整合效应；其次，物流企业专业化、信息化程度较低，缺乏参与国际竞争的物流企业；再次，第三方物流功能较为单一，物流服务专业化程度不高。

（四）缺少人才的制约

物流是一个人才和技术密集型的行业，智慧物流的实现更是需要专业的信息技术人才与熟知物流活动规律的经营人才的共同努力，物流人才的欠缺、从业人员素质不高势必会阻碍智慧物流的发展。

本章案例

案例1-1　吉利汽车的物流智慧化实践

作为中国自主汽车品牌领军者，吉利汽车制定了明确的智能制造战略规划与总体思路，在物流数智化转型升级方面走在了众多自主品牌前列。在"由分步试点到广泛推广"的探索发展路径指引下，自主研发智慧车间、数字化工厂，打造OTWB一体化物流信息平台，探索多样化智慧物流场景的落地……，一系列举措正在驱动吉利汽车数智化物流体系加速形成。

浙江吉利控股集团（以下简称"吉利"）始建于1986年，1997年进入汽车行业，现已发展成为一家集汽车整车、动力总成和关键零部件设计、研发、生产、销售和服务于一体，并涵盖出行服务、数字科技、金融服务、教育等业务的全球创新型科技企业集团。吉利汽车集团（以下简称"吉利汽车"）已发展为中国自主品牌领军企业，旗下拥有吉利品牌、领克品牌和几何品牌，并拥有宝腾汽车49.9%的股份及全部经营管理权，以及豪华跑车品牌路特斯51%的股份。

2021年，吉利汽车更是以132.8万辆的年度总销量，跻身车企乘用车年度销量榜单前三强。卓越成绩的背后离不开吉利以"提高质量、提升效率、降低成本"为目标实施的系列物流数智化转型探索，"货到人"、线边无人配送、视觉收货、智能装载、自动装卸车等智慧物流场景被广泛构建；西安"黑灯工厂"、长兴5G+数字化工厂、春晓KD智慧物流车间等多座数字化工厂、智慧车间落地运营；自主研发的OTWB一体化物流信息平台上线应用，吉利汽车正在以中国速度实现物流数智化转型。

一、整体战略与发展概况

对于汽车企业来说，智能制造与数智化物流发展向来是齐头并进、相辅相成的，吉利汽车也不例外。智能制造对于采购和供应链管理带来的挑战影响是深远的，它将原本按照计划管理的工厂生产切割为更小的单元，既可以动态规划从而平滑生产波动，也可以更快地跟随市场的反应进行产能的调整，同时还可以实现最低的原材料和成品库存，大幅提高生产的周转效率，厂商由此能够获得对用户需求、市场波动做出快速反应的能力。智能制造与智慧物流两者发展也密不可分。

在智能制造方面，吉利建立了国际级专业型工业互联网平台"Geega"，平台通过构建集资源能效、安全可信、数据智能、智能物联于一体的数字化基座，为企业数字化转型提供自主研发、安全可控、系统可行的全链路解决方案。用户可以直接参与设计，通过平台下单，实现零距离交互。在C2M柔性定制解决方案下，企业还能够快速响应市场需求、缩短产品研发上市周期、优化供应链资源配置、降低企业管理运营成本、提升多品种小批量柔性生产能力，持续提升产品交付质量。此外，Geega还打破了传统工厂相互孤立、隔绝的局面，实现工厂全要素互联互通，使制造过程数字化、生产过程可视化、管控信息化，缩短产品制造周期，为企业稳定盈利提供了强有力的支撑和保障。目前，Geega已服务数十家集团企业，在吉利汽车15个业务应用场景中落地验证。平台实施投产后生产效率将提高22%，真正实现了"源于制造，反哺制造"的生态循环。

在智慧物流方面，吉利汽车以仓网统筹为基础，以信息化平台及智能设备为两大产品的战略思路，建立建设智慧物流体系。吉利汽车集团物流中心于2019年1月正式成立，智慧物流部于2021年4月正式组建，在汲取物流发展先进企业的经验基础上，规划完成了全国"10+19"仓点布局，目前已经展开仓点部署；与此同时，吉利汽车不断尝试和应用各类智慧物流技术和手段，加速试点应用与复制推广，形成了多样化的智慧物流场景；春晓KD车间投入使用了货到人AGV，同时建立了KDMS系统，是KD行业首例信息化系统与智能设备全方位结合，重新定义KD行业发展方向；已经建立的OTWB一体化物流信息平台，实现了任意销售订单向物流订单的转化及物流全链路可视。

二、多样化智慧物流场景

吉利汽车在全国有18个整车工厂、8个动力基地，还有一些座椅工厂，电池、电控、电机三电工厂，以及其他零部件工厂，分布在长三角、京津冀、川渝以及华南等地，同时全国还拥有近30个仓储/物流中心。近年来，吉利汽车在先试点、再推广的探索路径下构建了很多先进适用的智慧物流场景，这些项目多数已经在吉利汽车工厂、仓储、物流中心落地运营。

1. "货到人"拣货

货到人智慧物流项目已经在吉利汽车部分工厂正式落地。在汽车工厂超市区，拣料人员多，走动距离产生大量非增值动作，吉利汽车利用AGV实现了自动化物流收发存，提高了运营效率。超市区的物料种类繁多，可通过IWMS系统软件融合吉利GLES实现数据互通,做到实时反馈,智能运维,让生产运营管理水平进一步提升。库区设置为动态库存,减少大量重复性规划工作,通过智能系统实现动态库存,让物料存储更柔性、敏捷化。"货到人"IWMS系统及吉利GLES系统建立接口,以箱二维码承载和传递物料信息,在服务器高速运算逻辑下,大幅提升物料入库、出库效率。利用二维码导航技术,货到人区域出入库准确率100%,上线后实现整体效率水平提升20%以上。

2. 线边无人配送

在吉利汽车焊装车间应用AGV实现了无人化线边配送,且可实现无灯作业,大大提升了线边配送效率与质量,同时还降低了能耗。

AGV自动化配送实现系统软件数据联通,打通上下游业务信息流,线边物料信息直接回传到拣货叉车司机终端,由AGV将空器具返回至代发点,并将拣配完成的满托零配件送至线边。系统复杂的调度算法可为机器人选择最优配送路线,降低产线停线风险,通过系统校验功能,可避免错漏配情况发生,降低作业强度,同时让配送质量大幅度提升。

3. 视觉收货

在入厂物流环节,应用视觉收货门替代传统人工静态逐箱扫描收货,实现动态站式收货,同时对到货状态进行拍照留存,并与IWMS系统、GLES系统实时串联,不仅提升了入厂物流收货效率,更是保证了收货100%准确率。

4. 智能装载

在吉利汽车零部件包装与装车作业环节,应用智能装载系统自动生成装载方案。

零部件装载率直接关系物流成本,传统模式下都是人工根据"大不压小、重不压轻"等原则来核算料箱内零部件的摆放,以及制定最终装车方案,大量的人工经过核算也未必能达到装载率最优、效率最高的效果,而智能装载软件能够自动计算并生成最优装载方案,装载率、应用效率和可视化均得到大幅提升。

5. 探索自动装卸

2021年,吉利汽车开始试点研究自动装卸车作业,在研究过程中发现汽车行业的自动装卸车有两种较为主流的方式:一种是应用无人叉车进行装卸车作业,但无人叉车装卸车效率和速度远低于人工,在汽车行业并不十分适用;第二种是通过运输车辆的车厢改造,实现整车托盘一次性装卸,但这种方式对零部件的包装、托盘尺寸标准化都有比较高的要求,也会一定程度上影响车辆装载效率。

在充分考虑对比之后,吉利汽车决定持续探索应用第二种自动装卸车方式,同时考虑到装载效率和远近距离下的相对因素,吉利汽车决定在短途运输车辆中优先试点推行。

三、春晓KD智慧车间

吉利汽车有散装零部件出口海外业务(KD业务),这些零部件需要在国内进行翻包作业,考虑到产量提升、降低车间工作强度等迫切需求,2019年吉利汽车综合财力、人力、物力,引进智能设备的方案,自主开发系统,开启了对春晓KD车间的智能化、数字化改造。

1. 智能物流设备应用

车间内采用智能AGV拣选物料,打破了传统人工拣配物料的方式,实现从"人找货"到

"货到人"的模式创新,解决了传统模式的找货难、找货时间长、货物盘点复杂难题。

除了 AGV 货到人拣选场景外,车间内也应用了大量智能穿戴设备,智能穿戴设备可以实时采集人员效率、机器行驶路径等系列数据,通过数据采集与分析,不断优化机器运行路径,提高人员作业效率。

2. 数字化物流系统

(1) 自主开发的 KDMS 执行系统。原来的作业环节中,从任务下发到进度的管控,以及到缺件还有补货记录,都是手工完成的。对此,吉利汽车自主开发 KDMS 执行系统,实现了春晓 KD 车间所有执行环节的智能记录和自动管控。

(2) 物流运作监控系统。通过 RCS 监控客户端,对无人仓内 AGV 运作状态进行实施监控,从而形成实时动态仿真。系统具备无人仓内效率统计等数据中台信息,能智能监控和优化信息业务数据,将事后分析升级为事中监控和事前预警。

(3) 物流运营系统。物料运营系统可提供自动化指标检测和告警、批量集中部署配置、软件版本管理、高效日志分析等功能,帮助用户及时发现和解决问题,提升交付和运维效率,为业务平台提供有力的后台保障。该系统包含七大模块:首页、告警处理、状态监控、系统维护、日志分析、知识库和系统管理。它们分别承担着不同的功能,帮助用户更高效快捷地监测软件和处理问题。

3. 作业流程

通过智能硬件与数字化物流系统的结合应用,春晓 KD 车间实现了全流程智慧化作业,核心作业流程如下:

(1) 由 KDMS 系统向 SAP 下发要货计划,SAP 向供应商下发看板,供应商根据看板送货到 KD 车间,收货班组先用叉车将物料卸下,放置在 AGV 料架上,再使用 GLES 系统 PDA 扫描看板收货,通过 GLES 与 IWMS 信息传递,调动 AGV 将物料从接驳区搬运至暂存区。

(2) KDMS 系统发布作业任务,IWMS 与 RCS 根据物料库存信息与 KDMS 内作业工位信息将物料从库内转移至相应工位。

(3) 经过翻包作业,PDA 扫描组托后的物料成品触发无人叉车和 AGV 分别转运至打包流水线与人工打包区。

(4) 最终完成打包的成品托由叉车转运至成品区等待发运,信息同步至 KDMS。

4. 运行效果

在以上主要作业流程中,除第三环节功能还在开发中,其余环节的物流体系建设均已完成。春晓 KD 车间是 KD 行业首例信息化系统与智能设备全方位结合项目,其重新定义了 KD 行业发展方向。

这一体系的落地与运营完全打破了春晓 KD 车间以往的"人力作坊"形式:原本接驳区到暂存区、暂存区到线边的叉车搬运作业由 AGV 代替;通过智能化系统代替人脑,实现现场运营管控,任务的下发、进度的管控、缺件与补货的记录由手动完成改为 KDMS 系统实现;最后通过 KDMS 系统与 GLES 系统、IWMS 系统、RCS 系统联动 AGV 实现线边自动配送及任务出库等复杂度较高的作业。

春晓 KD 车间产能由最初的 120 台套/天已提高至 180 台套/天,有效提高现场作业效率,简化现场管理难度,实现降本增效的最终目的。待全部环节改造完成后,预计车间产能可达到 240 台套/天。

四、OTWB 一体化物流信息平台

在多工厂、多仓储/物流中心、多零部件供应商,以及多 4S 店的布局下,如何将采购订单、生产订单转化为物流订单?物流订单如何整合运输与配送才能在保障效率的条件下优化物流成本?物流订单信息又如何传递给零部件供应商、工厂?物流订单执行到哪个环节了?订单在途信息又该如何更新?中转仓库内部收货、存储、发货到了哪个环节?何时能送达主机厂?运输与配送过程中哪条路线最优?想要整合工厂端、运输端,以及整个售后备件上千家 4S 店的订单需求并非一件容易的事,而将所有物流订单进行整合并统筹仓配作业,还要在此基础上实时掌握所有零部件在产前、仓储、生产、运输以及售后的全链条信息无疑是让难度再次升级。

2021 年,吉利自主研发 OTWB 一体化物流信息平台落地应用,这一平台在覆盖吉利汽车所有整车及零部件工厂、售后备件厂,以及上千家 4S 店的订单需求,并且细化到物流运输、仓储、分拣、包装、配送等环节基础上,将物流订单整合并统筹下发到对应的运输、仓储、配送等系统,最后与结算系统联通,形成了闭环,让吉利汽车集团下所有零部件和整车的信息流与实物流合一,做到对每一个个体产品、零部件在生产的全流程中可以实时监控和管理,事前预测、事中操作和事后追踪。

相似的物流信息一体化平台在京东、顺丰等电商或快递企业已经有相对比较成熟的应用,但是在中国汽车行业,吉利汽车是首家创新应用这一系统的企业。

五、"数智化+低碳化"迎未来

数字化方面:一是做好数据采集,全面采集基础数据;二是推进物流软件的敏捷化开发,当前阶段软件开发属于无代码开发,但基本是通过 IT 人员进行开发,未来希望能让业务人员也能够在软件应用系统中进行快速开发;三是在数据分析层,当前大部分还处于辅助分析决策阶段,今后将会朝着 AI 自主分析、自主决策、自主调整的方向努力,实现运营最优。

物流设施设备方面:目前吉利汽车已规划全国"10+19"仓点布局,今后会全面开展仓点部署,加大 2C 端仓网落地,并且加强仓储、运输、配送等环节的智能化设备应用,有效实现统仓共配、减少迂回运输,让仓储与物流效率实现最大化。

低碳化方面:根据碳达峰、碳中和时间表,吉利汽车集团制定了两个蓝色行动计划,既保留在智能化节能与新能源汽车领域的优势,又开拓智能化纯电动汽车新局面。

物流方面:吉利汽车在短距离运输中积极尝试应用电动卡车,并围绕"产绿电,用绿电"进行了布局,目前吉利汽车在全国有超过 100 万平方米的仓储面积,将对这些仓储网点进行布局优化,不断植入绿色概念,大力发展绿色物流园区,构建自产自足的绿色生态园区,由此生产的"绿电"将用于物流运输中的电动货运车辆。不久的未来,吉利汽车将在物流业务中实现"发绿电、用绿电"的良性循环体系。

 智慧物流管理

案例1-2　日日顺的智慧物流实践

日日顺供应链科技股份有限公司(以下简称"日日顺"),顺应制造业产业集群化发展趋势,运用云计算、大数据等技术,把传统的仓储和运输服务发展为云仓和云配的服务体系,把服务延伸到制造企业供应链的前后端,构建了服务数智化、流程透明化、衔接标准化、全程一体化的物流服务体系。

一、做法和经验

1. 建设三级云仓网络

基于大数据预测,建立线上、线下库存共享的分布式三级云仓网络(全国超900座仓库、6 000多家网店),通过打通线上线下库存,制造商将产品交给日日顺供应链仓库后可以实时监控产品库存,制定生产计划,降低品牌客户的库存资金压力,同时将合理的库存放在离用户最近的地方,缩短配送周期,提升用户体验。

2. 打造全链条服务体系

建设大件物流首个全自动化智能仓库,基于硬件设备(无人仓/无人车)和软件系统(信息系统和用户服务平台)的搭建和开发,联合仓储—干线—配送—送装同步的全流程资源,搭建端到端的全链条用户服务体系。

3. 推进三个"统一"

一是统一入口,为用户、货主、车主、服务网点打造包括App、PC等多端的信息交互入口,并实现各入口数据同步。二是统一平台,搭建开放的接口系统API平台,实现外部订单的自动接入,以及来自不同客户、不同业务类型、不同标准的订单自动优化,订单合并、分拆、配送优先级等的自动选择等功能。三是统一数据,搭建数据仓库,实现数据统一存储;开发多种业务报表,实现对日常业务智能管理和监控,并通过海量数据分析,实现用户配送服务升级和用户体验优化。

二、实施效果

以日日顺即墨智能仓储项目为例,该项目可节省人力40～50人,机械设备(夹抱车、电动地牛等)15辆,储存效率提升3倍以上,出入库效率较传统仓储提升5倍以上。通过物流全流程系统监控,提升仓储和配送服务质量,为用户提供差异化的用户体验(送装同步/用户订单轨迹监控/车辆轨迹优化),提升用户交互水平;同时也整合了网点/专卖店资源,实现专卖店入仓,线上线下库存共享,减少中间多级转运环节,提升物流全流程运行效率。

 本章思考题

1. 智慧物流的基本功能有哪些?
2. 智慧物流的作用有哪些?
3. 智慧物流的发展机遇有哪些?

4. 智慧物流的整体框架有哪几个部分?
5. 智慧物流系统的创建包括哪些内容?
6. 智慧物流的实施模式有哪些?
7. 智慧物流的实施步骤有哪些?
8. 智慧物流的实施瓶颈有哪些?

第二章 智慧物流技术

 本章要点

- ◆ 智慧物流技术架构与技术体系
- ◆ 物流自动化的内涵
- ◆ RFID 技术
- ◆ 数据挖掘技术
- ◆ GIS 技术
- ◆ 智慧物流设备

第一节 智慧物流技术架构与技术体系

智慧物流是基于物联网技术在物流业应用和信息网络与物流实体网络融合的基础上提出来的,智慧物流的技术架构由感知层、网络层、应用层共三层架构所组成。

感知层是虚实世界连接的接口层,是互联网与物流实体网络链接的接口,是智慧物流网络链接起点。就像我们的耳、鼻、眼一样,智慧物流系统借助于各类物联网感知技术感知信息,让实体的物流世界与虚体的物流大脑融为一体。

网络层是智慧物流的决策中心与神经网络,是数据传输与处理层,是物流网络的信息传输体系。网络层连接物流大脑,通过大数据、云计算、人工智能等技术进行信息处理与科学决策。

应用层也是执行层,在实际场景中,所有执行智慧物流系统决策的系统都属于执行层,既包括单体智能设备,也包括物流设备系统,甚至人工操作(如果是由执行智慧物流体系决定)也属于一个执行机构。智慧物流执行层最主要的设备是自动化的物流技术设备应用,它自动执行物流大脑的决策与判断。

根据智慧物流技术架构,可以构建如下的智慧物流技术体系。

一、感知层技术与产品体系

感知技术是物联网核心技术,主要是指智慧物流底层的技术,是实现物品自动感知与联网的基础,主要技术比较多,如图2-1所示。下面我们介绍其中几个关键技术。

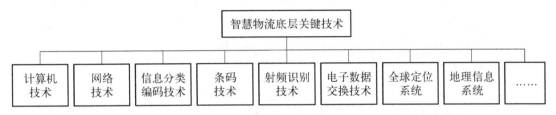

图 2-1 智慧物流感知层技术

(一)信息分类编码技术

物流信息分类编码技术是物流信息化的前提,是其他物流信息技术应用的基础。物流信息分类编码是对物流活动中需要进行信息采集、存储、交换和共享的物流对象进行编码。目前中国编码体系主要有 OID、GS1 等编码系统。在国家商贸物流标准化试点示范中要求采用 GS1 编码体系,奠定物联网基础的 EPC(电子产品代码)也属于 GS1 体系。编码形式主要有条形码、二维码等。

(二)射频识别技术

射频识别技术,是一种基于电磁理论的通信技术,用于信息的自动采集,包括条码识别技术、无线射频识别技术、各类光电扫描设备与产品、RFID 识别装置等。射频识别技术适用于物料跟踪、运载工具和货架识别等要求非接触数据采集和交换的场合。RFID 射频识别是一种非接触式的自动识别技术,它通过射频信号自动识别目标对象并获取相关数据,识别工作无须人工干预,可工作于各种恶劣环境。

(三)传感技术

传感技术(WSN)即无线传感器网络,是由大量传感器节点通过无线通信方式形成的一个多跳的自组织网络系统,它能够实现数据的采集量化、处理融合和传输。它综合了微电子技术、嵌入式计算技术、现代网络及无线通信技术、分布式信息处理技术等先进技术,能够协同地实时监测、感知和采集网络覆盖区域中各种环境或监测对象的信息,并对其进行处理,处理后的信息通过无线方式发送,并以自组多跳的网络方式传送给观察者。具体来讲,WSN 兼具感测、运算与网络能力,透过传感器侦测周遭环境,如温度、湿度、光照、气体浓度、振动幅度等,并由无线网络将搜集到的信息传送给监控者;监控者解读报表信息后,便可掌握现场状况,进而维护、调整相关系统。

(四)追踪定位技术

追踪定位技术主要包括全球定位系统(GPS)导航技术、北斗导航技术、各类室内导航与定位技术、视觉导航与定位技术、地理信息系统(GIS)技术、导航地图技术等。

（五）其他感知技术

其他感知技术主要有红外、激光、NFC、M2M、机器视觉等各类感知技术等。

二、网络通信层技术体系

在感知层通过 RFID、二维码、GPS、WSN 等采集到的信息传输到通信层，这些数据会经无线移动通信网络、光纤网络或电信运营商网络传输到数据层进行数据融合与分析。通信层主要利用无线通信网络与光纤通信网络以及 Internet 等手段与技术完成海关、口岸、物流企业、物流公共信息平台的通信。例如，用户可以通过 Internet 访问某市物流通信网的部分功能，查询相关信息。

平台的网络连入单位和使用者共有四类：（1）物流服务提供企业及其相关从业人员。(2) 物流需求方及其相关人员，包括一般消费者和社会公众。（3）政府及其行业管理部门，如铁路/航空/海运、EDI 电子口岸、政府相关管理部门。（4）物流资源方及其相关从业人员。

网络层是智慧物流的智慧中心，主要由网络传输技术、数据处理技术、智能决策技术组成。此外，还包括区块链技术、5G 技术等其他技术。

（一）网络传输技术

网络传输技术主要有现场总线技术、无线局域网技术、以太网技术、智能物联网技术、互联网技术、M2M 技术、CPS 技术等。

（二）数据处理技术

数据处理技术主要有大数据存储技术（数据记录、数据存储、数据清洗、数据验证、数据共享等）、大数据处理技术（数据统计、概率分析、数据可视化、数据挖掘等）、云计算技术（云计算、雾计算、边缘计算等）、数据可视化技术，等等。

（三）智能决策技术

智能决策技术主要有人工智能技术、仿真模拟技术、物流软件技术。

物流领域应用的人工智能技术包括：语言处理、智能预测、智能搜索、推理规划、机器学习、知识获取、组合调度问题、感知问题、模式识别、逻辑程序设计软计算、不精确和不确定的管理、神经网络、复杂系统、遗传算法等。仿真模拟技术主要包括：数字孪生技术、数字仿真技术、远程诊断技术。物流软件技术主要包括：智能优化分析系统、统计预测分析系统、智能决策系统、智能管理系统、智能调度分析系统、仓储控制与管理系统、各类运输软件系统等。

三、应用执行层技术体系

（一）物流单元化技术与设备

托盘（箱、笼）、物流周转箱、集装箱、集装袋等。

（二）自动化分拣技术与设备

机器人分拣、自动输送分拣、语音拣选、电子标签拣选、货到人拣选等；其中自动输送分拣技术种类众多,有交叉带分拣机、滑块分拣机、摆臂分拣机、模组带分拣系统、万向摆轮分拣机、麦克纳姆轮分拣机、翻盘分拣机等,分拣系统结构形式上也多种多样,有直线式、环绕式、矩阵式、多层结构式等。

（三）智能搬运技术与设备

通过自主控制技术,进行智能搬运及自主导航,使整个物流作业系统具有高度的柔性和扩展性,例如搬运机器人、AGV、无人叉车、自动输送机、伸缩机、堆码垛机器人等。

（四）自动存储技术与设备

通过货架系统、控制系统、自动分拣系统、自动传输系统等技术装备集成的自动存储系统,实现货物自动存取、拣选、搬运、分拣等环节的机械化与自动化。

（五）智能货运设备技术与设备

货运车联网、智能卡车系统、无人机系统、配送机器人系统。

第二节　RFID 技术

射频识别技术(Radio Frequency Identification, RFID),是一种基于电磁理论的通信技术,用于信息的自动采集。射频识别技术适用于物料跟踪、运载工具和货架识别等要求非接触数据采集和交换的场合,俗称电子标签。RFID 射频识别是一种非接触式的自动识别技术,它通过射频信号自动识别目标对象并获取相关数据,识别工作无须人工干预,可工作于各种恶劣环境。

一、基于 RFID 技术的供应链优势

（一）实时可视化管理

通过在供应链全过程中使用 RFID 技术,从商品的生产完成到零售商再到最终用户,商品在整个供应链上的分布情况以及商品本身的信息,都完全可以实时、准确地反映在企业的信息系统中,这大大增加了企业供应链的可视性,使得企业的整个供应链和物流管理过程变成一个完全透明的体系。

（二）快速有效的市场反应

快速、实时、准确的信息使得企业乃至整个供应链能够在最短的时间内对复杂多变的市场作出快速的反应,提高供应链对市场变化的适应能力。

二、RFID 在物流领域的应用

（一）RFID 在物流各环节上的应用

从采购、存储、生产制造、包装、装卸、运输、流通加工、配送、销售到服务,是供应链上环环相扣的业务环节和流程。在供应链运作时,企业必须实时、精确地掌握整个供应链上的商流、物流、信息流和资金流的流向和变化,使这四种流以及各个环节、各个流程都协调一致、

相互配合,才能发挥其最大经济效益和社会效益。然而,由于实际物体的移动过程中各个环节都是处于运动和松散的状态,信息和方向常常随实际活动在空间和时间上变化,影响了信息的可获性和共享性。而 RFID 正是有效解决供应链上各项业务运作数据的输入/输出、业务过程的控制与跟踪,以及减少出错率等难题的一种新技术。

由于 RFID 标签具有可读写能力,对于需要频繁改变数据内容的场合尤为适用,它发挥的作用是数据采集和系统指令的传达,广泛用于供应链上的仓库管理、运输管理、生产管理、物料跟踪、运载工具和货架识别、商店(特别是超市中商品防盗)等场合。RFID 在物流的诸多环节上发挥了重大的作用,其具体应用价值主要体现在以下六个环节:

1. 零售环节

RFID 可以改进零售商的库存管理,实现适时补货,有效跟踪运输与库存,提高效率,减少出错。同时,智能标签能对某些时效性强的商品的有效期限进行监控;商店还能利用 RFID 系统在付款台实现自动扫描和计费,从而取代人工收款。

RFID 标签在供应链终端的销售环节,特别是在超市中,免除了跟踪过程中的人工干预,并能够生成 100% 准确的业务数据,因而具有巨大的吸引力。

2. 存储环节

在仓库里,射频技术最广泛的使用是存取货物与库存盘点,它能用来实现自动化的存货和取货等操作。在整个仓库管理中,将供应链计划系统制定的收货计划、取货计划、装运计划等与射频识别技术相结合,能够高效地完成各种业务操作,如指定堆放区域、上架取货和补货等。这样增强了作业的准确性和快捷性,提高了服务质量,降低了成本,节省了劳动力和库存空间,同时减少了整个物流中由于商品误置、送错、偷窃、损害和库存、出货错误等造成的损耗。

RFID 技术的另一个好处在于在库存盘点时降低人力。RFID 的设计就是要让商品的登记自动化,盘点时不需要人工检查或扫描条码,更加快速准确,并且减少了损耗。RFID 解决方案可提供有关库存情况的准确信息,管理人员可由此快速识别并纠正低效率运作情况,从而实现快速供货,并最大限度地减少储存成本。

3. 运输环节

在运输管理中,在途运输的货物和车辆贴上 RFID 标签,运输线的一些检查点上安装上 RFID 接收转发装置。接收装置收到 RFID 标签信息后,连同接收地的位置信息上传至通信卫星,再由卫星传送给运输调度中心,送入数据库中。

4. 配送/分销环节

在配送环节,采用射频技术能大大加快配送的速度和提高拣选与分发过程的效率与准确率,并能减少人工、降低配送成本。

如果到达中央配送中心的所有商品都贴有 RFID 标签,在进入中央配送中心时,托盘通过一个阅读器,读取托盘上所有货箱上的标签内容。系统将这些信息与发货记录进行核对,以检测出可能的错误,然后将 RFID 标签更新为最新的商品存放地点和状态。这样就确保了精确的库存控制,甚至可确切了解目前有多少货箱处于转运途中、转运的始发地和目的地,以及预期的到达时间等信息。

5. 生产环节

在生产制造环节应用 RFID 技术,可以完成自动化生产线运作,实现在整个生产线上对原材料、零部件、半成品和产成品的识别与跟踪,减少人工识别成本和出错率,提高效率和效益。特别是在采用 JIT(Just-in-Time)准时制生产方式的流水线上,原材料与零部件必须准时送达到工位上。采用了 RFID 技术之后,就能通过识别电子标签来快速从品类繁多的库存中准确地找出工位所需的原材料和零部件。RFID 技术还能帮助管理人员及时根据生产进度发出补货信息,实现流水线均衡、稳步生产,同时也加强了对质量的控制与追踪。

以汽车制造业为例,目前在汽车生产厂的焊接、喷漆和装配等生产线上,都采用了 RFID 技术来监控生产过程。比如说,通过对电子标签读取信息,再与生产计划、排程排序相结合,对生产线上的车体等给出一个独立的识别编号,实现对车辆的跟踪;在焊接生产线上,采用耐高温、防粉尘/金属、防磁场、可重复使用的有源封装 RFID 标签,通过自动识别作业件来监控焊接生产作业;在喷漆车间采用防水、防漆 RFID 标签,对汽车零部件和整车进行监控,根据排程安排完成喷漆作业,同时减少污染;在装配生产线上,根据供应链计划器编排出的生产计划、生产流程与排序,通过识别 RFID 标签中的信息,完成混流生产。

6. 食品质量控制环节

近年来涌现出的大量食品安全问题主要集中在肉类及肉类食品上。由于牲畜的流行病时有发生,如疯牛病、口蹄疫以及禽流感等,如果防控不当,将给人们的健康带来危害。采用了 RFID 系统之后,可提供食品链中的肉类食品与其动物来源之间的可靠联系,从销售环节就能够追查到它们的历史与来源,并能一直追踪到具体的养殖场和动物个体。

在对肉类食品来源识别的解决方案中,可以应用 RFID 芯片来记载每个动物的兽医史,在养殖场中对每个动物建立电子身份,并将所有信息存入计算机系统,直到它们被屠宰。然后,所有数据被存储在出售肉类食品的 RFID 标签中,随食品一起送到下游的销售环节。这样,通过在零售环节中的超市、餐馆等对食品标签的识别,人们在购买时就能清楚地知道食品的来源、时间、中间处理过程的情况等信息,就能放心地购买。

(二) RFID 技术在物流各领域的应用效果

目前在 RFID 技术的应用领域中,仓储物流以及物流追踪等占到 14% 左右。RFID 技术的使用大大提升了物流企业的效率和竞争力,同时降低了生产成本。实践表明,采用 RFID 技术平均能够提升 10% 的销售额,拣货和发货速度加快 10% 左右。

RFID 为货物的跟踪、管理及监控提供了快捷、准确、自动化的手段。以 RFID 为核心的集装箱自动识别,成为全球范围最大的货物跟踪管理应用系统。RFID 目前在国外仓储、配送等物流环节已有许多成功的应用,并已引起我国许多物流专家的关注。因社会物流系统是开放的,应用 RFID 需要有统一的标准。随着 RFID 统一标准的研究开发,物流业将成为 RFID 最大的受益行业。在可以预见的未来,我国物流储运业也将依托 RFID 实现现代化的信息管理。

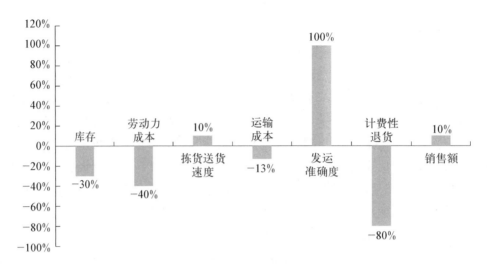

图 2-2　RFID 技术给仓储物流带来的效益变化

第三节　数据挖掘技术

一、数据挖掘的含义

数据仓库出现在 20 世纪 80 年代中期，它是一个面向主题的、集成的、非易失的、时变的数据集合，数据仓库的目标是把来源不同的、结构相异的数据经加工后在数据仓库中存储、提取和维护，它支持全面的、大量的复杂数据的分析处理和高层次的决策支持。数据仓库使用户拥有任意提取数据的自由，而不干扰业务数据库的正常运行。

从技术内涵的角度讲，数据挖掘指的是借助数据筛选以及信息分析的手段来完成全方位的数据分析处理，在此前提下给出可用性、有效性与易懂性的数据模式或者数据关系。与此同时，数据挖掘手段针对随机与模糊的不完全数据能够做到有效予以深入挖掘，确保在数据库现有的海量信息中搜寻相关的可用信息，并且将其归纳为特定的关系模式。

二、数据挖掘的任务

数据挖掘一般有以下五类任务。

（一）分类

分类分析就是通过分析样本数据库中的数据，为每个类别做出准确的描述，或挖掘出分类规则，然后用这个分类规则对其他记录进行分类。

（二）聚类

聚类是把一组个体按照相似性归成若干类别，即"物以类聚"。聚类将没有分类的记录，在不知道应分成几类的情况下，按照数据内在的差异性，合理地划分成几类，并确定每个记录所属类别。

（三）关联分析

数据关联是数据库中存在的一类重要的可被发现的知识。若两个或多个变量的取值之间存在某种规律性，就称为关联，关联分析的目的是找出数据库中隐藏的关联。

（四）预测

预测是根据对象属性的过去观察值来预测该属性未来之值。数据挖掘自动在大型数据库中寻找预测性信息。

（五）偏差检测

数据库中的数据常有一些异常记录，称之为偏差。偏差包括很多潜在的知识，如分类中的反常实例、不满足规则的特例等。

三、数据挖掘的类别

数据挖掘是从大量的、不完全的、有噪声的、模糊的及随机的实际应用数据中，挖掘出隐含的、未知的、对决策有潜在价值的知识和规则的过程。一般分为描述型数据挖掘和预测型数据挖掘两种。

（1）描述型数据挖掘包括数据总结、聚类及关联分析等。

（2）预测型数据挖掘包括分类、回归及时间序列分析等。其目的是通过对数据的统计、分析、综合、归纳和推理，揭示事件间的相互关系，预测未来的发展趋势，为企业的决策者提供决策依据。

四、数据挖掘技术对于物流信息共享的价值

进入信息化的时期，信息资源共享正在迅速拓宽范围，各个领域对其也给予了较多关注。企业通过共享特定领域的信息，即可共同占有上述的行业信息，并且将其用于实现信息分享。

物流企业全面助推现阶段的企业转型需要依赖于数据挖掘技术。与此同时，物流企业如果能灵活适用数据挖掘手段，则有益于创建更广范围的物流信息共享，从而创建规范性更强的物流企业日常管理模式。对于外部性以及内部性的物流资源而言，数据挖掘也能够用于创建更广范围的物流共享平台，以此来提升和优化物流企业自身的综合竞争实力。

五、数据挖掘要点

数据挖掘技术通常可以针对随机与模糊的海量数据，在深入展开信息挖掘的前提下能够创建相应的关系模式。具体在涉及信息共享的有关实践中，物流企业需要关注如下数据挖掘要点。

（一）全面创建知识化的新型物流企业

物流企业为了达到更高层次的物流知识化程度，有必要全面引进数据挖掘技术，并且将此项技术作为物流企业赖以实现信息共享的根本保障。具体在实践中，创建知识化的新型

物流企业通常涉及构建物流数据库,确保企业能够凭借有关的软件设施以及硬件设施来完成信息挖掘。在云技术的辅助下,企业针对各类物流信息即可实现全方位的挖掘与存储。因此可见,数据库在全过程的物流信息共享中占据了关键地位,物流企业有必要预先构建数据库,然后据此开展综合性的物流信息筛选。除此以外,共享物流领域信息还涉及聚类分析。通过运用聚类分析的方式,物流企业就可以紧密结合当前的物流市场需求,从而完成预先性的物流信息处理以及信息分析。

(二)妥善利用各类物流数据资源

物流企业如果拥有海量物流信息与物流领域数据,那么有必要将其转变成物流企业自身拥有的整体竞争实力。物流企业需要侧重于筛选数据并且开展综合性的物流信息分析,并且善于借助数据挖掘手段来达到上述的信息处理目标。例如,对某些原始性的物流数据而言,物流企业对其有必要着眼于多次的信息筛选,至少要保障两次的物流信息筛选过程。通过运用上述的信息筛选操作,企业针对原始信息中的某些可用信息就能予以妥善保留,据此给出减少物流运行综合成本的途径与思路。因此可以得知,数据挖掘手段在客观上拓宽了物流企业现存的获利空间。与此同时,物流企业如果能灵活掌握并且适当运用综合性的数据挖掘,那么就能防控与避免深层次的物流领域风险。

(三)确保实现顺畅的信息流通

面对市场化的物流行业全新趋势,物流企业不能够单纯局限于较窄的企业盈利视角,而是要更多关注综合性与全面性的物流信息分享。这是由于物流企业只有创建了信息互通的渠道,才能掌控实时性的物流需求变化以及物流市场状态,并且给出与之相适应的改进思路。

企业有必要全面明晰现阶段的物流数据流向,从而运用相应措施来妥善清除某些阻碍信息流通的不良因素。同时,物流企业如果能够拥有多层次的信息共享机制,那么还能实现物流领域各项日常事务效率的全面优化,从而避免了滞后性的物流运行模式。

六、数据挖掘技术在物流行业的应用场景

(一)数据挖掘在物流管理中的应用

对于物流管理而言,妥善处理每个环节所产生的大量数据信息,能够让决策者做出更适合企业发展的决定,掌握更科学的解决问题的方法。数据挖掘技术的引入,可以通过建立大型数据库,利用数据挖掘技术及时、准确地分析各种信息,并从中获取新颖且有效的信息,再通过可理解的模型进行深层次处理,进而为客户提供个性化的产品和服务,提高客户满意度。一般应用步骤为:(1)建立大型数据库;(2)搭建相关系统模型;(3)进行大数据分析并获得潜在信息;(4)获得最适合企业发展的决策。

(二)数据挖掘在物流仓储中的应用

物流仓储涉及入库、出库、盘点、库存控制等多个环节,而这些环节都将产生大量数据,这些数据看似是仓储管理的负担,却也蕴藏着对优化库存管理极为有价值的信息,利用数据挖掘技术对有价值的信息进行处理,从而解决库存管理中存在的问题。具体表现为以下五

个问题：

(1) 根据总成本最小化原理解决仓库的选址问题；

(2) 采用关联模式分析解决合理安排货位问题；

(3) 采用神经网络算法解决拣选最佳路径问题；

(4) 采用分类算法解决库存成本控制问题；

(5) 分析客户个性需求解决提高客户满意度问题。

(三) 数据挖掘在运输配送中的应用

物流运输配送管理，包括运输配送计划编制、运输配送路径的选择、车辆的选择、混搭配载等问题，利用数据挖掘技术从运输配送大数据中提取出潜在而有价值的信息，从而指导运输配送各个方面的改进及优化。具体应用的方面包括以下四点：

(1) 通过现有数据进行顾客消费分析及预测；

(2) 根据历史同期水平比较进行经营成效分析及评价；

(3) 通过动态数据研究掌握车辆状态及事故预测；

(4) 通过对线路数据分析优化运输配送路径。

(四) 数据挖掘在信息共享中的应用

物流信息管理系统的建立在物流企业管理中发挥了巨大的作用，但因建设需求、建设时间及管理体制的不同，各物流企业间形成了自成体系、各自独立的信息孤岛，导致信息资源的巨大浪费。数据挖掘技术的引入能够促进建立完善的信息共享机制，进而提高物流企业信息共享程度，可以从以下三个方面来分析：

(1) 政府牵头搭建基于数据挖掘技术的城市物流资源共享平台，对城市物流进行有效监督，实现一体化规划管理；

(2) 行业牵头搭建基于数据挖掘技术的行业物流资源共享平台，物流信息及先进技术得以共享，达到提高物流效率的目标；

(3) 互联网公司牵头搭建基于数据挖掘的大数据共享平台，将政府、企业及客户的信息全部整合，以实现大数据共享要求。

第四节　GIS 技术

地理信息系统(geographic information system，GIS)是一种特定的十分重要的空间信息系统。它是在计算机硬、软件系统支持下，对整个或部分地球表层(包括大气层)空间中的有关地理分布数据进行采集、储存、管理、运算、分析、显示和描述的技术系统。地理信息系统处理、管理的对象是多种地理空间实体数据及其关系，包括空间定位数据、图形数据、遥感图像数据、属性数据等，用于分析和处理在一定地理区域内分布的各种现象和过程，解决复杂的规划、决策和管理问题。

GIS 是打造智能物流的关键技术与工具，使用 GIS 可以构建物流一张图，将订单信息、网点信息、送货信息、车辆信息、客户信息等数据都在一张图中进行管理,实现快速智能分单、网点合理布局、送货路线合理规划、包裹监控与管理。

以信息技术为核心,应用地理信息系统(GIS)、全球定位系统(GPS)等信息技术,对物流的发展将产生不可估量的经济价值。

一、GIS的主要功能

一个功能齐全的地理信息系统所涵盖的功能十分广泛,结合物流行业的实际需求,以下是一些常用的GIS功能。

(一)地图制图与可视化

这是GIS系统的基本功能,即按照用户的需求根据地图数据的属性,采用一定的地图符号,在地图上可以展现现实世界中存在的各种地物。例如以绿地、水系、居民地、道路、人工设施等数据作为基本信息,上面叠加物流行业的专题数据(如区域仓储中心、取货点、卸货点等),就形成了一幅物流行业专用的电子地图。

(二)查询功能

这包括图属查询功能和空间查询功能。图属查询是一个常用的功能,包括图查属性和属性查图两个方向的互相查询功能。空间查询能够分析系统中点、线、面基本图形间的关系,如查询物流中心周围一千米范围内所有配送点的情况;某个配送中心相连的道路情况;某个需求点区域与其他周边的地理分布情况等。

(三)叠加分析

叠加分析是GIS中的一项非常重要的空间分析功能。是指在统一空间参考系统下,通过对两个数据进行的一系列集合运算,产生新数据的过程。叠加分析的目标是分析在空间位置上有一定关联的空间对象的空间特征和专属属性之间的相互关系。多层数据的叠置分析,不仅产生了新的空间关系,还可以产生新的属性特征关系,能够发现多层数据间的相互差异、联系和变化等特征。例如可以叠加人口密度大于5 000人/平方千米的区域和距离主干道3千米范围内的区域,这就可以初步甄选出适合作为区域物流中心门店的地理位置。

(四)缓冲区分析

缓冲区分析是对一组或一类地物按缓冲的距离条件,建立缓冲多边形,然后将这个图层与需要进行缓冲分析的图层进行叠加分析,得到所需要的结果。设计或分析某条配送路线或者配送中心选址等空间布局问题时,要分析配送中心周边范围内的需求点、道路等数据情况,可根据数据库中的点、线、面实体建立周围一定宽度范围的缓冲多边形。

(五)网络分析

网络分析是进行物流设施选址时最重要的功能,用于分析物流网络中各结点的相互关系和内在联系,主要有路径分析、资源分配、连通分析、流分析等。路径分析可以寻求一个节点到另一个节点的最佳路径;资源分配包括目标选址和为供货中心寻找需求市场或按需求资源点;连通分析用于解决配送路径安排相关的问题,降低配送成本;流分析的问题主要是按照某种优化标准(时间最少、费用最低、路程最短或运送量最大等)设计资源的运送方案。

二、GIS 技术基于地图的服务内容

（一）网点标注

将物流企业的网点及网点信息（如地址、电话、提送货等信息）标注到地图上，便于用户和企业管理者快速查询。

（二）片区划分

从地理空间的角度管理大数据，为物流业务系统提供业务区划管理基础服务，如划分物流分单责任区等，并与网点进行关联。

（三）快速分单

使用 GIS 地址匹配技术，搜索定位区划单元，将地址快速分派到区域及网点，并根据该物流区划单元的属性找到责任人以实现"最后一千米"配送。

（四）车辆监控管理系统

从货物出库到送达客户手中全程监控，减少货物丢失；合理调度车辆，提高车辆利用率；各种报警设置，保证货物司机车辆安全，节省企业资源。

（五）物流配送路线规划辅助系统用于辅助物流配送规划

合理规划路线，保证货物快速到达，节省企业资源，提高用户满意度。

（六）数据统计与服务

将物流企业的数据信息在地图上可视化直观显示，通过科学的业务模型、GIS 专业算法和空间挖掘分析，洞察通过其他方式无法了解的趋势和内在关系，从而为企业的各种商业行为构建良好的基础，如制定市场营销策略、规划物流路线、合理选址分析、分析预测发展趋势等，使商业决策系统更加智能和精准，从而帮助物流企业获取更大的市场契机。

三、GIS 在物流行业的主要应用场景

GIS 在物流行业的主要应用包括物流中心选址、最佳配送路线、车辆跟踪和导航、配送区域划分。

（一）物流中心选址

物流中心选址是物流系统中具有战略意义的投资决策问题，对整个系统的物流合理化和商品流通的社会效益有着决定性的影响。但由于商品资源分布、需求状况、运输条件和自然条件等因素的影响，使得即使在同一区域内的不同地方建立物流中心，整个物流系统和全社会经济效益也是不同的。

利用 GIS 系统的空间查询功能，叠加分析、缓冲区分析、网络分析等功能可以方便地确定哪些地理位置适合筹建物流中心，哪些位置的物流成本会比较低，哪些位置的运营成本比较低，在考虑了种种因素之后就可以确定出最佳的物流中心位置。利用 GIS 的可视化功能可以显示出包含区域地理要素的背景下的整个物流网络（如现存物流节点、道路、客户等要素），一般规划者能够直观方便地确定位置或线路，从而形成选址方案和备选方案。

（二）设计最佳配送路线

可以设置车辆型号以及载货量限制条件、车速限制、订单时间限制，融合多旅行商分析与导航规划，精选出最优配送路线。还可以跟进用户需求将目的地一次性批量导入 GIS 系统当中，根据订单地址精确生成地图点位，进而生成最佳配送路径，提高配送效率，节约配送成本。

（三）车辆跟踪和导航

GIS 能接收 GPS（全球定位系统）传来的数据，并将它们显示在电子地图上，帮助企业动态地进行物流管理。首先，可以实时监控运输车辆，实现对车辆的定位、跟踪与优化调度，以达到配送成本最低，并在规定时间内将货物送到目的地，很大程度地避免了迟送或者错送的现象；其次，根据电子商务网站的订单信息、供货点信息和调度等信息，货主可以对货物随时进行全过程的跟踪与定位管理，掌握运输中货物的动态信息，可以增强供应链的透明度和控制能力，提高客户满意度。

（四）配送区域划分

企业可以参照地理区域，根据各个要素的相似点把同一层上的所有或部分要素分为几组，用以确定服务和销售市场范围等问题。如某一公司要设立若干个分销点，要求这些分销点覆盖某一地区，而且要使每个分销点的顾客数目大致相等。

四、GIS 在物流企业中的应用价值

（一）GIS 降低物流成本

降低物流成本是我国企业物流现阶段所追求的最大目标。近年来，随着我国物流基础设施建设步伐的加快，企业物流运作的基础平台有较大幅度的提升，但是，20% 左右的社会物流总成本仍然居高不下，其主要原因就是小范围内的高物流配送成本抵消了远距离、大批量运输所带来的成本优势。解决这一问题的有效方法无非是在企业之间开展共同配送、设立共同配送中心来整合企业共有的物流资源，提高车辆实载率和积载率。另外，求车求货方式也是提高物流企业效率的有效方法之一。开展共同配送，需要针对货物的集货和向配送地的配送制定时间表与配送路径，配送管理者希望这些计划的制定能够与地图相结合以可视的方式表示出来。而且，在建设新的配送中心时，需要在充分了解配送需求内容（起点、终点、品种、数量、重量等）、货主的分布等信息的基础上来进行选址决策。应用 GIS 技术，对集货地、配送地、配送路径、配送需求内容及货主分布等信息都可以视觉化地表示出来，为开展共同配送和配送中心选址提供辅助决策。

（二）GIS 满足多频次、小批量配送需求

随着消费者需求的个性化、多样化与高度化发展以及电子商务的普及，多频次、小批量配送逐渐成为配送模式的主流。多频次、小批量配送具有两面性的特点：一方面，它可以更好地满足零售企业的销售需求，减少商品库存；另一方面，它又为配送企业带来了高额的配送成本，增加了环境负担。针对分布在不同地点、需求时间不同的客户配送需求，可以采取多种配送方式在某个狭小的配送区域或区域之间实施配送作业。应用 GIS 技术，可以可视化地

确定客户与配送车辆在地图上的位置关系,提高多频次、小批量配送的集货和换装的效率。

第五节 物流自动化技术

物流自动化是集光、机、电子一体的系统工程。它是把物流、信息流用计算机和现代信息技术集成在一起的系统。它涉及多学科领域,包括激光导航、红外通信、计算机仿真、图像识别、工业机器人、精密加工、信息联网等高新技术。目前,物流自动化技术已广泛运用于邮电、商业、金融、食品、仓储、汽车制造、航空、码头等行业。

物流自动化包括信息处理自动化和设备运作自动化。其中信息处理自动化主要指 WMS 和 TMS;设备运作自动化又包括自动识别系统、自动检测系统、自动搬运系统、自动分拣系统、自动存取系统和自动跟踪系统等子系统。

物流作业自动化是提高物流效率的一个重要途径和手段,也是物流产业发展的一个重要趋势。国际经验表明,物流作业自动化的实现,并不仅仅是各种物流机械装备的应用,而是与大量信息技术的应用联系在一起的。目前中国物流作业的自动化水平比较低,在搬运、点货、包装、分拣、订单及数据处理等诸多物流作业环节上,手工操作方式仍然占据着主导地位。

一、物流自动化的含义

物流自动化是指在一定的时间和空间里,将输送工具、工业机器人、仓储设施、通信联系等高性能有关设备,利用计算机网络控制系统相互制约,构成有机的具有特定功能的整体系统。该系统由无人引导小车、高速堆垛机、工业机器人、输送机械系统、计算机仿真联调中心监控系统组成。

二、物流自动化的作用

(一)提高配送效率与准确性

自动化物流系统采用先进的信息管理系统、自动化物料存储、分拣和搬运设备等,使货物在仓库内按需要自动存取与分拣。在工业生产环节,自动化物流系统直接与生产线对接,根据生产需要,在指定时间将物料自动输送到生产线,随时满足生产所需的原材料,提高企业生产效率;通过采用先进的识别技术和信息处理技术,可以有效进行物料管理,保证投料的准确性。在商品配送环节,自动化物流系统根据接受的订单信息自动安排发货配送,通过自动分拣技术、电子标签技术、密集存储技术等可以大幅提高分拣与配送的效率与准确性。

(二)实现企业信息一体化

物流信息化是企业信息化的重要组成部分,物流信息管理系统(仓库管理系统和运输管理系统)通过与企业其他管理系统(如 ERP、OMS、CRM 等)的无缝对接,实现信息在企业各个系统之间的自动传递和接收,使企业实现信息一体化,避免物流系统成为信息"孤岛"。

(三)提高空间利用率,减低土地和建筑成本

自动化物流系统采用密集存储技术,利用设备可以使用人力难以够到的高度空间,减少人力工作需要的通道空间,存储同样数量货品可以减少仓库面积,进而减少土地的需求量。

(四)减少人工需求,降低人工成本

大规模地使用机器设备,用机器替换人,也就减少了对人的需求,人少了,照明、保温、防热、防火方面的投入也相应地减少了,与人相关的成本投入也就减少了。

(五)提高物流管理水平

自动化物流系统可以对货品入库、分拣、出库、移库、盘点、运输等运作进行全面的控制和管理,不但反映货品进销存的全过程,而且可以对货品进行实时分析和控制,为企业管理者做出正确决策提供依据;平衡企业生产、存储、销售各个环节,将库存量控制至最优状态,大幅提高企业的资金流转速度和利用率,降低库存成本。

三、物流自动化设备

自动化物流设备按照功能可以划分为:自动化仓储设备、自动化输送分拣设备、自动化搬运设备等,其中分拣设备、AGV、堆垛机、输送机、穿梭车(RGV)等是具有代表性的产品。

(一)分拣输送设备

随着国内物流装备技术发展进入快速增长阶段,众多国内设备制造商崛起,分拣输送设备也出现了专业的制造企业,并形成了规模化生产,还出现了目前备受各大电商平台青睐的自动分拣系统。该系统应用在电商、快递的矩阵分拣线中,相较于其他类型的分拣设备处而言,处理件型范围会更广、处理能力会更高、拣货效率更高,是人工速度的2.5倍以上,分拣准确率达99.99%;在无损分拣方面,破损率也是极低,货损率不到万分之一。

(二)AGV产品技术

AGV(automatic guided vehicle)是指装有自动导引装置,能沿规定的路径行驶,车体上具有编程和停车选择装置、安全保护装置以及各种移载功能的运输小车。

AGV作为物流装备中较新的产品,近几年成为物流装备行业的风口之一。AGV在国内的技术发展过程,历经了引进技术或基于国外技术平台从事工程开发,到自主开发和掌握核心技术等阶段,目前已有一些物流企业在小规模应用,但AGV的算法复杂,要大规模应用,未来还有很长的路要走。

(三)堆垛机产品技术

堆垛机是自动化仓储系统中的核心装备,目前市场需求的主流堆垛机产品已基本实现国产化,各厂家在堆垛机产品上广泛采用红外、激光、无线、伺服驱动、无接触供电甚至RFID等技术,堆垛机使用的基础技术、关键器件以及配套件与国际知名制造厂商已经十分接近,通用系列的技术规格和技术参数与国外产品相差不大。

(四)自动装卸系统

装卸系统作为物流中心的咽喉要道,近年来得到更高的关注。卡车快速自动装卸系统

成为热门技术。卡车自动装卸系统由两部分组成,一部分安装在卡车内部,另一部分集成在装卸货平台上。通过集成在卡车和装卸货平台的输送设备的协同运作,完成卡车的自动化装卸。

自动装卸系统通常用于生产基地和物流配送中心之间的往返运输。装卸时间可从半小时缩短到几分钟。和传统的叉车装卸模式相比,自动装卸系统具有以下七个优势:

(1) 装卸过程自动化,从而可以减少物流作业人员和叉车的使用;
(2) 装卸平台吞吐量大幅增加,从而可以减少装卸平台数量;
(3) 搬运效率大幅提高,卡车、拖车和司机的数量也随之减少;
(4) 货物进出站台更加迅速,从而可以减少对缓冲区域面积的需求;
(5) 卡车周转更加快速,可以减少卡车在停车场的等待时间和停车场的面积;
(6) 控制有序的装卸程序,可以减少货物和设备的损坏;
(7) 作业人员工作环境更安全。

(五) 码垛机器人

码垛机器人可以取代码垛工人完成繁重的托盘拆码垛作业,它既可以提高拆码垛作业效率,又可以减少超高强度劳动导致的码垛工人的职业病,在个别恶劣的工作环境下还能对工人的人身安全起到有效的保障。近年来码垛机器人在我国烟草、饮料等行业得到普遍应用。直角坐标码垛机器人具有结构简单、作业半径大等优点,适用于物流中心和自动化生产线的作业环境,其主要特点如下:

(1) 结构简单、零部件少,因此故障率低、性能可靠、保养维修简单、所需库存零部件少;
(2) 便于安装,容易集成到自动化生产线和物流中心布置中;
(3) 适应性强,能满足多种产品的尺寸、重量和托盘外形尺寸的自动化作业;
(4) 能耗低,操作简单。

(六) 智能拣选车

随着供应链管理理念的推广和电子商务行业飞速发展,订单微型化趋势十分明显。物流中心的作业已经从过去的"整进整出"转变成"整进零出"的作业模式,目前混合托盘入、单件物品出的作业模式已经成为常态。因此拣选作业已经成为现代物流中心的核心业务,拣选技术也成为近年来物流技术研究的重要方向。其中智能拣选车具备巨大的发展潜力和良好的应用前景。

智能拣选车通常配备无线局域网和RFID技术,与仓储管理系统保持实时对接。智能拣选车具有自动导航功能,可以随时接受仓储管理系统发出的拣选订单,并在完成每步作业后自动上报作业状态。智能拣选车配置的操作面板和条码扫描系统可以帮助拣选员简捷准确地完成拣选作业。拣选车上配备的电子标签系统(put-to-light)支持同时拣选多个订单的作业,而自动称重系统会对拣选货物进行重量上的核对,确保拣选作业的准确无误。智能拣选车具备智能、高效、准确、实时、操作简单等特点。

(七) 无人卡车

目前我国有大约1 600万名长途货运卡车司机,物流企业人力成本高,卡车司机工作环境艰苦,无人卡车的应用前景十分可观。虽然无人驾驶领域还存在一些技术难题,但由于卡车,尤其是重卡在物流运输中常起到的作用是公路转运,大部分行驶路段为高速公路,因此行驶环境相对城市道路简单很多,故业内大多认为自动驾驶将从物流领域开始。无人卡车的优点在于:大幅度降低事故发生概率;节省人力成本、燃料成本,降低运输费用;数据透明,全程可控。

第六节 北斗导航系统

一、北斗卫星导航系统介绍

(一)系统概述

北斗卫星导航系统(以下简称北斗系统)是中国着眼于国家安全和经济社会发展需要,自主建设、独立运行的卫星导航系统,是为全球用户提供全天候、全天时、高精度的定位、导航和授时服务的国家重要空间基础设施。随着北斗系统建设和服务能力的发展,相关产品已广泛应用于交通运输、海洋渔业、水文监测、气象预报、测绘地理信息、森林防火、通信时统、电力调度、救灾减灾、应急搜救等领域,逐步渗透到人类社会生产和人们生活的方方面面,为全球经济和社会发展注入新的活力。

(二)基本组成

北斗系统由空间段、地面段和用户段三部分组成,可在全球范围内全天候、全天时为各类用户提供高精度、高可靠定位、导航、授时服务,并具短报文通信功能,初步具备区域导航、定位和授时能力。

二、北斗导航系统的优势

北斗系统是中国自行研制的全球卫星导航系统,也是继GPS、GLONASS之后的第三个成熟的卫星导航系统。与其他卫星导航系统相比,北斗卫星导航系统具有以下三点优势:

(1)北斗系统采用高、中、低三种轨道卫星组成混合星座,与其他卫星导航系统相比高轨卫星更多,抗遮挡能力强,尤其在低纬度地区服务优势更为明显;

(2)北斗系统提供多个频点的导航信号,能够通过多频信号组合使用等方式提高服务精度;

(3)北斗系统创新融合了导航与通信能力,具备基本导航、短报文通信、星基增强、国际搜救、精密单点定位等多种服务能力。

专为物流货运追踪设计的北斗 GPS 定位器,采用北斗+GPS+LBS+Wi-Fi 定位,信号覆盖室内外,并支持光感防拆、超速报警、震动报警等多重报警功能。用户可通过 Web、App 或短信远程查看货物状态,车辆、货物在哪里一目了然,确保运输途中车、货在每一个物流节点都不失联,可广泛适用于整车、零担、专线/干线货物运输等多种物流应用场景。

三、北斗卫星系统的功能

北斗卫星系统具有实时导航、快速定位、精准授时、位置报告和短报文通信服务五大功能。

（一）实时导航

结合交通、测绘、地震、气象、国土等行业监测站网资源，提供实时米级、分米级、厘米级等增强定位精度服务，生成高精度的实时轨道、钟差、电离层等产品信息，以满足实时用户应用。

（二）快速定位

北斗系统的性能达到国外同类系统水平，其中瞬态和快速定位指标居国际领先地位，可为服务区域内用户提供全天候、高精度、快速实时定位服务。

（三）精确授时

北斗系统时钟通过星载高精度的铷原子钟和氢原子钟及UTC时间同步，地面用户北斗接收机接收到来自卫星的时钟信号后，即可完成高精度的时间传递。

（四）位置报告

北斗全球位置报告是用户将卫星无线电导航业务（RNSS）定位结果，通过北斗组网星座中全球连续覆盖的入站链路发送至地面控制中心，实现位置报告功能。

（五）短报文通信

短报文通信是北斗系统的核心优势。它通过空间卫星将信号传输到接收机（如船舶接收机）上，既可以避免传输距离近的弊端，又可以提高通信质量。

四、物流运输行业应用北斗GPS定位器的优势

（一）保证运输时效

管理人员可通过北斗GPS定位器来实时监控运输车辆，随时查看车辆的位置、速度等信息。如果运输车辆在途中遇到堵车等突发情况，管理人员可重新规划最优路线，从而保证货物能够按时送达。

（二）保障运输安全

除了实时定位运输车辆以外，物流北斗GPS定位器还具有异常震动报警功能，可以提醒管理人员及时处理，防止货物被盗。管理人员还可以通过系统设置一个速度值，当运输车辆的行驶速度超过设定值，会立即发送超速报警信息，管理者可提醒司机注意安全行驶，保证安全运输。

（三）提升运输品质

如在冷链运输企业中，通过北斗GPS定位器，再配合温湿度传感器，对影响冷链货品品质的最主要的因素温度进行实时全程数据采集，并定位温度异常的时间和地点，来监管全程冷链运输。

随着信息技术和供应链管理的不断发展并在物流业得到广泛运用，通过物联网、云计

算、5G等现代信息技术,实现货物运输过程的自动化运作和高效化管理,提高物流行业的服务水平,降低成本,减少自然资源和市场资源的消耗,实现终极目标——智慧物流。

本章案例

案例2-1 远望谷利用RFID技术助力智慧港口建设

远望谷提供的RFID硬件解决方案,实时自动采集集卡车进出港口数据,实现对货运车辆的自动识别和监控,追踪车辆在港动态,即时满足对相关车辆实时信息的掌握,大大提高了集卡车通关效率,确保港口码头的生产作业、交通疏导、物流存储有序,为货主在港口货物的安全性提供了更强有力的保障。

港口作为交通运输的枢纽,在促进国际贸易和地区发展中起着举足轻重的作用,全球贸易中约90%的贸易由海运业承载,作业效率对于港口至关重要。随着我国港口物流行业的快速发展,港口的物资种类及数量在不断增加、移动频率剧增,港口管理作业也已十分复杂和多样化,在"工业4.0""互联网+"大发展的时代背景下,港口也在进行数字化、全自动化的转型升级。

一、港口车辆管理

传统港口码头的车辆管理主要通过信息管理系统结合人工操控非实时性数据录入来实现,有些先进的管理系统中采用图像识别技术,利用摄像头来识别进港车辆。这些传统的对车辆的跟踪、管理和调度方法存在效率低、人力成本高、出错率高、实时性差等问题。

随着智慧港口建设潮的到来,远望谷协同全球合作伙伴,共同帮助港口进行自动化、智能化的持续升级,利用RFID技术推动港口车辆管理信息化、自动化,打造"安全、环保、高效"的智慧港口。

二、智能车辆定位管理

当前,远望谷的RFID产品已在舟山港、广州港、青岛港、天津港、连云港、妈湾港、蛇口港、宁波港、日照港、大连港等国内多个大型港口的车辆智能定位场景得到成功应用。

远望谷提供的RFID硬件解决方案,主要是通过RFID标签将每一辆进出港口的集卡车进行绑定,详细记录车辆的基本信息、报关信息、货物信息等业务明细,通过RFID读写器、RFID天线等设备的综合布设,实时自动采集集卡车进出港口的数据,起到车辆精准定位的作用。

远望谷合作伙伴通过运用远望谷成熟的RFID技术和产品,结合GPS、BD、视频定位等技术,成功搭建车辆智能定位管理系统,对入港装卸货车辆的位置、行驶速度、路径、监控视频画面等信息进行实时监测,实现港口集卡车进出港、装卸、堆存及在港动态的全过程管理和监控。

三、应用分析

基于RFID技术的硬件设备应用于港口码头车辆定位管控后,集卡车的在港操作效率大有提升,物流成本相应有所降低。智能车辆定位场景的应用对加快集卡车在港的周转效率,提升专业滚装汽车码头的服务水平有着重要的推动作用。同时通过对船公司和货主港口服务质量的提升,可稳固港口所在地区的整车进出口市场份额,并可吸引更多的滚装运输班轮挂靠,推动整车进出口业务,从而进一步增加整车进出口的市场份额。

作为承担物流运输的航运码头,提升港口科技水平以及实现港口信息化、数字化不仅是发展经济提升服务质量的趋势,也是港口行业未来发展方向。

案例2-2 杭烟物流基于GIS的送货线路优化

一、杭烟物流基本情况

浙江省烟草公司杭州分公司(以下称"杭烟")目前在杭州市区共有6 400多家卷烟零售网点,下属物流中心现有20多辆送货面包车、100多条进货线路,如何解决定时到户的送货车辆调度问题,如何均衡不同送货线路的工作量,如何降低卷烟配送成本,是物流中心面临的重要问题。本案例重点讨论送货线路优化调度问题。

二、线路优化问题的难点分析

(一)地理信息系统问题

车辆优化调度需要一套详尽丰富同时实时更新的GIS支持。杭烟车辆送货线路优化面临的最大问题是GIS建设问题。虽然目前杭烟物流已有一套电子地图,但从使用结果来看,该电子地图明显存在不足,不适合用于杭烟物流送货线路优化。主要问题有两点:一是信息量太少,许多街道没有标出,无法量化衡量,尤其是城区小街、小巷或者郊区线路。二是系统更新速度太慢,维护跟不上,许多街道早在1~2年前就已经变化,或改造或新建或更名,该电子地图仍是老样子。

(二)部分车辆更新问题

(1)物流配送中心位于杭州市区北郊皋亭坝,离市区经烟户所在地较远,物流中心由北向南"扇形"辐射6 400家经烟户,按目前运载力和工作分配,车载量偏低,逢节假日,送货量稍有增加,部分送货车必须跑两次,造成来回"跑空车",严重加长了送货时间,降低了效率,又浪费汽油。

(2)车辆超龄服役,车身破旧,发动机底盘等许多零部件已磨损失灵,不仅影响杭烟物流在客户中的形象,也给送货本身带来安全隐患。其中3辆江西五十铃面包车已运行8年之久,属于国家强制报废年限。

(3)部分送货车辆因本身老化、油耗高、性能落后等原因,年均维修费用非常高,与车辆自身价值相比早已不成比例,且有逐年增加势头。其中一辆松花江牌面包车2001年维修费用高达8 258元。

(4)车辆容载量偏低,造成配送成本升高。车辆优化调整系统除了要求送货线路最短,还要求车载尽可能大,尽可能满载。目前杭烟物流送货车辆容载量普遍偏低,其中16辆长安之星面包车平均容载量不到30件。

根据以上情况杭烟计划进行运输车辆的更新配制,近期采取报废10辆超龄服役车,换成8辆容载量50件的面包车的措施。可减少2辆车和2名驾驶员,同时经烟户送货面包车运载力整体增加18%,以适应杭烟配送车辆优化调度的需要。

(三) 现有送货线路划分方案的弊端

(1) 存在不同的访销员对应的经烟户在同一送货区域。

(2) 以前所属某访销员经烟户搬迁后,为不减少总量,仍保留在原访销员辖区内,给送货造成不便。

(3) 部分访销员所属经烟户跨度太大,造成送货集中度降低。

要实现杭烟物流线路优化,必须打破原来按照访销线路确定送货线路的弊端,然后初步圈定优化对象范围,对访销员所管经烟户的调整只是缓解矛盾的暂时阶段,因为访销员所辖经烟户的划分有销售工作的实际原因,根本的方法是进行物流内部操作流程的再造,加入排单系统,从信息流程上真正实现访销与配送分离。

(四) 经烟户网点布局问题

(1) 一条路(街)经烟户位置相邻过密,有的经烟户一家挨着一家。

(2) 有的网点位于农村,分散在很窄的巷里,只有微型面包车才能通行。

(3) 有个别网点微型面包车也不能送到,送货员来回走较长距离,严重影响了送货效率。

对此杭烟抓住现存专卖体制改革的有利时机,利用年检和市区规划的变动,对杭州市卷烟零售网点布局进行较大范围的排查和调整。如城郊接合部和农村可以取消小零售户,开连锁加盟店,而零售网点的位置最好尽可能在道路上相隔一定距离。实践证明,零售网点的布局调整既有利于经烟户的生存和发展,也能大大节约物流的成本。

三、杭烟物流线路优化调度的实施

(一) 线路优化调度最终实现的目标

线路优化调度最终目标是实现物流中心操作流程改造,真正实现访送分离。

1. 目前的操作流程

目前车辆的送货清单生成完全是按照访销线路来确定的,很难从整体上优化,提高送货效率。

2. 改造后的操作流程

改造后的操作流程在零售网点布局的地理信息系统和决策支持系统作用下,根据电子排单系统,生成优化后的送货清单,改变了原有按访销线路定送货线路的缺陷,在操作流程上真正实现访送分离。

(二) GIS开发设计

一套功能完善、使用方便、信息量丰富细致、实时反映辖区交通网络变化的GIS平台是实现杭烟物流送货线路优化的先决条件,同时为杭州烟草的城网建设也提供了一个基础信息平台。

杭烟物流配送GIS必须具备下述五个功能。

(1) 电子地图的基本操作功能,包括视图的放大、缩小、平移,6 400 家或主要经烟户位置的标注(打点),鼠标交互的距离和面积的量算,查询地理对象的属性信息等。

(2) 经烟网络分析功能,如经烟网点之间最短路径查询、经济距离计算、最近设施查找、辐射区域分析。

(3) 提供地理信息的维护功能,包括基础地理信息和专题信息的维护;如设置修改驾驶员的信息(包括姓名、编号、待命状态、送货区域等参数),车辆的信息(包括车型、车牌、编号、容载量、车龄、待命状态等参数)。

(4) 交通道路信息设置,主要是指从物流中心到各经烟网点的道路情况,主要设置线路编号、派车时间、各街道距离(要精确到米)、始发点及终端等参数。

(5) 对经烟网点主要设置,包括序号、名称、客户级别、联系方式等数据的设置修改。

目前杭烟上下已形成一个共识:要想实现送货线路优化设置,必须首先有一个切实可行的 GIS 应用平台。

(三) 电子排单系统的开发

建立杭烟物流线路优化调度决策支持系统模型;采用先进可靠的求解算法(如节约法、遗传算法等),同时把该模型和算法融入计算机应用软件中,输入各种限制边界条件和目标函数,最终输出每天每次每辆车的电子送货清单;改变以原批发部为轴心的与访销线路对应的送货线路模式,实现以皋亭坝为中心、由北向南辐射 6 400 家零售网点的工作量相对均衡的送货安排。

四、利用 GIS 系统开展线路优化后的优势

(1) 使杭烟物流送货派单系统的应用达到国内现代物流发展同步水平。

(2) 划分后的各个区域布局将更合理、地理位置相对集中,预计可减少送货车辆数 10%以上,耗油量减少 20%左右。

(3) 各条路线工作量大体平衡,可减少一线员工的抱怨,提高员工满意度,从而更好地完成工作。

(4) 流程改造以后,将在信息流上真正实现访送分离。

 本章思考题

1. 基于 RFID 技术的供应链优势有哪些?
2. 自动装卸系统有哪些优势?
3. 堆垛机器人有哪些特点?
4. GIS 在物流企业中的应用价值有哪些?
5. 物流自动化的作用有哪些?

第三章 人工智能与智慧物流

本章要点

- 人工智能理论与发展
- 人工智能参与服务劳动的阶段性特征
- 人工智能在物流领域的应用场景
- 人工智能对物流行业发展的推动
- 物流管理者如何应对人工智能时代带来的挑战

第一节 人工智能的理论与发展

一、人工智能的含义

人工智能(artificial intelligence)简称 AI,是研究、开发用于模拟、延伸和扩展人的智能的理论、方法、技术及应用系统的一门新的技术科学。

人工智能一直都是备受关注的热门领域,随着技术不断开发和优化,人工智能正在被运用在越来越多的行业领域中,也越来越受到各行业的重视。

人工智能技术通常由四个部分组成,即认知、预测、决策和集成解决方案。

(1) 认知,指通过收集及解释信息来感知并描述世界,包括识别图像、语音转换为本文等。

(2) 预测,指通过推理来预测行为和结果,如根据用户行为推荐广告,根据观影记录推荐电影等。

(3) 决策,主要关心如何实现目标,如线路规划、新药研发、动态定价等。

(4) 集成解决方案,将人工智能与其他互补性技术(如机器人)结合,可生成多种集成解决方案,如自动驾驶、机器人手术,以及能够对刺激做出响应的家用机器人等。

智力是指生物一般性的精神能力。这个能力包括理解、计划、解决问题、抽象思维、表达意念以及语言和学习的能力。

智力三因素理论认为智力分为成分性智力、经验智力、情境智力。成分性智力指思维和问题解决所依赖的心理过程;经验智力指人们在两种极端情况下处理问题的能力,即新异的或常规的问题;情境智力是在对日常事务的处理上对新的和不同环境的适应,选择合适的环境以及有效地改变环境以适应需要。

人工智能是计算机科学的一个分支,是研究机器智能和智能机器的高新技术学科,是模拟、延伸和扩展人的智能,实现某些脑力劳动自动化的技术基础,是开拓计算机应用技术的前沿阵地,是探索人脑思维奥秘和应用计算机的广阔领域。该领域的研究包括机器人、语言识别、图像识别、自然语言处理和专家系统等。人工智能与原子能技术、空间技术,被并称为20世纪的三大尖端技术。人工智能的整体框架如图3-1所示。

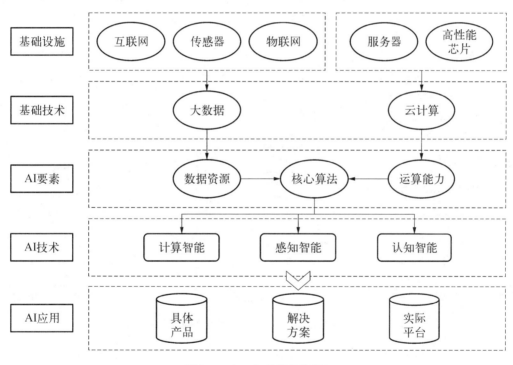

图3-1 人工智能的整体框架

人工智能有四个要素:算法、算力、数据、应用场景。随着以上四个要素的进步与丰富,人工智能应用领域也不断扩大,比如机器视觉、自动规划、智能控制、语言和图像理解等。与此同时,认为人工智能取代人类工作的声音也屡见不鲜。

作为一门学科,人工智能于1956年问世,由"人工智能之父"麦卡锡及一批数学家、信息学家、心理学家、神经生理学家、计算机科学家在达特茅斯学院召开的会议上首次提出。

人工智能有三大发展要素：基础理论引入（控制论、数学、神经科学、统计学、认知科学等），学科交叉（机器学习、数据挖掘、人工智能）和应用（安防、个人助理、医疗健康、自驾、金融、教育等）。

人工智能的近期主要目标在于研究用机器来模仿和执行人脑的某些智力功能，而远期目标是用自动机模仿人类的思维活动和智力功能。对人工智能的研究目前已形成了一个庞大的学科群，其主要的子学科有：专家系统、知识工程、知识库、模式识别、机器人等。与企业管理智能化关系密切的主要有专家系统、决策支持系统和知识库系统等。

目前，人工智能的基础性研究和在很多领域的应用性研究仍在如火如荼地进行，人工智能在交通控制、家庭服务、医疗、教育、公共安全与防护、娱乐等领域逐渐得以运用，许多大型企业为了提高企业的核心竞争力，也竞相把人工智能引入企业管理，实现企业管理的智能化。在诸如销售管理、人力资源管理、财务管理、风险管理、档案管理等方面逐渐得以应用（见图3-2）。

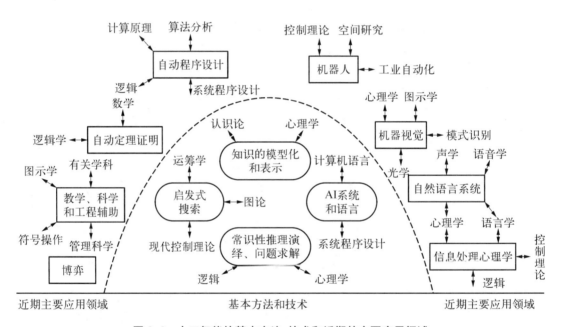

图3-2　人工智能的基本方法、技术和近期的主要应用领域

二、人工智能与新一代物流的融合

（一）人工智能在物流中的应用方向

以AI技术赋能的如无人卡车、AMR、无人配送车、无人机、客服机器人等智能设备代替部分人工。通过计算机视觉、机器学习、运筹优化等技术或算法驱动的如车队管理系统、仓储现场管理、设备调度系统、订单分配系统等软件系统提高人工效率。

（二）人工智能在物流行业中应用的优势分析

人工智能是一门通过普通计算机程序来呈现模仿人类行为、语言或者思维的学科，最终目的是使机器实现人工智能化,从而大大提升人的工作效率。人工智能技术的建立、发展与计算机技术等多个学科都有非常重要的联系,是多种关键技术的融合,这些关键技术使得人工智能具有许多显著优势并被广泛应用到新一代智慧物流行业中。

(三) 基于人工智能的智慧物流体系

人工智能是一种前沿的交叉技术,主要目的是模拟人类思维生产出一些智能化的系统,它们像人类一样在社会中发挥着相应的职能作用。近年来,人工智能能够迅猛发展,主要动力来源于信息技术和智能设备,信息技术主要是计算机技术和通信技术,如高等复杂的运算系统、能够处理数据量巨大的云计算平台和各种高效的通信网络系统。智能设备即指嵌入式设备以及其他芯片和边缘计算机节点等。随着大数据、云计算日趋成熟,新时代下,人工智能技术将主要以AI+某一具体行业或产业的形式呈现,物流就是其中重要的产业之一。下一代物流体系的一个主要特性将会是AI+物流。

(四) 人工智能与物流的契合

AI是物流降本增效的良药,物流是AI展示能力的舞台。

物流业的核心痛点决定了该行业最迫切的需求即"降本增效",物流企业的自动化、信息化转型升级都是为实现降本增效目的而做出的努力。人工智能技术产品的加入能够进一步推动物流业向"智慧物流"发展,更大限度地降低人工成本、提升经营效率。对于人工智能行业而言,随着技术的不断迭代,人工智能不再是高悬于天上的空中楼阁,"商业落地"已成为人工智能企业发展到当前阶段鲜明的主题词。从落地难度及发展前景来看,业务流程清晰、应用场景独立、市场空间巨大的物流业无疑是人工智能落地的绝佳选择。

作为新一轮产业变革的核心驱动力,人工智能将进一步释放历次科技革命和产业变革积蓄的巨大能量,并创造新的强大引擎,重构生产、分配、交换、消费等经济活动各环节,形成从宏观到微观各领域的智能化新需求,催生新技术、新产品、新产业、新业态、新模式,引发经济结构重大变革,从而改变人类生产生活方式。

而物流这一融合了运输业、仓储业、货代业和信息业的复合型服务产业,作为国民经济的重要组成部分,必将受到人工智能技术的深刻影响。同时,物流行业的人工智能应用也将反过来对人工智能技术的发展,提供成长的土壤。

第二节 人工智能在物流领域的应用场景

随着物流产业的不断发展,物流活动中正在产生越来越多的图像、音频、视频等非结构化数据,针对上述非结构化数据的识别技术是使其得以有效利用的关键,深度学习技术的蓬勃发展使得上述非结构化数据变成可视化、可分析的信息和信号变得简单高效。此外,在新一代物流中,许多场景是无法人工操控的,人类肉眼的速度无法跟上流水速度,此时计算机视觉就可代替人类视觉,从而大幅提高物流自动化。计算机视觉技术无疑成为推动物流业智慧化进程的关键。

新一代物流的体系架构,物联网、大数据、人工智能将构成智慧物流数据的底盘技术。事实上,物联网和大数据技术是人工智能技术实现的一个基础,人工智能技术在物流领域为物流自动化提供智慧支撑,最终实现物流的智慧作业和物流决策跨越式发展。基于人工智能的物流的智慧作业将表现为操作无人化、运营智能化和决策智慧化的特点。数据底盘技术和智慧作业共同支撑了新一代物流,实现物流服务商与商家和消费者的无缝对接,总而言之,未来基于人工智能的新一代物流将实现高效、精准、敏捷的服务以及无人化的操作方式、智能化的运营方式、智慧化的决策方式,实现物流的高效运转。

从行业作业性质看,人工智能在物流行业应用前景可观,首先有丰富的场景,其次有大量重复的劳动,再次物流作业的高效离不开数据规划与决策,而这些因素正是和人工智能应用相匹配的。而今,我们也不断看到领先企业在人工智能方面的研发与应用。随着国家发力推进新基建,人工智能的爆发前景可期。那么,具体到物流领域,人工智能究竟有哪些应用场景?

一、物流供应链预测

物流供应链的各个环节互相配合,使得资源在供应链上最优分布,在此过程中,信息的透明和准确对供应链成本至关重要,如何提供有效的预测,避免"牛鞭效应",避免资源浪费是管理者和人工智能需要一同面对的问题。在这个过程中,管理人员的经验更多应该体现在模型和影响因素的设计上,具体的预测和计算工作应该交给人工智能完成。

人工智能技术基于海量历史消费数据,通过深度学习、宽度学习等算法建立库存需求量预测模型,对以往的数据进行解释并预测未来的数据,形成一个智能仓储需求预测系统,以实现系统基于事实数据自主生成最优的订货方案,实现对库存水平的动态调整。同时,随着订单数据的不断增多,预测结果的灵敏性与准确性能够得到进一步提高,使企业在保持较高物流服务水平的同时,还能持续降低企业的成本库存。

二、无人驾驶领域的应用

作为人工智能等技术在汽车行业、交通领域的延伸与应用,无人驾驶近几年在世界范围内受到了产界、学界甚至国家层面的密切关注。无人驾驶重复着"感知→认知→行为"的过程。

感知:人类驾驶员感知依靠眼睛和耳朵,无人驾驶汽车感知依靠传感器。目前传感器性能越来越高、体积越来越小、功耗越来越低,其飞速发展是无人驾驶热潮的重要推手。反过来,无人驾驶又对车载传感器提出了更高的要求,促进了其发展。用于无人驾驶的传感器可以分为四类:雷达传感器、视觉传感器、定位及位姿传感器、车身传感器。

认知:驾驶员认知靠大脑,无人驾驶汽车的"大脑"则是计算机。无人车里的计算机与常用的台式机、笔记本略有不同,因为车辆在行驶的时候会遇到颠簸、震动、粉尘甚至高温的情况,一般计算机无法长时间运行在这些环境中。所以无人车一般选用工业环境下的计算机——工控机。工控机上运行着操作系统,操作系统中运行着无人驾驶软件。

操控：由于当前车辆是面向人类驾驶设计的，方向盘、油门、刹车、档位都是由人工操控。无人驾驶则要求这些构件能够由程序控制，这就需要对传统汽车加以线控改造甚至重新设计，包括对方向盘线控的改造、油门与制动线控的改造、档位线控的改造。

目前，随着电动车的出现与发展，很多线控功能在设计之初就被考虑其中。

使用机器学习和深度学习打造无人物流驾驶体系。中国物流业面临着干线运输司机短缺问题，无人驾驶技术可以提高物流效率，降低交通运输过程中的安全事故，克服"人为因素"所带来的诸多痛点。商用车无人驾驶技术将在港口等特殊场景率先使用，在高速公路干线得到普及，并与车联网车路协同等技术结合，推动整个公路运输体系智能化。

三、供应商管理

供应商是生产加工型企业或电商企业的供货者，科学采购、高效收货与质检、智慧财务管理系统等，都能够提高供应环节的效率，降低运行成本。

（1）智慧采购系统：结合图像识别技术、大数据分析与深度学习技术，分析历史的采购信息并挖掘其中的深层逻辑，形成科学的采购决策，做到适量采购、适时采购，减少过多库存对资金成本的占用，避免过少库存面临的机会损失。

（2）智慧质检系统：图像识别技术的应用，可以迅速清点货物的种类和数量，配合无人机的应用，能够更快速；专家系统的使用可以高效判断货物质量。人工智能技术的应用可以减少质检人员的数量，降低成本，而且可以采用对货物质量的全面检查，避免抽查模式潜在的问题。

（3）智慧财务系统：图像识别与深度学习的结合，可以显著提升报表的处理效率，减少出错率；大数据分析能够进行风险评估，避免一些潜在的财务风险。

四、智慧物流园区管理

（一）表单处理

物流行业有许多表单、文档数据，人工智能技术中的计算机视觉和深度学习就可以在这一场景中应用。

例如，腾讯云的光学字符识别（OCR）技术通过计算机视觉结构化识别表单内容，能够快速便捷地完成纸质报表单据的电子化，大幅避免人工输单；对文档扫描件或者图片中的印章进行位置检测，内容提取，实现自动化一致性比对；独有的手写文字识别技术可以精准识别出手写文字、数字、证件号码、日期等，实现带有手写文字的扫描件或图片数字化处理。

目前，顺丰等公司均有与腾讯云合作应用该技术。以北京奔驰进口报关业务为例，因为零部件的单据非常复杂，一个零部件涉及的单据可能有100多页，四个人按页录入要花一周时间，如今应用了人工智能技术，一个人40分钟就可以解决，且准确率极高。

（二）园区管理

表单处理完，货物进入园区。随着IOT、5G等技术的应用，人工智能在园区管理上同样可以发挥重要作用，比如监测、采集场院内车辆信息，提供车辆装载率、车辆调度、运力监测和场地人员能效等基础数据，优化运力成本；再比如对人员工作情况进行管理，规避员工不规范甚至危险的操作。

（三）搬运管理

从园区进入仓内，其中必然要发生的一个动作就是装卸。货物识别＋机器人与自动化分拣则可大大降低人类的劳动量。举例来说，AMR 即自主移动机器人，是目前发展和应用较快的技术。与传统 AGV 不同的是，AMR 的运行不需要地面二维码、磁条等预设装置，SLAM 系统定位导航为其装上了"一双眼睛"，让其可以实现高效的搬运和拣货作业。

以 AMR 商业化项目落地领先的灵动科技为例，其率先将计算机视觉技术与多传感器输入相结合，让其机器人实现了真正的视觉自主导航。灵动视觉 AMR 能够帮助企业实现效率提升 2 倍以上、拣货成本下降超过 30% 的"降本增效"成果。

（四）装卸管理

2019 年，顺丰对外发布的"慧眼神瞳"一度备受关注，这也是顺丰科技人工智能计算机视觉成果在业务场景的落地突破。简单地说，"慧眼神瞳"就是利用各种视频和图像进行自动化分析的人工智能系统。比如中转场的装卸口环节，将摄像机部署在装卸口，通过分析车辆到离卡行为、车牌识别、车辆装载率、人员工作能效等基础数据，就可以刻画出装卸口作业场景的完整生产要素，将所有作业数据线上化，持续优化各项运营成本，优化运转效率。

同样，与华为云合作的德邦快递，也有类似技术应用。比如，可以通过 AI 来监控快递分拣的场地、场景，抓取对货物搬运不规范的情况，从而大大提高业务员或者理货员操作的规范程度。

五、智慧仓储管理

仓储管理包括入库、存储和出库（拣货）等重要环节，涉及数量庞大的物流机器人、自动仓储设备、运输设备和人员，占用了企业的大量资金。仓储管理智能化将为物流行业带来颠覆性的改变。

（一）智慧盘点管理

库存盘点也是仓储管理的重要一环。如何保证盘点的准确高效？人工智能同样可以提供助力。其方式就是运用无人机航拍取代人工盘点。无人机航拍盘点就是利用计算机视觉、图像识别、无人机等技术，迅速对货物种类和数量进行盘点，相比于人工盘点，效率更高，准确率更高。

具体来说，无人机航拍盘点，就是无人机通过获取图像数据，基于视觉识别技术模型进行自动分析，并快速识别子库区，及库内商品数量、商品所在的库位号、与库存系统进行实时比对，如果实际数量与库存数量不吻合，将对异常数据进行警示，实现库存自动盘点。经过多次的数据训练，可将无人机识别准确率提升至 100%。

（二）仓储选址决策

人工智能技术通过收集与选址任务和目标相关的丰富历史数据，通过大数据技术挖掘对仓储选址决策有指导意义的知识，建立一个基于大数据的人工智能选址决策系统，在系统中输入选址目标与相关参数，人工智能系统便可以直接得到最接近最优目标，且不受人的主观判断与利益纠纷影响的选址结果（见图 3-3）。

投入成本高
人工计数统计人流量等社会环境指标，时间成本和人力成本高

数据不全面
依据开店经验建造模型，跟风选址，数据零散，不够全面

供需评估难
信息不对称，供需评估难；对于潜在客户的消费水平和消费喜好缺乏量化统计

回报难预测
无法提供销售预估，无法预估成本回收期

高效节省成本
基于线下大数据量化客观环境影响因素，节省大量成本

数据全面，信息对称
用户标签数字化，结合支付数据，形成更完整客户信息，帮助锁定目标群体

供需匹配有效支撑
连接商户信息和消费者信息，基于线下大数据打通商业经营整个环节

可预见投资回报率
根据分析进行销售预测，预估成本回收周期

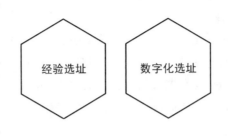

图 3-3　经验选址与人工智能选址的对比

（三）无人仓运营

人工智能技术的出现使得无人仓的构想得以实现。得益于机器视觉、进化计算等人工智能技术，自动化仓库中的搬运机器人、货架穿梭车、分拣机器人、堆垛机器人、六轴机器人、无人叉车等一系列物流机器人可以对仓库内的物流作业实现自感知、自学习、自决策、自执行，实现更高程度的自动化。

1. 仓库作业管理

作为一个仓库的管理者，需要知道仓库的作业量、效率、产能情况，还需要对订单的作业方式进行选择，并且根据发运计划安排订单作业顺序。

AI 可以协助管理者进行资源的调配，实时提供作业数据及预警。在具体作业上，AI 可以协助进行拣选路径规划、订单波次策略选择。在仓配交接环节，AI 还可以协助识别直发线路，协助周转场地管理和配送资源计划管理。

2. 智慧存储设备

目前，在仓储环节应用的物流设备种类丰富，功能各异。历史发展悠久的堆垛机货架，更加高效的多层穿梭车系统，针对小料箱的高效存储设备 MiniLoad 等。

针对仓储设备的智能化运行，计算机视觉、深度神经网络、机器学习、自动控制等技术的应用，将极大提升存储设备的周转效率，提高设备的利用率；针对仓储设备的科学规划和实施，大数据分析和专家系统等技术，能够提升系统规划的效果；针对仓储设备的维护和保养，采用基于设备数据的寿命预测技术，能够准确、预先对设备的状态进行掌握，便于提前采取措施。

冷库存储是存储行业的一个特殊领域，生鲜、药品等特殊商品需求较大。人工智能技术打造的新型自动化冷库，利用大数据分析可将采购预测与仓储现状结合，自动控制技术可以针对冷库低温的特点，更好地控制仓储货架所用的穿梭车和堆垛机、搬运使用的叉车、码垛

使用的码垛机器人等设备。

3. 智能分拣系统

通过机器视觉技术，不同的摄像头和传感器可以抓取实时数据，继而通过品牌标识、标签和3D形态来识别物品，从而可以使拣选机器人对移动传送带上的可回收物品进行分类和挑拣，以替代传统人工仓库中的传送机器、扫描设备、人工处理设备和工作人员一道道的分拣作业，大大提高仓库的运作效率。

智能分拣系统包括分拣过程中使用的运输设备如AGV、智能分拣车、传送带等，以及分拣过程中的信息流。路径规划、机器视觉等技术，将赋予运输设备更多的智能，使得无人运输更加安全、高效。数据挖掘、大数据分析等技术，能够将拣选订单进行更合理的拆分与合并，并与仓储设备、运输设备和人员形成联动，实现更高效的订单拣选。

六、智能运输与配送管理

（一）智能运输

运输环节实现货物的运输，主要包括运输设备和运输过程的信息管理。国内的运输方式有航空运输、铁路运输、公路运输和海路运输。

公路运输灵活性高，货运量大，人工智能能够发挥更大的作用。日趋成熟的自动驾驶技术将彻底颠覆现有公路运输体系，更加高效、安全的行驶，更少的人力依赖，将极大地提升公路运输的效率。运输信息的管理内容繁杂，包括发车前的任务下达和路线规划，行驶中的信息跟踪和应急调度，以及到达目的地后的盘点、卸货和车辆状况检查等。

人工智能技术对于信息的处理比人类更加高效，通过大数据分析能够为车辆的调度机制提供更加实时、可靠的方案，设备寿命管理能够系统性监测车辆的状态，及时报警提醒，降低车辆故障发生率。

大数据分析能够更好地监测冷链运输过程中的货物状态和司机行为，为保质保量的冷链运输提供更智能的监管。

使用人工智能技术进行预测性运输网络管理可显著提高物流业务运营能力。以航空运输为例，准时保量运输是空运业务的关键。DHL公司开发了一种基于机器学习的工具来预测空运延误状况，以预先采取缓解措施。通过对其内部数据的58个不同参数进行分析，机器学习模型能够提前一周对特定航线的日平均通行时间进行预测。

（二）智能配送

在配送阶段，通常消费者提供的地址是不精确的，有很多错误和模糊地址。这个时候就需要通过算法和AI来自动识别客户的实际目的地，确保准确地投递。

在配送阶段就涉及配送的运能预测和优化、车辆的调度响应等。配送商需要实时了解每个线路的运能情况、资源需求和储备情况，提前做好应对，避免异常发生，减少接驳成本。当然在异常发生的时候，也需要AI给出最优补救方案。

在最后一千米，站点和自提柜应该如何布置，末端派送资源调度也是影响作业质量和效率的关键因素，这些复杂的数学问题，通过传统的人力无法很好解决，此时就需要有AI的支持,辅助管理人员甚至取代管理人员作出决策。

配送作为快递行业的"最后一千米",面对的情景非常复杂。农村地区和城市地区的配送场景不同,不同大小城市的配送场景也不同,学校、商业区、住宅区的配送场景不同,采用智能配送设备和方案,能够提高快递服务业"最后一千米"的服务质量和服务效率。

智慧快递驿站面对人群密集的场景能够发挥显著的效果。基于图像识别、数据分析的人工智能机器人能够辅助客户自助完成大部分的寄件和取件工作。同时,驿站设置的智能广告系统能为社会提供一定的公益服务和商业服务。

基于自动驾驶的配送设备(车辆、其他辅助工具)适用于住宅区或农村地区等需要配送人员大量变换位置的配送场景,可以减轻配送人员的工作强度,提高配送效率。

七、客户管理

客户的信息管理和维护、从客户信息中描绘出客户画像、为客户提供更个性化的服务,都直接影响着客户的使用体验和企业的服务质量。智慧订单系统立足于图像识别技术和大数据分析,能够更加高效地处理客户的订单从下单至完成的全部流程,信息更加实时准确。

基于大数据分析、知识积累和深度学习的智慧导购系统将为客户提供更精确的信息,提升客户的购物质量。智能客服系统是基于语音识别、逻辑推理、语音生成的新技术,将为客户提供售前咨询、售中管理、售后维护等服务,能够做到 24 小时不间断为客户提供个性化咨询方案,并减少企业客服人员数量,提高客服服务的质量。

在现阶段的企业管理中,供应链管理的工作通常分散在各个部门,每个部门都有自身的一套监控和考核指标体系,但是从整个供应链层面对运营质量进行管控的公司少之又少。除了指标分散外,数据的加工耗费大量的人力,最关键的是呈现的数据指标只能反映过往的情况,而不能对当前的情况进行管控、修正。

借助 AI 的力量,物流供应链管理人员可以实时对供应链运作的指标表现进行监控、预警,甚至自动生成工单进行问题的处理和跟进。客户服务上的 AI 应用模型如图 3-4 所示。

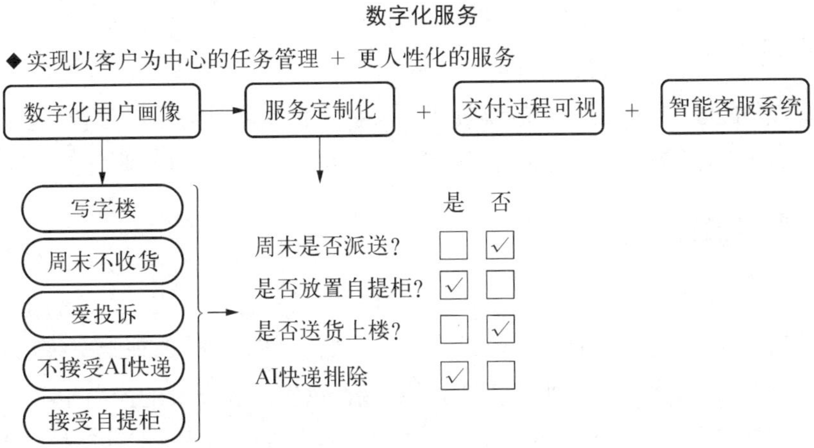

图 3-4 客户服务上的 AI 应用模型

以言语理解为核心的认知智能研究也是人工智能领域的核心研究之一,目标是让机器具备处理海量语音内容和认识理解自然口语的能力,并在此基础上实现自然的人机交互。在日常生活中,小度、小爱等都是代表案例。而在物流快递业当中,其可以应用的场景之一是客服。客服人员流失率极高,为此各个商业巨头都在打造智能客服系统。"三通一达"、顺丰、美团、饿了么为主的头部公司均已上线了语音和文字智能客服,其服务半径辐射80%以上终端消费者。菜鸟也曾发布语音助手这一产品。

以圆通速递为例,圆通速递在2017年开始相继在官网、微信等渠道上线国内版智能在线机器人客服,代替或协助人工在线客服完成客户服务工作,一定程度上解决了客服用工成本高、服务时间难以满足客户需求的问题。有关资料显示,圆通速递高峰期每日电话呼入量超200万通,需要5 000人工坐席处理,在配备智能语音客服机器人后,高峰期90%以上电话呼入可通过语音机器人处理,日均服务量超30万,每秒可处理并发呼入量超1万次,在控制成本的前提下,极大程度上释放了人工效率。现在,首先接听业务电话的是AI语音客服。如果有必要,再转人工客服。

德邦快递AI语音客服的加入,提升了客服效率:提供全天24小时不间断的服务,降低企业人力成本;大大降低了一线客服工作强度;AI语音客服系统可以收集语音信息,进行自主学习优化,不仅大大提升了客服效率,而且服务质量也得以提升。

八、图像/视频识别

图像/视频识别与理解技术,结合GIS、多媒体压缩和数据库技术,有效建立起可视化的仓储管理、订单管理、车辆管理系统。在智能仓库管理系统中,基于图像/视频识别分析技术的监控设备将视频、图像等数据信息汇集于主控中心,便于各级决策人获得前端仓库异常状况,从而实现及时决策、指挥调度、调查取证。在智能订单管理、车辆管理系统中,图像/视频识别分析技术可有效实现订单跟踪管理,并降低运输过程中货物的损毁、丢失等问题,从而帮助制定生产计划与排产,保证货物及时、安全地到达目的地。

九、车货匹配系统

使用人工智能完成物流运输中的车货匹配。物流企业可以利用人工智能技术结合自身资源打造全新的货运匹配平台。基于自身货源建立数字化货运平台,低价获取社会运力。

十、物流运营智能管理

人工智能还能为新一代物流行业提供更加智慧的运营管理模式。人工智能结合大数据分析,在物流转运中心、仓库选址上能够结合运输线路、客户分布、地理状况等信息进行精准匹配,从而优化选址、提升效率。采用人工智能分析,供应链各环节的产品生产制造商、供应商、物流提供商也能得到相当程度的提升,在人工智能辅助下,提前有针对性地制定产品营销策略和货物的仓、运、配计划。

第三节　人工智能对物流行业发展的推动

一、促进物流业提高效率和创造新价值

为什么物流公司正面临一个前所未有的变化的时代，因为新技术使更高的效率和更多的合作运营模式成为可能。这是物流行业拥抱人工智能的最佳时机，因为数字化已经形成，客户期望也在不断发展。

人工智能可以帮助物流行业重新定义今天的行为和实践，从预测到预测的规划，从标准化到个性化的服务。它还为物流公司提供了优化网络协调的能力，这是仅靠人类思维无法达到的效率。

人工智能越来越多地出现在我们的个人生活中，并迅速被企业用于提高效率和创造新价值。世界各地的许多物流公司都拥抱数字化转型，从传统的企业资源规划系统过渡到高级分析，增加自动化、硬件和软件机器人以及移动计算。

二、开展前瞻性和预测性范式的物流管理

在人工智能的帮助下，物流行业可以将其运营从反应性行动转变为前瞻性和预测性范式，这可以在后台办公室、运营和面向客户的活动中以有利的成本产生更高的洞察力。例如，人工智能技术将使用先进的图像识别技术来跟踪货物和资产的状况，为运输带来端到端自动化，或在世界货运量出现波动之前预测它们。

随着职业世界的数字化，越来越多的公司将人工智能添加到他们的供应链中，以最大限度地利用资源。

三、优化物流库存

库存优化是指维持一个特定的库存水平，可以消除缺货的情况，同时持有库存的成本不损害底线。不降低材料成本或过程成本的情况下，人工智能在缩小产品价值方面起着重要作用。该技术还可以确保和管理供应商库存和可用的卡车数量，并优化物流模式。

四、应对物流不可预见风险

通过训练，人工智能可以从应急计划中学习，这可以保证未来的纠正行动。使用人工智能搜索互联网，观察趋势，可以预测某一类产品的需求增长，或提前识别风险。

当涉及物流业务时，要预料到意外情况，因为一系列的情况可能会影响产品的预期交付日期。飓风和洪水、航空公司破产和员工罢工等自然灾害都会影响公司物流工作的自然进程。

五、取代传统物流装备

未来全球电商类仓储及物流行业的机器人市场规模将大大提高,整体发展前景也十分广阔。我国目前的仓储成本是发达国家的 2~3 倍。由此可见,智能物流加 AI 科技取代传统物流装备已迫在眉睫。京东亚洲一号无人仓的分拣机器人以 3 米/秒的速度在 40 000 平方米的空间里穿梭,减少了分拣工作的人工及经济支出,又比如自动化小红人的智能设备,可以处理仓库存在的技术问题。

世界电商巨头亚马逊旗下拥有十万台 Kiva 机器人,它们代替人工进行订单处理、仓储搬运等工作。作为全球领先的智慧物流智能机器人,Kiva 具有多智能体系,可以自主进行研究协调,保存决策,它涉及多个学科,并具有计算调度不确定的决策、规划数据挖掘、经典优化等功能。Kiva 机器人将智慧物流和 AI 科技完美应用到物流行业的转型中,把物流行业的转型带向更高的层次。

六、推动物流环节的优化

从"智慧物流+AI 科技"的发展来看,智慧物流的应用更加突出——以顾客为中心的理念,以经济优化为核心,根据广大顾客的需求变化,来智能调节生产流程。而 AI 科技比较明显的优势体现在仓储规划环节,AI 科技会优化配送中心的选址问题,根据现实环境的种种约束条件,如商品产地的地理位置、供应商的位置和客户的位置,尽量减少运输成本、劳动力成本、修建成本等。AI 科技会根据最优算法,结合计算机分析的大数据掺杂考虑时间因素,给出最优质的物流方案,与传统的人工选址相比,AI 科技会根据因时间变化而产生的多余变量进行虚拟仿真计算,选择更便捷的资源税收政策和更低廉的经济劳动力成本,同时 AI 科技还会考虑获取资源的难易程度等各种因素。运用计算机进行大规模的模拟计算后,合并优化,得到最佳的仓库地址,从而降低了仓库的建设成本、运营成本,使仓库的选址更精准,这样减少了人为因素的干扰,做到了企业利润最大化。

AI 科技还可以使物流的运作和仓库的管理环节更有效,随着 AI 科技不断地学习创新,对历史数据的大量分析,从中学习总结相应的规律,保存相关的数据,进行挖掘修改,并根据未来的变化趋势进行模拟预测,根据仓库内的变化和消费数据,对仓库的存储水平进行动态调整,保障物流物品的有效储量,这样不仅保护了企业的生产成本,同时使消费者获得了高质量的物流服务。

伴随着更多的数字化以及智能化设备的测试和应用,智慧物流和 AI 科技相结合,整个物流行业的效率将会明显提高,物流行业的最终转型结果即为从劳动密集型产业转为技术密集型产业。

七、推动物流+AI 技术人才的需求升级

智慧物流和 AI 科技使物流行业实现了科技化和自动化,AI 科技引发了工业新时代大背景下机器代替人的现象,人工智能使机器替代了工人就业岗位,据预测,到 2030 年,发达

国家将有30%的工作由机器代替人工,完全转向自动化生产,其中,物流行业的自动化会显著高于其他行业,物流行业中的管理运输、仓储配送等类似重复性比较高的体力劳动、计算收集等工作,都将被人工智能所取代。在传统生产向AI科技产业转型升级的过渡阶段,很多岗位在工作的衔接方面存在的矛盾冲突也不容忽视。例如,物流行业对AI科技设备的广泛投入,并不代表人力管理的岗位可以完全被机器取代,很多工作仍需要人力技术更贴切地完成机器,才能更好地运作。在物流行业转型的大背景下,智慧物流需要的是复合型人才,这种人才不仅要懂得机器的内部构造,熟练操作机器,并且要熟识规章制度,具有较高的综合素质。

智慧物流和AI技术的迅猛发展,离不开数据分析专家、AI科技高级管理工程师和AI硬件专家等高素质的专业型人才,这些高素质的高端专业技术人才是物流行业的重要需求,例如Kiva这样强大的技术研发团队,就会使物流行业在竞争中具备很大的优势,因此,智慧物流和AI科技的各种专业人才已成为物流市场的稀缺资源。培养新的专业性、复合型、高素质的人才,已成为智慧物流和AI科技驱动物流转型所必须面对的问题之一。

第四节 物流管理者如何应对 AI 时代带来的挑战

一、心态上应该拥抱变化

要承认自己经验和能力上的局限性,接受AI的存在和AI的重要性。人工智能技术将沿着物联网的网络延伸到物流服务全链路,推动全链路的智能规划、数字路由、智能调度、智能分仓、智能调拨、智能控制等方面技术创新。当下,人工智能在物流行业应用也不一定成熟。然而未来的物流一定是科技的物流,下一个时代一定是人工智能的时代,当下我们可以不应用,却不可以不看到这样的趋势。

二、管理者的工作重心需要转移

从关注业务过程转变为更多关注影响因素、关注规则和边界,和开发人员建立更多紧密的联系,协助开发人员让AI变得越来越聪明越来越好用。一个好的供应链管理者,一定是一个好的产品经理。当下,如果没有应用新技术来处理复杂流程和管理大量数据,企业便无法与时俱进,持续盈利也变得困难,这也是人工智能为采用者带来高价值、高回报的原因。

AI和物流结合,将会给物流行业带来以下三大变化趋势——设备物联网化、管理自动化和决策大数据化。

(1)设备物联网化。人工智能时代,多种多样的物流设备、重资产,如何更好地被管控,如何更充分地发挥价值为企业服务?设备的智能化、物联网化是最佳的答案。除了卡车越来越智能之外,智能挂车系统的出现,实现了挂车资产管理、运营监控、安全管控和效率优化；智能保温箱的面世，解决了生鲜食品最后一千米配送的难题，也广泛应用于医药冷链；智能冷库则使实时感知冷库温度、在线实时管理温湿度成为现实。设备的物联网化、智能化，推动了物流企业管理的效率升级。

（2）管理自动化。物联网的高级应用要从"数字"回归到"实体"，以数字化的决策指导生产实践，技术最终要变革生产关系，解放人力，以自动化的管理为物流企业降本增效。不断促进智慧物流由全程可视的1.0向运营管理自动化的2.0迭代升级。

（3）决策大数据化。在传统物流时期，企业管理者主要依靠经验制定决策，缺少数据维度的支持，难免会使决策主观片面。随着科学技术的进步，物流场景中传感器、智能资产的应用，使海量数据的采集成为现实，这不仅为企业管理者提供了大量的数据基础，还可以使管理者对数据进行更全面、更系统的分析，从而使决策、战略的制定更科学、更客观，以技术为支撑，用科技的手段引领企业蓬勃健康发展。

三、管理者需要关注更高层级的需求

关注物流供应链与公司战略的配合，拓展物流供应链管理的领域和边界。人工智能在物流领域的创新有助于现有流程的自动化，这让自动化转型成为物流行业面临的重要议题。自动化是实现大规模优化的第一步，因此许多公司已开启物流自动化转型以保持竞争力，因为这不仅可以优化现有流程，而且能提高效率和生产率。

四、管理者要开展"智慧物流＋AI科技"视角下的物流行业转型

（一）建立标准化体系

AI科技改变了传统物流操作流程，AI科技把这些流程分解重组成一些并行结构，做到了物流设备和生产环节互通，在各个流程中都换成了AI科技控制的智能运输设备、仓储设备，用大数据筛选计算决策，准确快速地反映物流信息，使仓储库存、损坏、维修等做到了迅速和准确，智慧物流更新了物流设备，实现了物流行业的运行速度及精准率的提高，现代化的物流设备通过智能计算物流运作流程、自动排序，确保了安全性并降低商品损耗，城市配送也无须依靠人力，物流配送效率和时效得以大幅度提高。

（二）加快物流数字化改造

首先，必须解决传统物流企业的业务数据化问题，而这就需要加快云计算、大数据、物联网等现代基础设施建设，把物流各环节信息转化为数据，并进一步将这些数据打通，实现在线化。其次，按照数字化的要求重组业务流程及组织管理体系，让数据影响业务，通过智能化技术赋能物流各个环节，实现效率的提高和成本的降低，实现数据的业务化。

（三）加强政企物流数据共享合作应用

物流资源共享合作是智慧物流的重要理念，因此需要在相互信任的基础上推动企业物流信息透明化、公开化，同时借助AI技术实现仓库、车辆、托盘、集装箱等闲置物流设施资源的合理配置，应用于生产制造、物流、金融、商贸等诸多产业，能产生新型智慧物流生态系统。无论是物流行业内部资源整合，还是上下游产业深度延伸，都将带来新的机遇。物流企业应

充分把握智慧物流模式变革机遇,助力智慧物流生态系统,在存量资源整合、智能装备研发、信用评价体系、政府治理合作等领域大显身手。

(四)加快5G技术的应用

从物流行业主要业务需求及挑战出发,5G技术与物流场的结合可分为应用侧和网络侧两大类。其中,应用侧赋能注重物流业务场景需求与5G性能指标之间的结合,具体又分为增强型移动宽带类、海量机器类通信类和超高可靠低时延通信类;网络侧赋能注重物流业务场景需求与5G网络架构之间的结合,具体又可分为网络切片类和边缘技术类。综上所述,5G技术提升了物流行业的信息处理能力,同时也为物流行业的转型提供了技术支持,5G技术的应用成为未来物流行业的发展趋势之一。

在物流行业发展迅速的今天,"智慧物流+AI科技"为物流行业的转型提供了理论基础和技术支持,就目前物流行业的发展趋势来看,如何将智慧物流理念和AI技术完美融合进新型物流行业,需要物流行业相关人员不断研究和探索。

本章案例

案例3-1 AI在顺丰速运的应用

一、"天网+地网+信息网"背后 AI 赋能智慧物流布局

顺丰已形成拥有"天网+地网+信息网"三网合一、可覆盖国内外的综合物流服务网络。其中,天网方面,提前布局,储备了空侧场地、飞行员资源、航权时刻等稀缺资源。而且,其还提前布局物流场地资源,致力于打造"快递+"和"互联网+"双核驱动的物流场地及产业园服务生态圈。再如信息网建设,顺丰地图的精度比日常使用的互联网地图更高,可根据车辆的不同高度精确设计路线。

在这三个网中,尤其是地网和信息网的构建中,顺丰已经部署了人工智能,以新技术打造智慧物流。通过大数据、云计算、智能硬件等智慧化技术与手段,提高物流系统思维、感知、学习、分析决策和智能执行的能力,提升整个物流系统的智能化、自动化水平,从而推动物流的发展,降低物流成本,提高效率。

这个过程中,顺丰在做的,不是取代快递员等员工职位,而是基于为小哥减负的目标去部署人机交互和机器人作业。运用人工智能的技术,打造数字化快递员,减轻员工工作负担,提升工作效率,让员工更开心、更轻松地工作。

正如顺丰科技人工智能首席科学家刘志欣在网易经济学家年会上发表的演讲所言:"我们研究AI,研究大数据等,都是用来减轻员工的负担,以人工智能为驱动的机器来大幅提高员工的工作效率,只是人类的工具而已。""我们也一再表明,顺丰是不会因为人工智能、机器人等技术减少顺丰员工的就业机会的。"

可以说,顺丰智慧物流的布局中,虽然已经越来越常态化地使用人工智能技术赋能,但是其目标是与快递员等员工进行融合,减轻人的体力劳动,增加人工的科技含量。

二、帮助更多人就业、守业，顺丰可持续的 AI 玩法

以快递员为例，通过人工智能武装的智慧物流系统，助力快递员的数字化，在减轻快递员工作负担、提升配送效率的同时，带来用户体验的提升，进而形成员工＋用户＋顺丰的共赢。人工智能可以把人从重复性的工作中释放出来去做更有价值和意义的工作，提升客户的服务体验和创造更高的价值。除了在收派环节的终端外，在快递员装车、卸车、分拣等环节，套在手指上的智能指环即可轻松扫描快件运单，解决了手持着终端进行扫描而影响搬运的问题，提升了工作效率。此外，诸如机械臂、实时路径规划等技术的落地，也让顺丰的仓配效率得到有效提升。

案例 3-2　人工智能在亚马逊的应用

人工智能在物流行业已经有了丰富的应用，人工智能赋能物流行业，带来了更多的效率提升和更好的经济性，物流行业也为人工智能提供了真实的应用场景，可以促进人工智能技术更好地发展。

亚马逊作为一个覆盖全球的电商行业，人工智能技术已经渗透到其业务的方方面面，从采购到存储，从运输到配送，从信息世界到现实设备，同时也反向促进人工智能在机器人领域、信息处理领域、智能控制领域的飞速发展。

国内的众多电商相关企业，如京东、淘宝、四通一达、顺丰等，都在不断探索人工智能技术的落地应用，大量设备制造厂商如极智嘉、旷视、快仓等企业，更是将人工智能与物流设备包括机器人、货架、搬运车辆等结合，从智能设备入手，为整个行业带来改变。

一、人工智能在仓储领域的应用

目前智能机器人在仓储作业中已经应用非常普遍，自动化立体仓库、无人叉车、AMR 即自主移动机器人等设备的应用，显著提高了仓库分拣、搬运的效率。

亚马逊在 2012 年耗资 7.75 亿美元收购 Kiva systems 公司（专注于如何利用机器人在仓库里完成网上大量的订单派发工作）后，在其仓库中大规模应用 Kiva 机器人，将货架从仓库搬运至员工处理区，实现货到人的拣选，Kiva 机器人的应用使得拣选效率增加了 3 倍，准确率更是达到了 99.99%。

二、人工智能在配送领域的应用

无人机配送作为一种不受地形、交通、人员限制的配送方式，成为未来快递配送的主要趋势。早在 2013 年 12 月，亚马逊就发布 Prime Air 无人快递，顾客在网上下单，如果重量在 5 磅以下，可以选择无人机配送，在 30 分钟内把快递送到家。整个过程无人化，无人机在物流中心流水线末端自动取件，直接飞向顾客。

2020 年 4 月，亚马逊获得了美国联邦航空管理局（FAA）的批准，可以在美国地区运营 Prime Air 快递无人机，亚马逊的配送体系正式进入"海陆空"时代。亚马逊最新版本的 Prime Air 快递无人机，是一种混合动力飞机，能够垂直起飞和着陆。

机器采用了热成像、深度摄像头等设备来探测危险，在 AI 模型的帮助下，Prime Air 可

以自动识别飞鸟等障碍物,实现安全飞行。

三、人工智能在数据分析领域的应用

大数据应用是贯穿电商行业的关键技术,更高效、更有价值地利用数据,就能更多地节省成本、更大地提升效益。

亚马逊依靠其强大的技术能力,将大数据分析推向电商行业的各个环节:亚马逊有一套基于大数据分析的技术来帮助精准分析客户的需求,提升客户购物体验;大数据驱动的仓储订单运营非常高效。在中国,亚马逊运营中心最快可以在30分钟之内完成整个订单处理;数据驱动的亚马逊客户服务在中国提供的是7×24小时不间断的客户服务,首次创建了技术系统识别和预测客户需求,根据用户的浏览记录、订单信息、来电问题,定制化地向用户推送不同的自助服务工具,大数据可以保证客户可以随时随地电话联系对应的客户服务团队。

亚马逊利用大数据分析技术对整个物流链条进行了全面提升,实现了更高效的仓库入库、商品测量、货物拣选、智能分仓和调拨、可视化订单作业、包裹追踪等功能。

案例3-3　人工智能赋能苏宁智慧物流

一、降本增效:AI+物流成行业未来

传统物流行业最大的难题有两个:一个是人力资源耗费大,成本高,需要大量的运输和配送人员,因此很容易导致物流成本居高不下;而另一个就是效率低下,人员多不仅成本高,还会降低运营效率,一个环节的效率低下会层层叠加导致整个物流体系的效率变低,而运输和配送在受到天气、地形和时间的限制时也会大大压缩物流效率。

因此想要让物流变得更快、更及时、更安全,单纯增加物流人员是远远不够的。相反,它需要精减人员,将更多的信息和事情交由比人力处理快得多的机器人或者人工智能来解决。

如今,作为AI+行业的重点布局领域,物流与AI的结合势必将是行业未来。但AI以何种形式与物流融合?AI真正给物流带来的又是什么?AI+物流重点究竟在哪?作为行业领先的企业,苏宁物流针对AI+物流已发展多年,部署运行了多种AI产品,因此或许我们能从苏宁物流的布局中看到他们是如何解决这些行业难题的。

以苏宁物流的全流程无人化为例,我们可以清楚地看到AI+行业是如何让物流真正实现安全便捷、降本增效的。

二、苏宁物流打造AI无人化

从物流的前端和节点——仓储端开始,苏宁物流就着手从源头部署人工智能技术。苏宁物流在上海、北京、武汉、南京等多地建立了物流中心,其中南京苏宁云仓是亚洲最大的智慧物流基地,而上海的AGV机器人仓中部署了大量的智能货柜和AGV自动分拣机器人,将AI切实应用到苏宁物流的"仓运配"流程链条中。

AGV机器人不仅载重量大,而且还能自动规划路线,选择最优的运转时间和路线。智能货柜和AGV机器人的搭配,可成倍地提升仓储端的运行效率。而AI的自动化和数字化

 智慧物流管理

则让人力的消耗降到了最低,整个运行中几乎不需要人力的参与。

AI技术在智能分析、货物检测和线路选择上都发挥着无可替代的作用。更重要的是,有AI加持的苏宁物流不只将黑科技应用到仓储方面,在运输和配送端,苏宁物流的AI+则更是走在行业前列。苏宁物流在上海奉贤园区测试了无人驾驶重卡,这辆取名"行龙一号"的无人卡车早在测试之前就引发了极大的关注,而苏宁也是国内首个在物流园区和高速场景测试无人驾驶重卡的电商企业。为了保证"行龙一号"的无人智能驾驶,苏宁物流为其采用了先进的AI和深度学习技术,以及配备激光雷达等高科技装备,通过云端的海量数据处理,让无人驾驶重卡真正成为一种可能。

在物流的末端配送环节,苏宁同样成绩显著。针对最后一千米的无人配送小车"卧龙一号"在南京进行测试,随后在北京投入运行。"卧龙一号"是苏宁自主研发的送货机器人,它配备了多种高精度传感器,可自动避让行人,检测红绿灯,甚至能上下电梯,而让这些高科技传感器合力运行的就是它的智慧AI"大脑"。不管是障碍探测还是位置定位,依靠的都是云端的AI处理。强大的数据分析和运算能力让它不仅仅是个"冷冰冰"的机器人,更是一个"发光发热"的智能体。

为了真正解决"最后一千米的难题",针对交通不便的偏远山区和广大的农村地区,苏宁还开发了送货无人机,依靠AI的高精度地理定位和场景识别,让最普通的消费者也能感受到AI的便捷。

 本章思考题

1. 人工智能是如何与新一代物流融合的?
2. 人工智能在物流领域的应用场景有哪些?
3. 人工智能在物流客户管理过程中是如何应用的?
4. 人工智能对物流行业的发展有哪些推动作用?
5. 物流管理者如何应对AI时代带来的挑战?

第四章 智慧仓储

本章要点

- 智慧仓储的含义
- 智慧仓储的技术
- 智慧仓储管理的内容
- 智慧仓储管理系统 WMS
- 无人仓
- 智慧云仓

第一节 智慧仓储概述

一、智慧仓储的含义

智慧仓储是使用物联网、AI、大数据等互联网新技术,以用户需求为中心重构仓储流程,重视仓储过程核心数据的积累和运用,降低仓储环节中人的参与度,使用新技术促进仓储各个环节以及仓储和供应链其他环节中产品流和信息流的流畅运转,从而降低仓储成本、提高效率。

智慧仓储是智慧物流过程的一个环节,智慧仓储的应用,保证了货物仓库管理各个环节数据输入的速度和准确性,确保企业及时准确地掌握库存的真实数据,合理保持和控制企业库存。利用 WMS 系统的管理功能,更可以及时掌握所有库存货物当前所在位置,有利于提高仓库管理的工作效率。

二、智慧仓储与配送系统整体架构

（一）物流仓储与配送信息管理系统整体框架

在充分考虑物流整个系统环节的基础上，针对供应链上下游企业的需求和供给状况，运用现代信息技术以配送环节为核心，优化配置企业资源，实现时间、地点、数量、品种等方面的配送工作完成。当代物流企业通常从网络通信技术和数据处理技术两方面提升信息管理系统的优化，并采用较为先进和实用的算法，实现调度工作的自动化和决策活动的辅助优化。

这个系统一般在功能上涵盖了仓储与配送中心的一般功能要求。这是由于配送环节必须要有配送中心的支撑才能运作，而配送中心本身就包含了仓储的基本设施与功能。

物流仓储与配送信息就是物流配送相关活动的基本形式和内容的抽象反映，具有消息传递与信息处理的基本功能。现代物流配送信息在物流配送活动中起着指导和拉引的作用，而仓储信息则起到管理中枢系统的作用。

仓储与配送整体业务流程如图 4-1 所示。

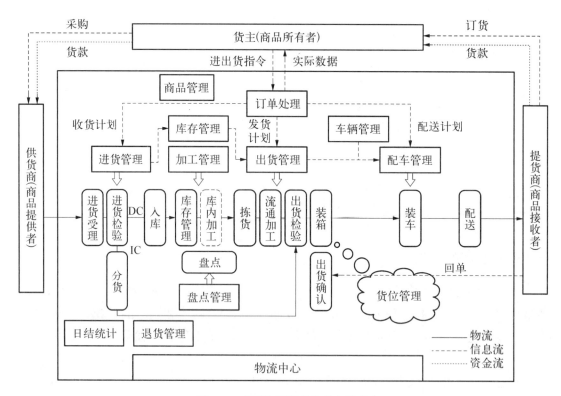

图 4-1　仓储与配送整体业务流程

智慧仓储与配送管理系统整体架构图如图 4-2 所示。

（二）智慧仓储系统的内容

识别系统，包含条形码技术以及无线射频技术。搬运系统，一般包括 AGV、RGV、机器

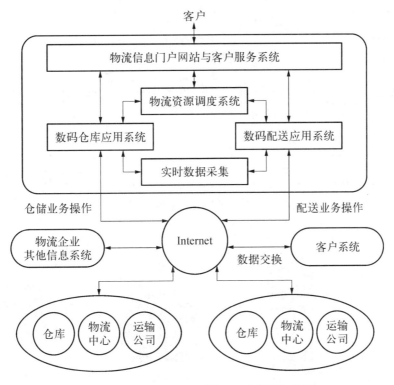

图 4-2 智慧仓储与配送管理系统整体架构图

人、堆垛机、穿梭车、提升机等。储存系统,通常指的是立体化仓库及货架存储部分。分拣系统,通常是指水平拣选系统以及垂直拣选系统,其中包含输送线以及分拣线等。管理系统,是指仓库管理系统以及仓储控制系统两大部分,简称为 WMS 和 WCS。

WMS(warehouse management system)是应用条码和自动识别技术的现代化仓库管理系统,能有效地对仓库流程和空间进行管理,实现批次管理、快速出入库和动态盘点,并快速帮助企业的物流管理人员对库存物品的入库、出库、移动、盘点、配料等操作进行全面的控制和管理,有效利用仓库存储空间,提高仓库的仓储能力,在物料的使用上实现先进先出,最终提高企业仓库存储空间的利用率及企业物料管理的质量和效率,降低企业库存成本,提升企业市场竞争力。

仓储控制系统(Warehouse Control System,WCS),该系统位于仓储管理(WMS)与物流设备之间的中间层,负责协调、调度底层的各种物流设备,使底层物流设备可以执行仓储系统的业务流程,并且这个过程完全是按照程序预先设定的流程执行,是保护整个物流仓储系统正常运转的核心系统。

(三)智慧仓储系统业务架构

仓储管理系统业务架构如图 4-3 所示。

仓库管理员进行入库、出库、盘库、移库等操作,都需要通过手持 PDA 与系统数据库后台进行数据的传输,传输方式如图 4-4 所示。

通过手持 PDA 读取电子标签数据,PDA 接收信号后通过 GPRS 将数据发送到数据接

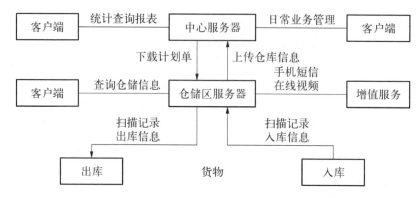

图 4-3 仓储管理系统业务架构

图 4-4 仓储管理信号传输方式

收器,此接收器通过 485/232 接口与系统终端连接,并将接收信号传送给数据库,完成数据的相应更新操作。

(四)智慧仓储系统工作流程

读头和天线设置在货物所通过的仓库大门边上,每个货物单元都贴有 RFID 标签,所有标签的信息都被存储在仓库的中心计算机里,该货物的有关信息都能在计算机里查到。当进行货物作业时,管理中心可自动识别货物,确定货物的位置,从而对货物进行跟踪管理。

供应商将商品入库信息提前发送到仓储中心的仓储管理系统,由仓储管理系统自动处理、生成预入库信息。

货物被放置在带有感应器的托盘上,入库时通过在入库口通道处的 RFID 读写器,不需要拆包装,即可将货物相关信息自动输入到仓库管理系统。

系统将实际入库信息与预入库信息进行比较,如果无误或者误差在规定范围内,则准许入库并将预入库信息转换成库存信息;如果出现错误,则系统输出提示信息,由工作人员解决。

仓储管理系统按最佳的储存方式,选择空货位,通过叉车上的射频终端,通知叉车司机,并指引最佳途径,抵达空货位,扫描货位编码,以确定货物被放置在指定货位;货物就位后,再扫描货物的电子标签,仓储管理系统即确认货物已储存在这一货位,可供日后按订单发货。

订单到达仓库后,仓储管理系统按预定规则分组,区分先后,合理安排。仓储管理系统按照需要,确定安排如何最佳、及时地交付订单的货物,并在系统内生成拣货方案。

仓储管理系统按照拣选方案,安排订单拣选任务,拣选人由射频终端指引到货位,显示需拣选数量,经扫描货物的电子标签和货位条码,仓储管理系统确认拣选正确,货物的存货状态转换成待出库。

货物出库时,同入库一样,通过出库口的通道处的 RFID 读写器,货物信息传入仓库管理系统并与订单进行对比,若无误,则顺利出库,货物的库存量相应减除;若出现错误,则由仓库管理系统输出提示信息。

入库出库工作流程图如图 4-5 所示。

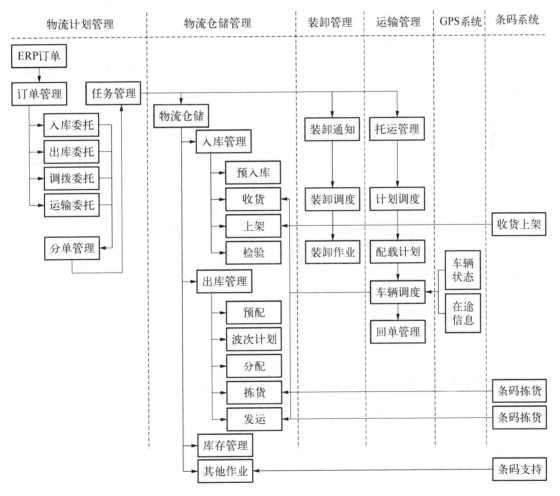

图 4-5　入库出库工作流程图

三、智慧仓储的主要技术

（一）RFID

利用超高频 RFID 系统雷达反射原理的自动识别系统,读写器通过天线向电子标签发出微波查询信号,电子标签被读写器微波能量激活,接收到微波信号后应答并发出带有标签数据信息的回波信号。射频识别技术的基本特点是采用无线电技术实现对静止的或移动的物体进行识别,达到确定待识别物体的身份、提取待识别物体的特征信息(或标识信息)的目的。

（二）AGV

AGV 指装备有电磁或光学等自动导引装置,能够沿规定的导引路径行驶,具有安全保护以及各种移载功能的运输车,工业应用中不需驾驶员的搬运车,以可充电之蓄电池为其动力来源。一般可通过电脑来控制其行进路线以及行为,或利用电磁轨道来设立其行进路线,电磁轨道粘贴于地板上,无人搬运车则依循电磁轨道所带来的讯息进行移动与动作。

（三）机器人堆码垛

托盘码垛机器人是能将不同外形尺寸的包装货物,整齐地、自动地码在托盘上的机器人。为充分利用托盘的面积和码堆物料的稳定性,机器人具有物料码垛顺序、排列设定器。根据码垛机构的不同,可以分为多关节型和直角坐标型。根据抓取形式的不同可以分为侧夹型、底拖型、真空吸盘型。

（四）自动分拣系统

自动分拣系统是智能物流装备中的核心部件。自动分拣系统一般由控制装置、分类装置、输送装置及分拣道口组成。智能分拣设备的主要特点是能连续、大量给货物分类,基本实现无人操作排序,错误率极低。随着信息化标准化的来临和物联网技术的发展,尤其是条码和射频识别技术的进步,在邮政快递行业,自动分拣系统使用越来越普遍。

近年来,我国人口红利进一步消退,自动分拣设备带来的高效率、高替代的优势凸显。

自动分拣机高效作业,使配送跟上订单步伐。目前我国快递分拣自动化程度较低,在劳动密集型的转运中心,与分拣作业直接相关的人力约为一半,分拣作业时间约占整个转运中心作业时间的 30%~40%,分拣的成本占到转运中心总成本的 40%。

智能分拣已然成为自动化物流装备领域的一大亮点,包括韵达在内的多家物流公司都采用了智能分拣设备提高工作效率。

智能分拣设备能够实现以大转盘模式,将快递流水线和分区的建包袋结合,在 800 平方米操作区域大循环,每小时处理超过 1.2 万件包裹,全过程只需一次扫码,大大缩短了操作时间,满负荷运转可减少 2/3 的分拣人员,分拣精准度达 99% 以上。

目前自动分拣机已经为越来越多的快递企业所选用,规模化成本优势带来行业龙头集中度的快速提升,快递与物流业大都采用滑块式、交叉皮带式与翻板式。与人工分拣相比,自动分拣缩减了分拣时间,提高了分拣效率,同时大幅降低错误和破损情况的发生概率。

（五）自动输送系统

自动输送系统,主要包括箱式、托盘式两大类。

箱式输送机主要包含皮带式、辊式输送机以及提升机等多种形式,唯品会"蜂巢"系统就是箱式运输机的典型应用之一。

托盘式输送机主要包含辊筒式输送机、链条式输送机、提升机、穿梭车等多种形式,亚马逊 Kiva AGV 就是托盘式输送的典型应用之一。输送机主要和自动化立体库配合应用。

21世纪以来,我国自动输送系统技术取得了长足的进步,叉车、高速输送机、AGV、RGV 等已实现国产化,应用领域也遍及多个行业,其在烟草、医药、服装、零售等领域发展迅速。

近年来,伴随着我国电商、快递业的飞速发展,自动输送机也更多地向该领域渗透。自动输送系统改变了传统"人到货"拣货模式,变为现在的"货到人"模式,减少拣货员移动和寻找过程,极大地提升了拣货效率与准确率。

（六）自动化立体仓库

自动化立体仓库又称高层货架仓库、自动存取系统 AS/RS。它一般采用几层、十几层甚至几十层高的货架,用自动化物料搬运设备进行货物出库和入库作业的仓库。其构成为立体货架、堆垛机、输送机、搬运设备、托盘、管理信息系统及其他设备。

自动化立体库能有效减少土地占用及人力成本,是提高物流效率的关键因素。自动化立体库的发展可以有效地解决仓储行业大量占用土地及人力的状况,并且实现仓储的自动化与智能化,降低仓储运营、管理成本并且提高物流效率。

自动化立体仓库市场规模增长迅速,保有量较国外仍有差距。根据中国物流技术协会信息中心统计,我国的自动化立体库近十年来市场规模保持了 20% 左右的平均增速。

然而从国际水平来看,美国拥有各种类型的自动化立体仓库 2 万多座,日本拥有 3.8 万多座,德国 1 万多座、英国 4 000 多座。与这些发达国家相比,我国自动化立体仓库保有量依然很少,未来增长潜力巨大。

近年来,国家加强土地资源管理,土地资源日渐紧张,使得土地使用成本不断增加,倒逼企业需要充分利用有限空间,提高现有土地利用率。智能仓储系统摒弃了传统仓库的水平拓展模式,转向立体拓展,具有较高的土地利用率和库存容积率,可减少企业的土地成本。

随着中国土地和人工成本的不断上升,自动化立体仓库较传统仓库的优势将日趋明显,自动化立体仓库将是未来仓储发展的首选。

四、我国智慧仓储的发展历程

（一）国内智慧仓储系统发展历程

国内智慧仓储系统的发展大致经历了三个主要阶段。

1. 起步阶段

1975—1985 年,我国智慧仓储系统发展处于起步阶段,在这一时期,我国已完成系统的研制与应用,但限于经济发展的限制,应用极其有限。

2. 发展阶段

1986—1999 年,属于我国智慧仓储系统的发展阶段。随着现代制造业向中国逐步转移,相关企业认识到现代化物流系统技术的重要性,其核心的自动化仓储技术获得市场认可,相关技术标准也陆续出台,促进了行业发展。

3. 提升阶段

2000 年至今,可看作我国智慧仓储系统的提升阶段。在这一阶段,市场需求与行业规模迅速扩大,技术全面提升。现代仓储系统、分拣系统和自动化立体仓库技术在国内各行业开始得到应用,尤其以烟草、冷链、新能源汽车、医药、机械制造等行业更为突出。更多国内企业进入智慧仓储系统领域,通过引进、学习世界最先进的自动化物流技术以及加大自主研发的投入,使国内的自动化物流技术水平有了显著提高。

(二)国内智慧仓储竞争状况

目前,我国智慧仓储系统行业处于一个充分竞争的态势。国内企业在与国外先进的智慧仓储系统提供商竞争中不断发展,陆续推出具有自主知识产权的自动化物流产品,如昆船物流的 TIMMS 系统,国内企业凭借在性价比以及本土化后市场服务上的明显优势,在一些中低端项目中具备了较强的竞争优势,并成功进入高端项目领域。

由于长期的技术积累,国外智慧仓储系统提供商则在高端物流软硬件技术和行业经验方面具有优势,在一些高端智慧仓储系统项目中占有一定优势。

在我国自动化仓储的应用行业中,各公司优势领域和优势项目各不相同。如今天国际、昆船物流在烟草领域深耕多年,有着丰富的项目经验,日本大福则在汽车、机械领域更有优势。

从物流系统市场在各行业竞争角度来看,烟草、医药、电力系统、服装和食品等行业国内企业均具有一定的竞争优势,在汽车与机械制造行业国内外物流系统集成商各自为营,而在电商、机场等领域外资目前占据明显优势。

国内供应商相对缺乏的是大项目的总包集成能力,但国内企业正不断地朝这方面发力,随着经验的不断积累,国内企业中也将诞生出有竞争力的龙头公司。

第二节 智慧仓储管理的内容

智慧仓储管理的内容包括智能分仓、智能货位布局、仓库动态分区、作业资源匹配与路径规划等。

一、智能分仓

通过大数据分析,掌握用户消费需求特点及需求分布,提前将需求物品预置到离用户最近的仓库中,实现智能预测、智能选仓、智能分仓,减少库存及配送压力,给商家提供完全无缝连接的智能补货能力,实现分拣和调拨的有序。

智能分仓的管理内容主要有四点:

(1)基于商品的大小、重量、离消费者的路径调动智能路由,获取相关的履行路由的路径和线路,拿到线路后可能有很多的候选集。

(2)对履行成本的决策,即基于时效、成本的综合决策来选择最终的调度。

(3)通过平台来调度物流资源的服务商。

(4)把所有数据记录下来,输入供应链管理的平台,来实现对商家需求能力的计划以及供给计划的优化,让商家能够更好地预测销量,对仓储选择、品类规划进行优化,把商品推送到离消费者最近的仓。

二、智能货位布局

在仓储物流管理中,要想用有限库容和产能等资源达到高出库效率,需要精心安排商品库存分布和产能调配,仓储货位分布将变得尤为重要。智能货位布局考虑最多的三个要素是热销度、相关度和分散存储方法。

三、仓库动态分区

仓库产能经常出现两个现象:一是各区产能不均衡,从而导致部分区域产能暂时跟不上;二是部分区域过于拥挤,从而导致部分区域出库混乱且效率较低。

为解决这个问题,需要实时动态分析仓库订单分布,应用分区技术,动态划分逻辑区,从而达到各区产能均衡的目的,使得设备资源利用率达到最大化和避免拥堵,进而提升仓库整体出库效率。

四、作业资源匹配与路径规划

当 WMS 从 ERP 接受客户订单时,运用生产调度运筹优化模型,建立仓内货架、拣选设备、出货口等供需最优匹配关系,合理安排作业任务,使得全仓整体出库效率达到最大化。

当作业设备接收搬运指令时,要将货物快速准确送达目的地,需要规划合理最优路径。应用时空大数据等技术,协调规划全仓作业设备整体搬运路线,使得全仓作业设备有条不紊进行,最大程度减少拥堵。

第三节 智慧仓储管理系统

一、仓库管理系统(WMS)的含义

仓库管理系统(WMS)是通过入库业务、出库业务、仓库调拨、库存调拨和虚仓管理等功能,综合批次管理、物料对应、库存盘点、质检管理、虚仓管理和即时库存管理等功能综合运用的信息化管理系统,WMS 有效控制并跟踪仓库业务的物流和成本管理全过程,实现完善的仓储信息管理。该系统既可以独立执行物流仓储库存操作,也可以实现物流仓储与企业运营、生产、采购、销售的智能化集成。

WMS 系统集成了信息技术、无线射频技术、条码技术、电子标签技术、WEB 技术及计算机应用技术等,将仓库管理、无线扫描、电子显示、WEB 应用有机地组成一个完整的仓储管理系统,从而提高作业效率,实现信息资源充分利用,加快网络化进程。其中的关键技术主要有无线射频技术(RF)、电子标签、数据接口技术。

二、智能仓储管理系统的功能

(一)库区管理

对整个仓库园区以及各仓库的货位信息进行管理,跟踪货位信息,标本存放位置,进行仓库空间最优的储位分配,方便入库时货位准备,出库快速搜索,以实现最佳的货位布局。

(二)出/入库管理

货品由 RFID 阅读器与天线组成的通道进行出/入库,RFID 设备自动获取出/入库数量并记录于系统。当入库时,系统将根据包装箱的数量,自动分配相应的货位,指导标本入库;出库时,系统根据出库的数量将重新计算空闲的货位,实现标本出/入库和货位的动态管理。

(三)上架管理

入库完成后,仓管员需对包装箱进行上架(金属货架),操作人员在放置货物后,用手持 PDA 读取包装箱信息,再读取货架标签号,对包装箱标签与货位标签(每层货架安装一 RFID 标签)进行绑定,系统会自动对比货物是否在指定货位,如果是,则提示上架成功。

(四)在库管理

在库管理主要包含盘点、查找、借用、移位、归还等操作,仓管员可通过 RFID 手持机扫描包装箱及货品来操作,与日常条码仓储管理模式相近。

(五)数据统计

按照时间、数量、标本类别等要素,形成统计报表,能够给管理者与决策者提供及时准确的库存信息,能够提高包装箱查询的准确性,提高仓储管理的效率,以强化企业的竞争力。

第四节 无 人 仓

一、无人仓的含义

无人仓指的是货物从入库、上架、拣选、补货,到包装、检验、出库等物流作业流程全部实现无人化操作,是高度自动化、智能化的仓库。

二、无人仓的发展历程

从传统仓库到无人仓的终极形态,大致可分为五个发展阶段:

(1)传统仓库、以人工作业为主。

(2)智能型仓库、存储、拣货等作业采用了智能设备,部分环节实现无人化。

(3)少人型仓库、对特定品类实现了收货、存储、拣货、包装、分类、发货大部分环节作业的无人化。

(4)无人型仓库、仓储作业全流程(收货、存储、拣货、包装、分类、发货)都实现了无人化。

（5）终极无人型仓库。在上一阶段基础上，结合人工智能技术的全面应用，全品类、全业务类型都实现无人作业。

三、无人仓的设备

无人仓主要设备可以简单地划分为搬运设备、存储设备、上架与拣选设备、分拣设备以及其他辅助设备，依据每个仓库的运营场景，可能只使用部分设备；比如，整箱/整托盘存储和发货，可能就不需要上架和拣选设备；每次逐一拣选发货，可能就不需要分拣设备。

（一）搬运设备

首当其冲是滚筒型、皮带型、倍速链、RGV 等输送系统，考虑到更好地支持柔性化作业，当前越来越多地使用各种类型的 AGV 自动导引车，包括无人堆高车、无人叉车、类 KIVA 机器人，以及无人牵引小车。

（二）存储设备

主要有堆垛机、多层穿梭车、旋转货架、多向穿梭车、AutoStore 等。随着 AGV 技术的发展，很多 AGV 小车具备了独立从货架上拣选货筐/箱甚至是商品的能力。

（三）上架和拣选设备

主要由各种机械臂组成，从普通的多关节机器人到如蜘蛛手一般的并联机器人等，都可以作为拆零上架和拣选的设备，目前主要有抓夹式和吸盘式两种获得商品的方式。如何高速柔性地实现不同商品的拆零上架和拣选，是当前无人仓技术面临的最大挑战之一。

（四）分拣设备

分拣设备指各种各样的分拣机，如滚轮、摆臂、滑块、交叉带以及其他能实现分拣功能的设备或者系统，如由立镖首创的 AGV 小车分拣系统等。

（五）其他辅助设备

这包括码垛机器人、自动拆箱机、自动封箱机、自动装袋机、在线测量称重设备、在线扫描设备、自动贴标与贴面单机，以及 RFID 读取设备等。

四、无人仓的优势

（一）降低企业成本

劳动密集型且生产波动比较明显的行业，如电商仓储物流，对物流时效性要求不断提高，受限于企业用工成本的上升，尤其是临时用工的难度加大，采用无人技术能够有效提高作业效率，降低企业整体成本。

（二）减少浪费

在无人仓商品自动打包过程中，机器会根据商品的实际大小现场裁切包装箱进行包装，不仅避免了包装材料的浪费，还减少了"小商品用大包装"在运输途中被损坏的可能性。

（三）提高效率

无人仓从本质上还是服务于订单的生产和运营，而非炫酷科技的展示。无人仓可以大幅度简化繁重、简单的人工环节，减轻劳动负荷，从而提升人的体验，其效率是传统仓库的

10倍。随着国内各大促销节日货运体量的增加,无人化能在效率方面满足需求,缓解或彻底解决因急速增长的体量而带来的物流不畅问题。

(四) 提高企业竞争力

要在激烈的竞争环境中生存,提升企业的核心竞争力,赢得消费者、客户的青睐,无人化运作,是很好的竞争手段之一,是体现企业实力的存在。无人仓在提高效率、降低成本等前提下,其实也是提高企业竞争力。

(五) 利于仓库管理

先进的无人仓能够在一个小时内将物品送达用户,并可以实现预测、采购、补货和分仓的自动化,并自动根据客户需求,精准调整库存,实现发货。

(六) 保证货到人拣选、自动分拣、精准铺货预测

新一代无人仓有效整合了无人叉车、AGV 机器人、机械臂、自动包装机等众多"黑科技",实现了整件商品从收货上架、到存储、补货、拣货、包装、贴标,最后分拣全流程的无人化。从下单到货物出仓,各项黑科技协同作业有条不紊,实现了物流的标准化、精细化与可视化。

五、无人仓主要应用领域

劳动密集型且生产波动比较明显的行业,如电商仓储物流,对物流时效性要求不断提高,而企业受限于用工成本的上升,尤其是临时用工的难度加大,采用无人技术能够有效提高作业效率,降低企业整体成本。

劳动强度比较大或劳动环境恶劣的行业,如港口物流、化工企业,通过引入无人技术能够有效降低操作风险,提高作业安全性。

物流用地成本相对较高的企业,如城市中心地带的快消品批发中心,采用密集型自动存储技术能够有效提高土地利用率,降低仓储成本。

作业流程标准化程度较高的行业,如烟草、汽配行业,标准化的产品更易于衔接标准化的仓储作业流程,实现自动化作业。

对于管理精细化要求比较高的行业,如医药行业、精密仪器,可以通过软件+硬件的严格管控,实现更加精准的库存管理。

第五节 智慧云仓

一、智慧云仓的含义

智慧云仓的概念正是基于"云"的思路,在全国各区域中心建立分仓,由公司总部建立一体化的信息系统,用信息系统将全国各分拣中心联网,分仓为云,信息系统为服务器,实现配送网络的快速反应,所以云仓是利用云计算以及现代管理方式,依托仓储设施进行货物流通

的全新物流仓储体系产品。

随着电子商务与O2O的发展,企业和消费者也越来越重视前后端的客户体验。电商企业如何才能把货物越快越好地送到客户的手中呢?

云仓的概念是利用云技术和现代管理方式,依托仓储设施实现在线交易、交割、融资、支付、结算等一体化的服务。

在信息化发展的推动下,云仓借助于大数据、云计算等现代化信息技术,改变原来单个仓储孤岛式运行的模式,有效链接多个分布式的仓储资源,对供应商、动员中心、仓储的基本信息、物资转运信息等进行集中整合,由云仓平台的信息管理系统进行统一管理。

二、智慧云仓的发展背景

物流的仓储环节可分为外包仓储和自建仓储两种模式。两种模式下又通常会出现不同的问题。

对于外包仓储模式来说,因供应商规模大小不一、服务质量参差不齐,企业通常需要与多数仓储供应商合作,才能满足自身的业务覆盖需求;特别是节假日时期,易发生外包仓储爆仓、商品配送延误等问题,严重影响了企业客户体验,导致企业业务情况不太理想。

对于自建仓储来说,则是高昂的成本问题,以及自建团队、自建系统等带来的管理压力。

为了解决两种仓储模式带来的问题,一种新的仓储体系——云仓应运而生。云仓通过中央云系统运用云计算,对整合过后的下属分仓内库存分布进行完美调拨分配,以多仓为据点,进行货物出入库。云仓兼容了外包的成本优点及自建仓储的服务优势,在避免自建仓储带来的高成本问题的同时,又可以解决外包仓储服务质量差的问题。

三、智慧云仓的特点

物资储备"智慧云仓"是基于"云"的思路,围绕"短链、智能、共生",在云平台的信息管理系统中统一规划和计划各个仓库的活动,并对链条上的各个环节进行风险动态、超前、有效、实时的管理。供应商根据实际情况,就近合理安排仓储,仓库根据物流的需求提报就近响应、快速反应,实现地域"分",格局"总"。传统物流模式中,供应商、各级代理以及门店之间层层备货,且相互无任何透明度,根据自身预测,进行补货和配送,占用大量成本,以及补货需要逐层传达需求,环节多、响应速度慢,满足不了客户的灵活需求。高库存成本和多次重复的物流成本,都造成整体运作成本高居不下。

智慧云仓的特点包括以下四点。

(一)能做到"单未下,货先行"

"云仓模式"是以大数据技术为核心技术,利用软件系统、硬件设备将仓库和运输配送路线紧密联系形成仓配网,以此为客户企业提供仓储配送、增值服务等供应链一体化服务。

(二)全国范围内的仓配网络是智慧云仓的基础与必备条件

仓储环节在物流总成本中所占成本较高,智慧云仓通过整合自身资源与社会资源,降低成本、分摊风险,在全国范围内建起"仓库+配送"网络。

(三)减少运输环节

客户企业的商品经由智慧云仓平台直接运到各个区域的分仓,在消费者下单之后直接由各地分仓发货,减少运输环节,缩短配送时间,大大提升了消费者购物体验。

(四)完善的软硬件设施

软硬件设施是智慧云仓的必要组成部分,是云仓服务的重要保障。硬件设施在物流领域的重要性不言而喻,在某种意义上,智慧云仓就是一种自动化仓库的模式创新。一般来说,智慧云仓的信息管理系统包括中央系统、订单管理系统(order management system, OMS)与仓库管理系统(warehouse management system, WMS),OMS 接入消费者订单,智能匹配到距离消费者最近的分仓,WMS 实施仓内操作完成出库发货,就近完成配送,分仓定期向中央系统反馈库存状况,当库存不足时,向客户企业发出补货信息或者进行仓间调拨。借此可实现仓库与客户企业的最优化链接,打通全供应链体系。

四、智慧云仓模式的主要构成

目前的智慧云仓模式主要通过主导企业整合自身资源,与其他资源提供方建立以主导企业为核心的云仓平台,形成以大数据技术为核心的"仓+配"物流运作模式。

智慧云仓模式的主要构成为大数据技术、仓配网络、软硬件设施统一、增值服务。

从物流服务角度来说,智慧云仓模式是一种基于大数据的电商物流服务流程的优化与创新。

五、智慧云仓网络的基本构成

智慧云仓体系通过整合社会闲置仓储资源,构建全国分仓,形成一张云仓网络(见图 4-6)。

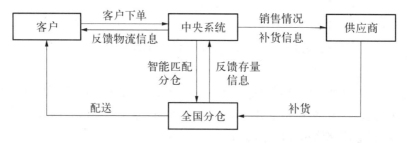

图 4-6 智慧云仓网络的基本构成

在智慧云仓的运营中,客户下单后,OMS 将订单传入最近的仓库,智能匹配到的分仓再利用 WMS 进行发货就近完成配送。

分仓每过一定周期将货物存储情况进行一次反馈,在存量不够的情况下,通过中央系统向供应商发出补货申请。

智慧云仓运用统一的中央云系统以及智能化的分拣设备,具有高效快速的订单处理能力及配送效率。

六、智慧云仓和传统仓储的主要区别

(一) 仓储品类的不同

传统仓储储存的货物品类是相对单一的,而云仓是多品类的集中。以往接到企业的订单后,可能需要到不同的仓库去分别取货,最后集中到一起,这样的结果是取货出库的时间即流通的时间比较长。而电商云仓则不同,它是集中在同一仓库的不同库位上。

(二) 管理方式与要求的不同

传统仓主要的管控集中于库内的安全和库存的数量。而云仓除了必须满足的库内安全和库存数量,更讲求仓内作业的时效以及精细化的管理。

不难想象,如果云仓的作业流程中入库的速度变慢则会影响电商前端的销售速度;若出库的速度变慢则会影响到客户的整体体验。提交订单之后,系统会从距离客户最近的仓进行发货,拣货到待出库的时间基本在十分钟左右,而且每一步都会在后台给予显示,这对消费者来说是一个极佳的购物体验。

菜鸟物流宣称将通过完善自己的智能物流骨干网,整合资源,提高快递效率,争取在50个城市实现次日达,可见对电商来说云仓的重要性。

(三) 装备与技术的不同

除了管理要求精益化外,如何才能提高整体流程的效率呢?自然就要应用到云仓的自动化的装备和信息化的软件。

和传统仓储不同,云仓由于其发货的特点是多批次、小批量,所以为了保证其整体的正确率,需要通过软件系统和硬件装备来共同完成:软件方面是WMS仓储管理系统以及RFID的条码信息化处理;硬件方面是自动分拣机、巷道堆垛起重机等一系列自动化设备。

大数据技术是智慧云仓运营的核心技术,也是其与传统仓储最大的区别。面对电子商务物流的碎片化海量订单,大数据技术为物流服务商提供了强有力的技术支撑。在智慧云仓与客户企业建立合作关系后,双方进行销售数据对接,智慧云仓根据这些数据对客户企业在未来一段时间内的销售状况做出预测,客户企业可根据预测结果进行更少浪费、更精准的备货,将渠道下沉,提前将商品运输到各地区的分仓中。

七、智慧云仓的类型

(一) 平台类云仓

此类云仓为电商企业自建云仓,主要通过多区域的协同仓储实现整体效率最优化,保证电商平台的客户体验,从而提高用户的黏性。通过建立云仓,大数据发掘不同地区不同品类的消费者的消费情况,进而更好地进行预测,做出快速反应。

京东自建的物流系统已经开始对社会开放,京东物流依托自己庞大的物流网络设施系统和京东电商平台,从供应链中部向前后端延伸,为京东平台商家开放云仓共享服务,提升京东平台商家的物流体验。此外,利用京东云仓完善的管理系统,跨界共享给金融机构,推出"互联网+电商物流金融"的服务,利用信息系统全覆盖,实现仓配一体化,并有金融支持,能满足电商企业的多维度需求。

菜鸟把自己定位为物流大数据平台，菜鸟网络未来或可能组建全球最大的物流云仓共享平台。菜鸟搭建的数据平台，以大数据为能源，以云计算为引擎，以仓储为节点，编织一张智慧物流仓储设施大网，覆盖全国乃至全球，开放共享给天猫和淘宝平台上各商家。

（二）快递类云仓

由快递企业所建立的云仓，为仓配一体化。建仓是战略的其中一部分。

以顺丰云仓为例，顺丰利用覆盖全国主要城市的仓储网络，加上具有差异化的产品体系和市场推广，让顺丰仓配一体化服务日益完善。顺丰围绕高质量的直营仓配网，以及优化供应链服务能力，重点面向手机（3C）、运动鞋服行业、食品冷链和家电客户开放共享。

顺丰的云仓网络的构成主要是"信息网＋仓储网＋干线网＋零担网＋宅配网"。正是通过多仓组合实现全网协同，通过大数据驱动全网的调拨，提高效率。顺丰目前涉足的行业除了传统的行业如服装、电子产品等，还囊括了生鲜冷链领域、汽车事业部、金融事业部等相对专业程度高的品类。从中也不难发现，顺丰的整体供应链的策略，即空陆铁的干线网络＋全网的云仓＋多温快物流的支持。这也体现出顺丰目前的商业形态，云仓也在慢慢向专业仓和品类仓发展。

"百世云仓"是百世汇通建设的云仓。供应链企业依托在全国30个中心城市建设的众多云仓，从商品的订单接收开始，到订单分拣、验货包装、发运出库，避免货物的重复操作，将商品与消费者之间距离缩到最短，最大化提升配送的效率。采用信息技术，全国100个分拨中心，10 000余个站点延伸至乡镇各级服务网点，通过近1 500条省际、省内班车，超过5万余人的速递团队全流程管理，百世汇通就这样构建了一个快速安全的信息化物流供应链，已为国内外的上百家企业提供服务，而在这一过程中，传统物流产业升级也就实现了。

（三）第三方物流类云仓

在快速发展的同时，电商的竞争也越来越激烈，大型电商活动将产生海量的快递邮件需要在短时间内进行配送，特别是在"双11"，部分快递企业爆仓现象严重，即使没发生大规模的爆仓现象，货物仍可能会滞后几天发出，商家还需面对各种扫尾问题：漏发、错发和商品破损，为后续工作的开展带来很大麻烦。对比之下，京东和亚马逊的自建物流似乎很少会遇到这样的窘境，但它们无法将优质的物流提供给部分中小卖家使用。

因此，第三方物流服务商应运而生，其自动化、信息化和可视化的物流服务为上述问题提供了有效解决方案，虽然3PL在配送环节还相对较弱，但是目前通过与快递企业进行无缝对接，也能达到满意的效果。

八、智慧云仓的实施

（一）实施条件

（1）技术的支撑。

（2）专业的仓储人员。

（3）政府的大力扶植。

(4)信息反馈和监督运行机制与组织。

(二)实施思路

1. 建立实体分仓,实现就近配送

全国范围内云仓设点,实现就近配送。这一规划的好处是可以更大地提高配送效率,同时减少电商物流企业仓库费用。

2. 完善社会化信息系统,实现货物信息共享

这是物联云仓等云仓在资源整合上的一大举措,将各类资源、信息上线,提供一个便利、可操作、简洁的公共平台。

相信实现终极的数据信息共享是全社会仓储物流的梦想,因为这样可以更大限度利用数据的力量,使社会总体效率发挥到更大,成本大大减少。

3. 智慧云仓中的技术处理

智慧云仓不断运用新兴仓储技术,朝着高智能、多协作的新方向发展,依靠专业的管理团队和智能仓储服务,在环境剧烈变化的常态中实现更好发展,如无人机技术、自动引导车技术、云技术、物联网技术等。尤其是物联网技术,物联网(IoT)技术在物流领域并不新鲜,可穿戴设备、传感器和射频识别标签(RFID)等设备已经在许多仓储中使用。通过将相关信息传递给其他物联网设备,这些技术减少了人为错误和对人工劳动的需求。仓储管理人员还可以实时了解订单履行情况,从而更高效地处理货物。

九、智慧云仓运作流程

第1步:入库。客户把货送到云仓后,工作人员会进行卸货、清点、质检、信息录入和上架。

第2步:打单。当顾客下单,WMS系统获取到订单信息后,打单员会根据订单和快递要求打印面单。

第3步:拣货。拣货人员通过打印出来的面单或者拣货单进行拣货。

第4步:复核。复核人员将拣选出的货品进行扫码复核处理,保证订单不会出现错发漏发的情况。

第5步:打包。打包员根据货品数量、大小、规格、类型等进行装箱、包装、粘贴对应的快递单号。

第6步:称重。再次对打包好的货品进行称重复核,跟系统理论重量进行对比,确保货品无误后,放到相应的快递筐中。

第7步:发货。将货品放到出库区,等待快递人员来取货、发货,客服会跟进处理异常包裹。

十、智慧云仓的运营模式

(一)全托管模式

对于一些规模不大的中小电商卖家来说,由于发货量和产品数量都比较少,自己租仓

库,自己招人管理打包发货,自己对接快递业务,势必会拉高整体的运营成本。因此将仓储、库内作业、快递三方面都选择委托给第三方云仓来操作,这样可以有效降低运营成本。

全托管模式对这类中小卖家而言,省去的不仅仅是成本,还有时间和精力,甚至通过云仓的专业化运营,可以提高发货效率和买家的收货体验。

(二)半托管模式

半托管模式是从仓储和快递两个全托的角度,电商卖家可根据自己的需求,选择其中的一个环节进行合作,例如某家电商公司已有一定的快递配送能力,具有较高周转率的优势,但由于部分核心城市自租仓储面积较小,成本较高,且没有精力负责分拣、打包工作,此时便可选择单仓储管理的半托管模式。也就是说企业选择需要的那部分服务进行合作,这种半托管服务模式可以为电商卖家提供更多的选择。

(三)临时托管模式

临时托管模式经常出现在一些大促活动即将来临的时候,在此期间,会有很多卖家会出现人手不足、订单量过大而直接爆仓的情况。这时候可以选择与云仓合作,将一些仓库中的爆款产品交给云仓代发,在保证不爆仓的同时,也能进一步保证发货的时效性。

十一、智慧云仓对物流行业的影响

(一)赋能闲置仓储

物流企业对高标仓的需求持续升温,但目前高标仓在国内分布不均衡,华北、华东地区出现了一库难求的现状,而在华中、西南、西北等以低标仓为主的地区,仓库的闲置率则较高。

智慧云仓的出现,通过合作等形式搭建全国云仓,改造低标仓,形成市场需求量大的目标仓,巧妙运用闲置的仓库、运力,优化资源配置,从而降低仓运成本。

(二)合理仓间调拨运营

与传统出仓、干线运输、末端最后一千米的物流过程相比,智慧云仓可以通过仓储管理云系统综合云端数据,对区域间分仓的货物进行合理库存调配,实现货物提供提前调拨入库,快速发货,时效稳定,提升客户体验。

此外,智慧云仓还可以帮助品牌商实现代理上下级货物调拨,货物可以从上级代理云仓合理分配进入下级代理云仓,实现品牌商的货物在各个区域市场内的完美运营。

(三)驱动物流新生态

智慧云仓的出现,帮助快递、电商及第三方企业整合供应链,提高客户体验感,嫁接互联网技术,使得整个产业链条上的数据在云端可视化。

对快递企业来说,智慧云仓优化仓储模式,可承载比传统仓更多更大的发货量,扩展业务规模。

对电商企业来说,云仓能够协助提升配送时效。近几年"双11第一单"都以分钟进行计算,这就归功于云仓的布局。

对第三方企业来说,云仓整合全国闲置仓储资源,结合强大的落地配体系,满足客户多样化的需求。

此外,对于传统的物流地产企业来说,云仓的出现为他们提供了新的布局领域。如普洛斯、宇培等地产巨头,一方面,通过高标库的高租金获得巨额收入;另一方面,普洛斯投资入局物流全产业链,打造物流生态,宇培投资入局冷链并衔接仓配业务。由此可见,物流地产商对仓储的布局有更好的生态观,智慧云仓也是各自战略布局中的一环。

十二、智慧云仓的发展趋势

(一)多层级云仓平台运营需求

任何商品进入云仓平台,不仅仅是国内核心城市,还是三四线城市,还是跨境电商,都面临多仓跨层级平台的需求。

(二)社区云仓是O2O的必争之地

最后一千米的快速响应,动态的云仓库存支持,快速满足末端订单的响应,这是未来的商业之争。

(三)三四线云仓是渠道下沉的核心

京东、阿里现在高度重视三四线城市和农村市场的渠道下沉。一线城市14亿人口中有5亿左右是电商人群,未来强大的购物需求在三四线和农村市场,所以这一层的云仓需求是必然的趋势。

(四)跨境云仓是跨境电商的触角

所有跨境都离不开云仓的支撑,如果谁能提前布局全球核心国家的跨境云仓,完全可以对国外的亚马逊带来巨大的冲击。

本章案例

案例4-1 京东平台类"无人仓"

2017年10月,京东物流首个全流程无人仓——亚洲一号在上海正式亮相,这是全球首个正式落成并规模化投入使用的全流程无人的物流中心。

京东无人仓实现了从入库、存储、包装、分拣的全流程、全系统的智能化和无人化,对整个物流领域而言都具有重要意义。

京东无人仓的特色在于,京东采用大量智能物流机器人进行协同与配合,通过人工智能、深度学习、图像智能识别、大数据应用等诸多先进技术,为传统工业机器人赋予了智慧,让它们具备自主的判断和行为,适应不同的应用场景、商品类型与形态,完成各种复杂的任务。环环相扣的机器人配合作业,让整个流程有条不紊地进行,后台的人工智能算法指导生产,带来仓储运营效率的大幅度提升。京东目前"无人仓"的存储效率是传统横梁货架存储效率的10倍以上,并联机器人拣选速度可达3 600次/小时,相当于传统人工的

5～6倍。

京东的亚洲一号新添了物品自动分拆入库，自动取物的系统。打造智能仓库，提高货物出入库速度，提升智慧物流水平。

京东首个全流程智能无人仓占地面积40 000平方米，物流中心主体由收货、存储、订单拣选、包装4个作业系统组成，存储系统由8组穿梭车立库系统组成，可同时存储商品6万箱。在货物入库、打包等环节，京东无人仓配备了3种不同型号的六轴机械臂，应用在入库装箱、拣货、混合码垛、分拣机器人供包4个场景下。

值得注意的是，在分拣场内，京东引进了3种不同型号的智能搬运机器人执行任务。在5个场景内，京东分别使用了2D视觉识别、3D视觉识别，以及由视觉技术与红外测距组成的2.5D视觉技术，为这些智能机器人安装了"眼睛"，实现了机器与环境的主动交互。预计未来京东无人仓正式运营后，它能够实现每天处理超过20万订单的能力。

除了引入目前业内最先进的大型设备之外，京东无人仓的最大特点是对于机器人的大规模、多场景的应用。在京东无人仓的整个流程中，从货到人到码垛、供包、分拣，再到集包转运，应用了多种不同功能和特性的机器人，而这些机器人不仅能够依据系统指令处理订单，还可以完成自动避让、路径优化等工作。

全流程智能无人仓可视为京东在智能化仓储方面的一次大胆创新，其自动化、智能化设备覆盖率达到100%，可以应对电商灵活多变的订单的业务形态。

除此之外，全流程智能无人仓依靠智能算法精确推荐包装材料，可以实现全自动体积适应性包装，节省包装材料。

案例4-2　顺丰快递行业云仓体系——自有仓储＋运力

一、运营模式

顺丰云仓的网络，由"信息网＋仓储网＋干线网＋零担网＋宅配网"五张网络组成。顺丰云仓布局基于客户销售大数据支持，为客户提供各大分仓的库存计划。在接收客户订单前，货物已经预先进入智能化分仓内，当订单进入仓库的OMS系统后，货物会在WMS的运转下以最快的速度出仓，利用顺丰传统的配送网络优势送达客户手中。

在退换货的逆向物流上，顺丰利用"云仓＋快递协同"模式，当消费者发出退换货申请时，配送人员从仓内取货至消费者处，验明旧货无问题后直接交付新货（见图4-7）。

二、运营优势

1. 网络优势

顺丰在全国拥有各类客户服务仓136个，面积约140万平方米，业务覆盖国内100多个地级市，形成辐射全国的仓储服务网络，可以满足各类电商仓储、生鲜食品冷仓、医药冷仓的发展需求，及客户对于仓间调拨操作的需求。

2. 配送优势

顺丰自营及外包末端收派车辆6.3万辆（不含摩托车和电动车）；收派员约21.3万人，

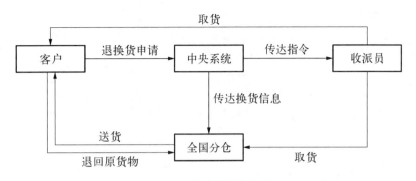

图 4-7 顺丰快递类云仓

自营网点约 1.3 万个,覆盖 2 672 个县区级城市。此外,顺丰参股的丰巢科技已安装快递柜约 7.5 万个,覆盖国内北京、上海、广州、深圳及武汉等 80 个城市。

3. 收费优势

顺丰针对中小规模电商市场,通过自身多网结合,一次性收取"从仓到配"的打包费用。客户不必像大型电商平台那样斥巨资投入全国分仓,也可以享受到高品质的仓配一体化服务。

三、其他服务

在供应链服务上,顺丰推出"以货质押"的金融服务,满足中小品牌在货物流通过程中对资金的需求。

案例 4-3 发网的第三方云仓体系——主仓+卫星仓模式

一、运营模式

发网的仓网以"主仓+卫星仓"的仓网布局,客户可选择方案有"子母仓"以及"平行仓"的分仓模式。

"子母仓"模式为,品牌商选择区域主仓,由主仓通过物流运输完成商品在子仓的库存分布,建立总分仓之间的干线运输体系,负责各仓之间的商品批量调拨以及总分仓间的补货运输。

"平行仓"模式为,由品牌商选择在多个物流中心中进行分配存活,就近选择仓库发货。

发网的云仓体系如图 4-8 所示。

二、运营优势

1. 强大的仓配网体系

发网覆盖全国的仓库网络包括 6 个大运营中心(RDC)以及 60 个区域二级分仓(FDC);整合快递和快运为配网,提供 To B 和 To C 的综合物流服务。发网合作快递服务商主要有"三通一达"、顺丰、EMS、天天、品骏、宅急送等。

2. 供应链金融体系

客户可以通过发网旗下供应链金融服务平台,向供应链金融机构申请最高 1 000 万元的

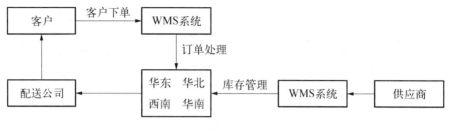

图 4-8　发网的云仓体系

资金借贷,盘活库存,解决资金短缺的问题。

3. 网络现状

发网已实现全国仓储面积100万平方米,综合配送网络覆盖全国2 866个城市,已累计服务500个知名品牌商,每天约250万单的业务量。

案例4-4　罗滨逊智慧云仓

山东临沂是我国重要的物流周转中心和商贸批发中心,而随着直播带货的日益兴起,商品物流面临新的挑战。临沂聚焦"商、仓、流"三个关键环节,运用信息化手段,打造仓储物流新业态。

直播带货已经成为近年来兴起的电商模式,嗅到新商机的企业把直播当作电商营销的一大利器。在疫情的影响下,电商与物流更是迎来了新一轮的快速发展。由于货品订单短时间剧增、发货慢、退货处理难、货品管理效率低等直播电商模式背后引发的一系列仓储管理难题也接踵而至。

直播电商销售的产品品类多、更替快、瞬间单量大,与传统销售模式相比,对企业的仓储管理和出货效率要求更高。SKU简单解释就是商品的身份证,比如说同一件红色的衬衫,但是红色衬衫不同尺码就是单独的SKU,所以能把商品分开,又能合理利用空间,是目前比较大的一个特殊问题。

目前临沂注册入驻直播平台的商家已达9.7万人次,迫切需要配套的仓储行业迅速跟上步伐。为此,当地专门出台《临沂商城转型发展与国家物流枢纽城市建设实施方案》,引进的罗滨逊智慧物流项目利用大数据综合管理,他们的云仓日处理单量在8万单以上,出货准确率达到100%。

山东罗滨逊物流有限公司副总经理卢兴斌说:"车在线上,货在云中,实际上我们每个客户的货物入仓之后,商品码、箱码、托盘码以及货物码,是一个四码合一的一个过程,通过四码合一,实现存配拣过程的可视化和智能化,我们能够帮助客户降低整个仓储成本达到30%以上。"

罗滨逊智慧云仓积极为直播经济贡献一己之力,将直播电商、物联网、人工智能、机器视觉、智慧物流等产业集中在一起,打造直播供应链,创新推出了"前云后仓"新模式,提供货物一站式存、拣、配全托管服务,为更多的电商直播创业者提供支持。

罗滨逊智慧云仓率先运用了云计算、大数据、人工智能、5G 等新一代信息技术,综合采用立体货架、堆垛机、AGV 分拣机器人、视觉系统等智能仓储设备,全仓自动化率将超过 80%,可提高分拣效率 50% 以上,降低货差货损 46% 以上,出库准确率达到 100%,每天可实现处理电商订单 1 万单以上,是普通仓储的 10 倍以上。智慧云仓相比传统仓储,更安全、更智能、更高效、低成本。

本章思考题

1. 智慧仓储的主要技术有哪些?
2. 智慧仓储管理的内容有哪些?
3. 如何理解仓库管理系统(WMS)的含义?
4. 无人仓的优势有哪些?
5. 无人仓的应用领域有哪些?
6. 智慧云仓和传统仓储的主要区别有哪些?
7. 智慧云仓的类型有哪些?这些类型各自的代表企业有哪些?
8. 智慧云仓对物流行业的影响有哪些?

第五章 智能配送与智能调度

 本章要点

- ◆ 智能配送
- ◆ 智能调度
- ◆ 智能配载
- ◆ 无人车配送
- ◆ 无人机配送

第一节 智能配送概述

一、智能配送的含义

在制订配送规划时,运用计算机技术、图论、运筹学、统计学等方面的技术,由计算机根据配送的要求,选择最佳的配送方案。

二、智能配送的作用

在配送阶段,通常消费者提供的地址是不精确的,有很多错误和模糊地带。这个时候就需要通过算法,通过 AI 来自动识别客户的实际目的地,确保准确地投递。

在配送阶段就涉及配送的运能预测和优化、车辆的调度响应等。配送商需要实时了解每个线路的运能情况、资源需求和储备情况,提前做好应对,避免异常发生,减少接驳成本。当然在异常发生的时候,也需要 AI 给出最优补救方案。

在最后一千米,站点和自提柜应该如何布置,末端派送资源调度也是影响作业质量和效率的关键因素,这些复杂的数学问题,通过传统的人力是无法很好地解决的,此时就需要有

AI 的支持,辅助管理人员甚至取代管理人员作出决策。

配送作为快递行业的"最后一千米",面对的情景非常复杂。农村地区和城市地区的配送场景不同,不同大小城市的配送场景也不同,学校、商业区、住宅区的配送场景不同,采用智能配送设备和方案,能够提高快递服务业"最后一千米"的服务质量和服务效率。

智慧快递驿站面对人群密集的场景能够发挥显著的效果。基于图像识别、数据分析的人工智能机器人能够辅助客户自助完成大部分的寄件和取件工作。同时,驿站设置的智能广告系统能为社会提供一定的公益服务和商业服务。

基于自动驾驶的配送设备(车辆、其他辅助工具)适用于住宅区或农村地区等需要配送人员大量变换位置的配送场景,可以减轻配送人员的工作强度,提高配送效率。

三、智能配送系统

智能配送系统是指利用系统集成技术,使物流系统能模仿人的智能,具有思维、感知、学习、推理判断和自行解决物流经营问题的能力,从而使物流系统高效、安全地处理复杂问题,为客户提供方便、快捷的服务。

(一)智能配送系统的技术支持

智能配送系统将物流技术、人工智能技术、计算机网络技术及其他相关技术(自动识别技术、传感器技术、通信技术、全球定位系统、地理信息系统、EDI 技术、LBS 技术、电子自动订货系统、销售时点信息系统、货物跟踪系统、自动分拣系统)用系统工程的方法有机地结合起来(见图 5-1)。

图 5-1 智能配送系统的技术

(二)智能配送系统的人力支持

智能配送系统的建立需要高素质的计算机技术人才与熟知物流活动规律的经营人才的协同努力。

(三)智能配送系统技术选择

现代物流的根本宗旨是提高物流效率、降低物流成本、满足客户需求,并越来越呈现出智能化、信息化、网络化、柔性化、标准化和社会化的特征。其中智能化是现代物流的核心,只有实现了智能化,才能有效地实现物流的网络化、系统化和柔性化,物流企业才能有效地提高物流效率,为客户提供优良的物流服务。智能配送系统的技术选择如表 5-1 所示。

表 5-1 智能配送系统的技术选择

要素名称	服务功能	主要技术
运输	在途驾驶员信息 路径引导 电子付费服务 运输车辆服务 紧急事件与货物安全 危险预警 货物跟踪	地理信息系统(GIS)、条码技术(BARCODE)、电子数据交换(EDI)、计算机网络、射频技术(RF)、全球定位系统(GPS)、IC卡技术、传感器技术、全球移动通信系统(GSM)
存储	货位管理 自动补货 存储安全	条码技术(BARCODE)、计算机网络、传感器技术、射频技术(RF)
包装	自动识别 自动包装	条码技术(BARCODE)、计算机网络
装卸搬运	自动分拣 自动分货	条码技术(BARCODE)、计算机网络、人工智能
流通加工	作业管理	计算机网络
物流信息	订单管理 客户管理 设备管理	计算机网络、电子数据交换(EDI)、人工智能、全球移动通信系统(GSM)、客户管理系统(CRM)

(四) 智能配送系统的实施

1. 智能配送系统的实施框架

智能配送系统的实施框架如图 5-2 所示。

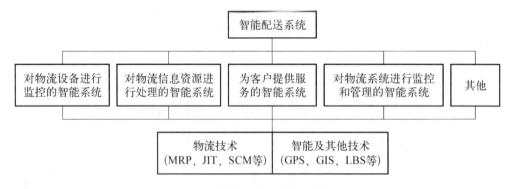

图 5-2 智能配送系统的实施框架

2. 实施的具体过程

首先由物流设计单位与物流实施单位的项目负责人组成项目实施小组,共同制定实施细则和流程,协调实施过程中可能遇到的问题,准备实施过程中可能应用到的技术支持。

由物流设计单位的设计人员与物流实施单位的各业务部门的业务骨干理清各部门、各个环节的业务需求,细致调查了解各部门、各业务角色的应用特点,在此基础上进行流程设计和管理模块的定义。

模块功能初步确定后,物流设计单位的工程师开展具体的程序设计工作,在设计过程中,不断地和物流实施单位的相关业务负责人进行沟通,边设计边完善系统内容,直到完成一个可以测试的全面方案。

在系统安装调试阶段,根据业务模块的划分和确定的流程,将公司以前积累的客户信息全面导入新系统,并实际应用新系统来进行实际测试。在此基础上,对系统进行修改调整。

在进行安装调试的同时,应用培训工作同时开展,由于员工的计算机应用水平参差不齐,对智能技术应用的不同程度,各部门涉及的业务应用又不尽相同,项目实施小组应对各部门员工进行分批培训工作,直到所有系统应用人员都能理解新系统的功能并进行熟练操作。

第二节 智能调度

一、智能调度的产生与发展

在当今的城市生活中,人们面临的越来越严重的问题是:车辆越来越多,交通越来越堵,由汽车尾气排放造成的环境污染问题越来越严重。而在众多的汽车运输活动中有很大一部分是货物配送车辆,这些车辆每天在城市的大街小巷穿梭,因此如何优化这些配送车辆的调度,以及合理安排每辆车的配送路径,减少道路拥挤,减少交通压力,甚至减少环境污染,这是关系到城市人们日常生活质量的大事业。

基于城市配送的车辆调度与路径优化系统将是对我国物流管理信息技术的一次加强和完善,也必将推动我国物流信息化产业的成果创新与跨越式发展,实现信息产业与现代物流行业的发展双赢。

物流配送是现代物流业发展的核心,是物流企业的资源中枢。长期以来,运载资源效率及社会化资源的优化配置一直是现代物流企业的发展瓶颈,目前已经成为制约行业企业运营质量的首要因素。这是因为,当业务管理系统应用到一定的程度后,企业面临的复杂问题已无法通过人工手段或简单的业务系统进行解决,借助计算机辅助进行科学分析,从而实现对业务决策的优化管理成为物流信息化发展的必然趋势。但是,物流企业却又无法找到适合自身管理所需的车辆调度与路径优化系统。这是因为:第一,从行业信息化应用的层面来看,目前市场上尚未有成熟并且成本适中的车辆调度与路径优化系统;第二,中小物流企业处于业务上的快速发展期,普遍注重对业务管理系统的建设,但同时又对信息化成本因素非常敏感。市场上一些国外的车辆调度与路径优化系统,成本高昂、系统庞大,无法满足中小物流企业的信息化建设要求。因此,从目前来看,面向中小物流企业的车辆调度与路径优化管理系统基本上处于市场空白。

智能调度正是基于上述分析，针对我国物流信息化应用现状，解决中小物流企业在价值链管理过程中瓶颈问题，从而提高我国物流企业的信息化应用水平，提升物流企业的市场竞争力。

智能调度在运输资源调度管理与路径优化方案计算方面，采用凹凸算法建模与设计，建立物流配送模型，从而将配送计划、物流资源、车辆路径问题建模成具有总路径长度最短、子路径长度均衡性最优的优化决策目标。

在物流配送问题中，车辆调度问题是一个关键问题，也是组合优化领域的前沿与热点问题。智能车辆调度系统是集无线通信、GPS全球卫星定位、GIS电子地图、计算机网络等技术为一体的综合解决方案。系统将有线、无线、数据库资源管理等有机地结合起来，从而完成电话和网上接单、车辆智能调度、信息系统管理、专业约车/派车管理、车辆报警定位等功能。

二、智能调度的业务内容

智能调度主要以发送调度指令的方式实现车辆的指挥调度，包括日常调度管理、异常调度管理和动态配载管理。

（一）日常调度管理

根据物流管理系统制定的运输计划和派班计划，自动执行日常调度。

（二）异常调度管理

在需要执行各种特殊或紧急情况下的临时任务时，可以进行人工指挥调度。

（三）动态配载管理

在需要执行各种特殊或紧急情况下的临时任务时，通过查询在一定区域范围内的车辆配载信息，对空车或者运能未满负荷的车辆进行动态的配载和调度，从而提高运能利用率。司机也可向监控中心发送空车、尚有空余运能等信息，由监控中心协助进行动态配载和调度。

三、智能调度的重要性

智能调度通过算法、人工智能、大数据赋能人工，同时学习结合人工调度经验，帮企业实现成本和效率上的大幅优化。同时智能调度可以降低企业对人员的依赖。

（一）智能调度实现车辆、人员、设备等作业资源的协调统一

数据是提高物流效率的重要工具，一个体现就是以运筹学等为代表的工具进行调度与规划。而这方面，算力＋算法＋数据"喂养"的人工智能也能大展身手：借助人工智能技术，实现物流运配环节车辆、人员、设备等作业资源的协调统一，使作业效率最大化。

以外卖为例，美团实时智能配送系统是全球规模较大、高复杂度的多人多点实时智能配送调度系统，能够基于海量数据和人工智能算法，在消费者、骑手、商家三者中实现最优匹配，同时需要考虑是否顺路、天气如何、路况如何、消费者预计送达时间、商家出餐时间等复

杂因素，实现 30 分钟左右准时送达。

（二）为平高峰不同场景建立不同的适配模型

饿了么的智能调度系统方舟，通过使用深层次神经网络与多场景智能适配分担，引入"大商圈"概念，为平高峰不同场景建立了不同的适配模型。得益于深度学习与多场景人工智能适配分单，该系统能实时感知供需、天气等压力变化，对预计送达时间、商户出餐时间、商圈未来订单负载等做出精准预测，用户的订单将会在最优决策下被匹配最佳路径，保证配送效率和体验。

（三）提前做好配送的运能预测和优化

在配送阶段就涉及配送的运能预测和优化、车辆的调度响应等。配送商需要实时了解每个线路的运能情况，资源需求和储备情况，提前做好应对，避免异常发生，减少接驳成本。当然在异常发生的时候，也需要 AI 给出最优补救方案。

在最后一千米，站点和自提柜应该如何布置，末端派送资源调度也是影响作业质量和效率的关键因素，这些复杂的数学问题，通过传统的人力无法很好地解决，此时就需要有 AI 的支持，辅助管理人员甚至取代管理人员作出决策。

四、城市配送智能调度的限制条件

（一）货物种类

货物种类通常以最小存货单位（SKU）计量，每一个 SKU 通常代表了一种规格、属性、样式等信息。SKU 越多物流的难度越大。货物种类差异越大，包装的材质、占据空间差异越大。异形包装会为计算车辆满载率及规划车辆数增加难度。货物种类的属性，例如是否能叠放、是否怕挤压。

（二）车辆容积

车辆容积需从重量、体积、数量多个维度考量，是货物的装载上限。

（三）满载率

车辆装载货物占装载上限的百分比，以体积、重量、数量中的最小限制为准。城市配送中，大部分企业会采用"固定线路"或"固定区域"的方式配送。其具有一定的优势，但也存在诸多弊端。

一方面，固定线路的配送模式下，调度和司机熟悉程度高、运输效率以及终端服务都能得到保障。另一方面，固定线路便于落实企业内部管理责任，有助于企业加强管理。然而，这看似高效的固定线路，却正在逐步压缩城配企业的利润。

采用固定线路的行业，普遍存在着货量不稳定的问题。如医药行业，月头和周一订单量翻倍；快消行业，节假日货量会飙升至平日的 2~3 倍。此情况下，传统固定线路的配送方式很难满足实际运营需求。

当货量大幅增长时，人工调度排线难度加大，需要耗费大量时间，而且只能进行线路间的微调，无法真正实现真正意义上的优化，只能通过加派车辆车次的方式来满足配送需求，这会造成配载率过低、企业运营成本大幅上升等问题；如果运力不足，货物又会爆仓，极度影响客户体验。

(四) 收货时间窗

收货时间窗指站点可以收货的时间段,不同的收货时间段、站点不同的收货时间窗影响着配送路顺。医药行业 T+0 和 T+1 场景为典型案例,场景限制排线时间段及排线时长,智能调度能从排线时间的大幅减少出发,优化整个配送链条。

众所周知,城配企业的客户普遍有着收货时间窗约束,特别是医药客户的收货时间窗约束会非常严格。实际配送时,如果同一个片区内有大量时间窗相近的客户,就会导致车次增多,运输成本攀升。

这意味着医药流通企业必须在规定的窗口时间,将货物准时送达客户指定的收货点。如果错过了客户指定的窗口时间,那么司机只能听从指挥,在指定区域停车熄火,等待道口空闲后才能交接。这样一来,不仅会给客户造成"不守时"的印象,甚至会影响配送及时率的考核,造成"考核不达标、记入不良记录"等严重后果。

对于医药流通企业而言,货品交付环节比其他行业更加复杂,配送时不光要安排司机,还要安排配送员,如果车次安排不合理,还会比其他行业增加双倍的人工成本。长此以往,企业收益难以突破瓶颈。

尤其是针对同一区域内有大量收货时间接近的客户的情况,想要保证每个站点配送及时,难免需要增加车次来保证交付,这样会造成车辆配载率不高以及行驶里程重复、冗余,最终导致配送成本的不断攀升。

针对同区域多客户收货时间窗临近导致的配送成本浪费,可以通过与客户重新协商收货时间来改善。但如何与客户协商新的收货时间窗,却成了另一个难以突破的难点。

在传统调度作业中,通常只能通过人脑作出大致推算,得出一个模糊的时间窗,其结果往往不够精准,不足以作为配送企业与客户协商的依据。

以国内某标杆医药配送企业为例,仅在上海一个城市就划分了 45 个片区,包含 20 000 多个从三甲医院到药店全渠道覆盖的站点,日均订单 1 000 单以上,一般情况下,调度需要考虑到医院收货时间集中在早上 9:00—9:30,而每个站点的交接时长都接近 30 分钟。不止如此,调度还需要考虑在途时长、车辆装载率、车型等数十个维度,依靠人工无法计算出精确的结果。

(五) 驾驶员条件

这是指驾驶员的驾照类型、能够驾驶的车型、最大工作时间、对路段及站点的熟悉度等条件。

(六) 道路状况

调度车辆需要考虑不同路段和区域对车辆的限行以及不同路段的交通状况对车辆速度的影响。

为了缓解城市内日益严峻的交通压力,改善城市空气质量,各大城市开始对货运车辆采取限高、限行措施。然而,这些措施给城市配送带来诸多不便,给企业运输成本和配送时效性都造成了巨大的压力,已然成为制约企业发展的一大痛点。

以上海市为例,全上海共有 1 547 个限行规定,其中 300 条为限高规定。即使是经验丰富、熟悉路线的调度与司机,也不能保证及时了解到各路段最新的限高、限行规定。

限行给配送企业造成了巨大的困扰:司机为了避开限行路段,原本近在眼前的目的地,需要绕路几千米甚至十几千米。不仅耽误配送时效性,降低客户体验与满意度,更导致油耗等运输成本直线上升。

(七)行驶里程

部分车辆,如电动卡车,对行驶里程有较严格的限制。

(八)时效性

这是指客户对于从下单时间到货物送达的时间要求。

五、车辆智能配载

运输有一个重要关注点在于装载率,如何能装更多的货?基于大数据积累和 AI 深度学习算法,数字货舱就可以实时感知货物量方,自动记录量方变化曲线,时刻知晓装载率。通过 AI 摄像头和高精度传感器对厢内货物进行图像三维建模,保证货物运输状态全程可视化,并智能管控装车过程和装车进度。

智能挂车"数字货舱"还搭载了"量方"功能。该功能采用了传感器+AI 算法,对舱内货物进行高精度扫描+三维图像建模,最终自动计算出货舱容积占用百分比,实现精准装载。不仅如此,货舱在装载过程中"哪里空""哪里满",都将以全 3D 方式呈现。通过对货舱空间更合理地利用,时刻保证车辆的真正满载。

车辆配载作为配送一个重要环节,是节约运送成本的一个着眼点。合理的配装有利于提高车辆装载率,减少货物损坏,减少车辆对道路的占有率。然而,到目前为止,很多实际操作中仍然凭借经验进行配装。因此,为适应配送需求的快速增长,研究车辆的配装利用率用以提高企业的经济效益及社会效益是十分必要的。我们通过建立单车单品种配载模型、单车多品种配载模型、多车多品种配载模型以及货物装载的动态规划等模型,来优化货物配载问题。

配装是指充分利用运输工具的载重量和容积,采用先进的装载方法,合理安排货物配载的作业。配送当中的"配"和"送"是有机结合的形式,配是送的基础起着决定性的作用。物流中心在选择运输车辆完成配送业务时,应充分考虑车辆的容积和载重量,实行合理的轻重配装、容积大小不同的货物搭配装车,即按车辆的核定吨位满载,做到满载满装取得最优效果。

货物配装作为物流企业配送一个重要环节,是物流企业节约运送成本的一个着眼点。合理的配装有利于物流企业提高车辆装载率,减少货物损坏,减少车辆对道路的占有率。然而,到目前为止,大部分配送中心在实际操作中仍然凭借经验进行配装。因此,为适应配送需求的快速增长,研究车辆的配装利用率用以提高配送中心所能获得的经济效益及社会效益是十分必要的。

根据待装货物和车辆的数目,配装问题可以分为多车单品种货物配装、单车多品种货物配装和多车多品种配装等几种类型。

单车多品种货物配装指一辆配送车辆对一个客户的多种货物进行组合配装,使车辆达到较为满意的空间和载重利用率。该种配装方式往往是单个客户对多种货物有不同需求量,而货物需求量之和小于单车容积和载重,此时用一辆车对多种货物进行配装后再送给该客户。

配装问题大致分为四种配装情形,相同体积货物与不同体积货物的配装、单车型和多车型的配装。在实际配送过程中,必须对不同货物的具体配送数量进行确定,也要考虑顾客对货物的需求紧迫性,对优先需求的产品优先进行配送。

顾客优先级的配装,由于客户对多种货物可能均有需求,货物配送的先后顺序由配装优先级来确定,优先级大的货物优先配装。货物优先级的制定与很多因素有关。顾客需求优先系数即顾客需求紧急性系数,是指顾客对货物需求紧急的大小。一般来说货物的时间约束是决定货物发送优先级的最重要因素,货物按照规定的时间运输到达目的地,使货物满足顾客需要,可以减少时间延误带来的资金惩罚。货物的优先级和货物的属性也有关系,重点物资、军用品、鲜活物资和一般的物资优先级就不相同。

六、定位系统在配送车辆跟踪中应用

在城市配送业务中,一直存在一个难题,就是对运输配送过程中的实时监控。可以把 GPS 或北斗定位技术与 RFID 技术进行结合,针对物品的配送系统,开展有源 RFID 电子标签技术的应用方案,如图 5-3 所示。

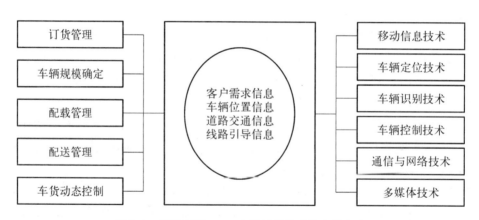

图 5-3 开展有源 RFID 电子标签技术的应用方案

一方面,该方案提高车辆的跟踪管理水平,提高车辆的使用效率;另一方面,该方案管理物流的业务全程,实现从订单到仓储运输的全过程监控管理。

第三节 无人车配送

一、无人配送的概念

无人配送是指物品配送过程中没有或有少量人工参与,以机器替代人工或人机协作的

方式进行物品配送,不仅能有效降低末端配送成本、提高配送效率,减少二氧化碳排放,还能够满足客户日益提高的配送要求,提高客户的顾客满意度,顺应末端配送电动化、无人化的发展方向。

二、无人车配送的发展背景

(一)供给:人口红利逐渐消失,供给瓶颈显现

1. 日益严峻的劳动力短缺和逐渐高企的人力成本

(1)近年来,我国16~59岁劳动年龄人口数量持续下降,从2011年的9.4亿人逐年减少至2020年的8.8亿人,2020年16~59岁劳动年龄人口占比大幅下跌至62.3%(见图5-4)。

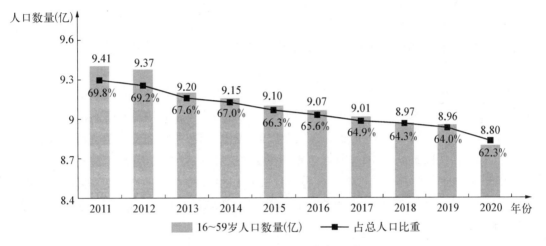

图5-4 2011—2020年中国16~59岁劳动年龄人口数量

(2)人口红利逐渐消退的时代,人工成本压力骤增,吸纳就业人口较多的服务业首当其冲。中国社会科学院发布的《社会蓝皮书》指出,2019年快递员平均月收入4 859元,同期全国城镇私营单位就业人员月均薪资4 467元,高出9%。此外,2020年全国快递员中从业经历在3年以下的占比为61%,反映出快递员的流动率高,导致公司在招聘和业务培训上的支出居高不下。

(3)对劳动者权益的保障也将提升互联网平台的履约成本。

2. 人力存在固有的局限性

(1)人工配送易受到雨雪雾尘等极端天气的影响,不仅会导致派件延误,还可能会对配送员的生命安全造成威胁。

(2)人力无法做到7×24小时连续运转,对于某些极端需求无法响应。

3. 重复性简单劳作低效,城市交通安全难保障

(1)据统计,末端配送环节在成本和时间上的花费要占到整个配送作业的30%。数据显示,效率低下加上业务量的持续增长和用工紧缺的问题,导致24.7%的快递人员每天工作12小时以上。

(2) 配送员为节省时间不遵守交通规则的情况时有发生,交通安全难保障。

(二) 需求:更安全、更便利、更快捷

1. 丢件风险

配送员在上门派件过程中,车辆和包裹处于无人看管状态,容易遗失。

2. 用户隐私问题

针对80后、90后为主的消费者调研结果表明,在"最糟心的末端配送体验"中"不送货上门"占总人数的47.6%,"你最担心的末端配送问题"中58.3%的用户表达了对"信息泄露"的担忧。所以对于用户来说,既希望能够送货上门,又担心个人家庭住址等隐私泄露存在天然的矛盾。

3. 封闭区域配送问题

多数的高档住宅区、办公楼宇、学校等为规范管理都是不允许配送员进入的;疫区、医院等特殊场所需要阻隔病菌,也无法有效完成配送。

(三) 代收点、快递柜的瓶颈

代收点、快递柜提升配送效率,但丧失部分用户体验。末端配送成本占整个配送作业的30%,从代收点到快递柜,大家一直在试图解决消费者用户体验和快递效率的矛盾。

代收点,能提升快递效率,但也存在安全性低、密度不高、用户体验差的问题。代收点可结合商品销售、便民服务、社区团购等功能,带有综合社区服务性质,盈利模式多元。

快递柜,快递柜弥补了派件末端最后100米市场的空缺,在有效提升用户体验的同时也能一定程度上提升配送效率。然而快递柜由于周转效率低、盈利模式单一、投入回报周期长,一度面临发展的瓶颈。

代收点和快递柜的对比如表5-2所示。

表5-2 代收点和快递柜的对比

内容	代收点	快递柜
主要参与者	电商平台旗下:菜鸟驿站、京东服务站 快递公司旗下:圆通妈妈驿站、中通快递超市、百世邻里 第三方快递代收点:熊猫快收、蓝店	电商平台旗下:菜鸟自提柜、京东自提柜 快递公司旗下:丰巢、中邮速递易 第三方快递自提柜:云柜、日日顺
布设场景	所需场地面积大,适合在区域外(附近)设置	占地面积小,适合布局在区域内部(中心)
布设密度	全国共建成快递末端公共服务站11.4万个	主要城市布放智能快件箱(信包箱)达40万组
成本	投入、运营成本高;加盟模式,扩张快	投入、运营成本较高;自营模式,扩张慢
盈利模式	快递收、发服务;可结合商品销售、便民服务、社区团购等功能,带有综合社区服务性质,盈利模式多元	以收取快件寄存收入为主

续 表

内　容	代　收　点	快　递　柜
客户服务	固定时间开放,非全天候服务	无差别标准化24小时服务
空间利用率	货架式,根据货物种类分开摆放,空间利用非常充分	箱柜式,空间利用不充分,存储量较为固定
安全性	可能发生错取、冒领情况	安全可靠
投放效率	配送员将全部包裹交给驿站即可,投放效率高	配送员需手动将单号、收件人电话输入机器中
取件效率	人工翻找,效率低	输入验证码即可完成取件

三、无人配送车的优势

（一）无人配送车拥有人"可移动"的优点,带来较好的用户体验、更高的配送效率

相比于代收点和快递柜而言,无人配送车具有移动的属性,能够完成直接的用户配送,体验更佳;相比于快递柜的低周转和重投入而言,无人配送车能够实现更高的快递配送效率。无人配送车的"移动"属性解决矛盾如图5-5所示。

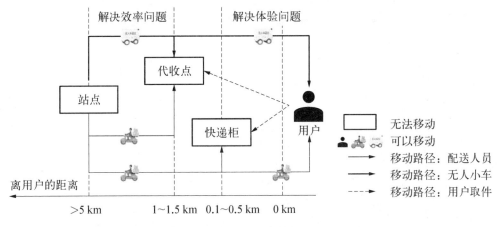

图5-5　无人配送车的"移动"属性解决矛盾

（二）无人配送体现人机协作的主旋律

对于重复性、机械化的工作,机器能够更高效、更低成本地完成。

（1）对于相对共性需求的快递、社区团购,甚至是某些集约化程度较高的核心办公区的外卖场景,无人车的落地能够形成对运力的补充,配送车和配送员可进行人机协同,一次出车能够装运单人配送的两倍单量,减少配送员往返站点的次数,实现大单量、远距离的高效配送。

(2) 对于个性化零散化的需求场景,无人机配送、人力配送是较好的方式。

(三) 无人配送小车能将人力从恶劣的环境中解放出来

无人配送车除了需要充电维保外可实现 7×24 小时全天候工作,确保配送服务的即时性与准确性;无人配送被限定按照指定路线行驶,遵守交通规则;无人配送能够最大程度减少人员的接触,在封闭区域或特殊场所中有特别的应用价值。

(四) 无人配送车的边际成本更低

以快递配送举例,京东物流每单快递配送的人力成本为 5.3 元,随着快递数量的增加,基本上人员也维持同比例的增长,导致边际成本基本没有太大变化;然而若使用无人车,由于无人车能够较好地解决集约化的需求,随着快递单量的增加其规模效应较为明显,边际成本下降显著(见图 5-6、图 5-7)。

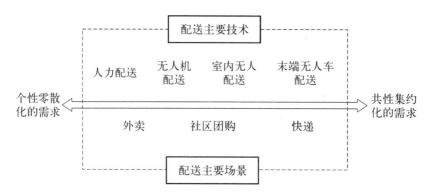

图 5-6 机器解决集约化需求,人解决个性化需求

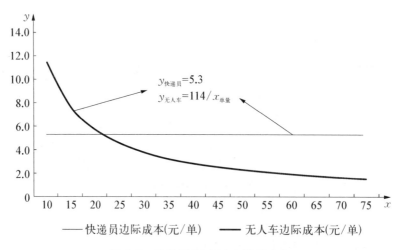

图 5-7 快递员 VS 无人车边际成本

四、无人配送车的分类

根据应用场景的差别、自动驾驶级别的高低、行驶速度差别将自动驾驶分为 L4 级别乘

用车、L3级别乘用车、高速商用车、低速商用车四类。其中低速商用车较早实现安全性、通用性和商业化三个层面的均衡,尤其在末端配送中找到了适配的场景(见图5-8)。

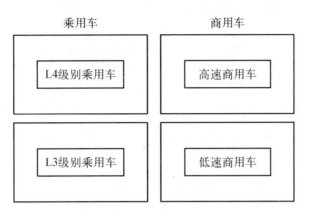

图5-8 自动驾驶赛道分类

五、无人配送车工作流程

无人配送车工作流程如图5-9所示。

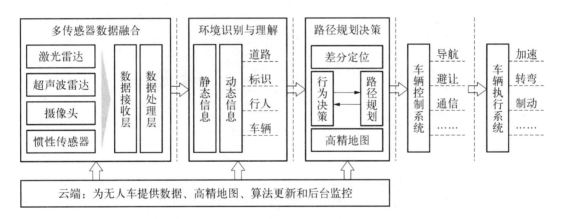

图5-9 无人配送车辆工作流程

六、无人车配送的应用场景

目前的无人配送场景按距离主要分为三类:

(1) 第一类是100米以内的室内环境,包括酒店、写字楼、商场等场景,人员的流动性较大,环境比较复杂,对无人设备的性能要求较高(见图5-10)。

(2) 第二类为1 000米以内的室外环境,主要真的对于社区以及园区的场景,相比室内环境复杂度更高(见图5-11)。

(3) 第三类是1 000米以上的配送场景,需要自动驾驶设备在室外场景工作。

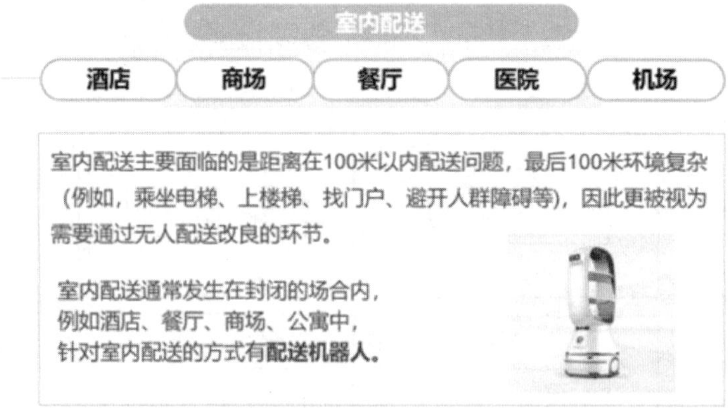

图 5-10　室内无人配送

图 5-11　室外无人配送

第四节　无人机配送

我国末端配送成本以人力为主,其成本占到物流业总成本的 30%～50%。近年来,无人机有望成为解决"最后一千米"配送效率问题的利器。与人力配送相比,无人机具有智能化、信息化、无人化的特点,得到快递、电商企业的关注和投入。

一、无人机配送的含义

无人机快递也称无人飞行器快递,指快递公司使用无人飞行器将小型包裹送到客户手中。为解决偏远地区"最后一千米"投递难度大的问题,一部分快递企业已经进行了无人机投递试验。无人机内置导航系统,工作人员预先设置目的地和路线,飞行器自动将包裹送达目的地,误差能够控制在 2 米以内。根据企业反馈,采用无人机进行偏远地区的投递工作,单个包裹的平均投递成本远低于企业现在所付出的交通和人力成本。

仓储和运输成本的压力,是推动无人机更多应用到物流配送领域的原因之一。无人机具有不受地面交通影响、直线距离配送更快等优势,一旦广泛运用,最有可能先解决"最后一千米"配送的问题,同时也将加速整合快递行业末端配送的板块布局。

随着"干线—支线—末端"三级智能物流体系成为物流无人机的主流布局方向,未来三年内,"末端级"物流无人机产业化将加速进行,"支线级"物流无人机则成全球竞争焦点。

虽然无人机配送存在政策、安全性和成本等诸多局限,但考虑到日渐高涨的人力、土地和燃油等成本,无人机配送或许比传统人工配送更具成本优势,主要应用在人口密度相对较小的区域如农村配送。未来无人机的载重、航时将会不断突破,感知、规避和防撞能力有待提升,软件系统、数据收集与分析处理能力将不断提高,应用范围将更加广泛。利用无人机送包裹将彻底改变物流业的运作。

二、无人机配送的原理

无人机配送,利用无线电遥控设备和自备的程序控制装置操控的无人驾驶的低空飞行器运载包裹,可以自动将包裹送达消费者的目的地。无人机对自己所在的具体位置和具体配送情况可以实时进行掌握控制,并及时将信息传输到调配站,调配站将配送指令发送到无人机,无人机收到指令后开始启动进行快递配送。

配送系统划分若干个区域,每个区域相互独立运作。分为两种快递收发模式:一是区域内快递收发;二是区域间快递收发。

客户有快递需要发货时,首先将快递打包,再将包裹放到区域快递柜中,快递柜在收到顾客的物件后会及时向调配站发送一个收取物件的信息,调度系统调度合适的无人机,并给无人机发送任务指令,无人机接收到指令后就会飞到目的地,无人机着陆并自动将包裹装载,进行配送。

无人机送达包裹达到目的快递柜后,快递柜会向接收快递人发送领件短信。货物在发往到其他地区时,调配站在接收到信息后会将息传送到无人机,无人机将物件送到邻近区域的收取物件的站点,再由站点按照不同收货地点进行分拣,再通过空运送往收货站点。无人机配送的信息在发货人和收件人的手机终端中可以实时查询运输进度;物流运输的信息数据可以对偏僻的农村地区具体地理位置进行全方位的控制,达到高度的信息化。

无人机配送的安全问题受到极大的关注。无人机配送距离地面100米左右高的空中进行飞行,飞行速度、飞行时间和飞行载重量很容易受到天气变化的影响,在恶劣的天气环境中无人机的配送效率和配送的安全性会大大降低。仍然需要大量的实验,进一步完善无人机配送的安全机制,逐步改善无人机的架构和载重能力。最终要求无人机面对恶劣的天气时,仍能够快速运输,安全、平稳地飞行。

三、无人机配送的关键技术

(1)导航系统技术。通过增加卫星导航信号接收系统,可以自动或手动设置起飞、降落点。起飞与降落准确,负载时安全平稳。

（2）智能避障技术。这包括立体空间多传感器避障,视觉避障,使用光流传感器和超声波传感器,在飞行时感知前方、下方障碍物,采取主动避让措施。

（3）无人机调度系统。这是以订单信息处理为核心、以物流无人机实时状态为基础的系统,无人机调度系统将物流订单的目的地自动生成飞行路线,无人机根据此飞行路线执行订单任务。

四、无人机配送的通航物流体系

目前无人机的主流配送体系为三级通航物流体系。

以京东为例,京东的三级通航物流网络包含了干线、支线、终端三级物流网络。

第一级：干线无人机配送。通过干线无人机,实现载重50～60吨,覆盖1 000千米半径的中心仓到分中心仓的干线物流快速调拨。其实目前大型客机如737,在机场支持的条件下,是完全可以实现无人起降和飞行的。

第二级：支线无人机配送。支线配送是分中心之间和分中心到场站的小批量快速转运,例如生鲜、3C、高货值物品是可以通过支线无人机来快速转运的,不必等候运输车辆,途中的损耗较小。无人机的载重200千克～2吨级别,覆盖半径大约在500千米。

第三级：终端无人机配送。这一级别的无人机载重量10～50千克,覆盖半径10～50千米,缺点是无法配送大件。除了京东外,顺丰、苏宁也在积极构建自己的"干线大型无人运输机＋直线大型无人机＋末端小型无人机"网络。

未来随着无人机的干线、支线和末端的联合运营,将形成一张多级联运、层层转运、天地一体、高效互通的空中物流网络,这将大大提高地面仓库的流转效率和覆盖范围。未来借助航空物流的规模化运营,可能减少地面仓储设施的数量,降低仓储成本,同时却能够在控制成本的前提下提升货物的流通效率,提升消费者网购体验。

五、无人机配送的优势

（一）提高城市配送速度和效率

在消费者对配送时效不断提出新要求的今天,"当日达""次日达""限时达"已经不能完全满足消费者的需要,"两小时达""即刻达"逐渐成为消费者的一种呼声。

无人机送货可以实现同城物流的加急业务,其避免了堵车、等红灯、快递员找地址等难题,并且配送路径能直接走直线,其配送效率比快递员高出好多倍,甚至可以实现"闪电达"。

（二）解决最后一千米配送难题,降低配送成本

在我国,由于农村网购用户居住分散,道路不畅,交通不便,配送量少,因而配送路线长,耗时多,配送成本高。

即使是在大城市,由于交通拥堵、小区难进、小区安全控制、客户不在家等多种原因,货物在从物流中心到收货人手里的最后一千米路程中产生的成本和运送复杂性非常高。

无人机具有部署便捷、成本低、机动性强、对任务环境要求低等优点,用无人机来替代传

统配送工具进行快递配送,则能更好地解决最后一千米配送难题。

（三）灵活应对各种复杂情况

随着城市汽车的不断增长,地面配送受到拥堵等因素带来的不确定性逐渐增加,无人机可以通过接管小型包裹运输市场来降低路面运输的数量,从而提高城市物流运送效率。

在面对诸如疫情等大范围的社会公共卫生事件时,无人机配送更是能发挥其灵活、便捷、无接触配送等特点,为市民在特殊时期提供安心的物流服务。

六、无人机配送面临的瓶颈问题

快递是劳动密集型产业,特别是在快递分拣以及快递配送的最后一千米上。为了解决快递配送的最后一千米,快递公司都在尝试采用新技术取代部分快递员。

例如,在国外部分地区,亚马逊已经开展无人机送货服务。在国内,京东、阿里以及顺丰等企业,都在测试各种送货方式,其中就有无人机送货。

要想实现无人机送货必须解决三大瓶颈问题。

（一）高精度3D地图和自动飞行

无人机送货不同于无人送货车或者快递员,其在空中飞行,必须借助高精度的3D地图,没有高精度的3D地图,无人机就不可能在高楼林立的城市中飞行。

在目前的地图数据中,多数都是2D地图,由于3D地图在数据上采集难度更大,导致很多地图数据公司都没有建立3D地图数据库。

虽然说未来无人机也将具备自动驾驶特性并会自动躲避障碍物灯特性,但就目前技术而言,想要无人机具备自动驾驶特性并躲避障碍物显然是难以实现。

但是,相对于自动驾驶技术而言,高精度的3D地图更容易实现一点,只要有高精度的3D地图,就可以自主设定无人机的飞行路线,无人机就可以轻松在楼幢中穿越飞行。

另外,自动飞行也是重中之重,如果无人机需要人为控制,这样一来,还不如使用快递员,一旦无人机飞行过远或者不在控制者范围之内,那么就无法对无人机实施控制。而且,一名技术人员只能控制一台无人机,这样反而增加了运营成本。

（二）载重和续航

无人机送货确实方便,只要将货物固定在无人机上,设定好路线和目的地,就可以实现无人机送货。但是,就目前而言,无人机的承载以及续航都是有限的。

目前,多数快递公司正在测试的无人机,其载重多在500克到7.5千克,虽然这样的承载可以满足绝大多数快递需求。但是,一旦是高达几斤的货物,快递公司就必须采用更为专业的无人机。

另外,续航也是无人机的一个致命缺点,普通的无人机多数续航都是在几十分钟,虽然是有高达几个小时的无人机,但这些无人机是在没有载荷的前提下,一旦无人机有了载荷,很多无人机难以起飞或者续航里程大大缩短。

快递行业使用的无人机,都必须是经过特殊定制的无人机,让不同的无人机适用不同的场合。例如,有超大载重型无人机适用于大型货物;有超长续航型无人机适用于远距离送货;还有一些就是普通的无人机,用于配送多数重量都是在几斤甚至更小的货品,容易在城市之中穿梭。

(三)精准定位

要将货物准确送到用户手中,必须借助精准定位,一旦定位偏差过大,就容易让用户难以找到无人机所在之处。

京东测试的无人送货车就出现类似这样的情况,随同的工作人员发现京东无人送货车定位偏差最高时可达10多米。

就以国内技术而言,北斗定位已经可达厘米级别,但这样的高精度定位级别或许不会对民用开放,但精度在米级别的定位或许可以实现,这样一来,就可以满足无人机对精准定位的需求。

除了以上这些主要因素之外,防止无人机被人为破坏,其应该自带摄像头并可以进行数据实时传输功能。同时,如何正确识别用户并将快递正确投放到用户手中,也是需要解决的问题。

也就是说,在企业取得无人机牌照并且无人机具备以上特性后,无人机送货就可以大范围内实施了。

七、无人机配送的应用场景

(一)无人机农村配送

农村电商面临着物流"最后一千米"配送难问题,配送点多且配送量少,虽然物流电商在乡镇建立部分物流站点,但是在农村地区的配送覆盖率仍然非常低。发展农村电商物流面临瓶颈问题。"最后一千米"的配送是唯一直接面对客户,配送质量会直接影响到客户的满意度,直接关系到交易的达成,如退货。

"最后一千米"指的并不是真的只有最后的"一千米路程",而是指从快递分发点到客户手中这一段距离,物流分拣中心的操作员通过各种运输方式将货物送至客户手中的整个过程。货流量小、长物流链和低消费密度增加了运输时间和运输成本,车辆去程以及回程空驶,物流成本是多数物流难以承受的。农村消费中有超过60%认为快递收件不方便,需要自己到镇上或县上代收点自提,而自取的成本(体力、时间成本)非常高,从而导致农民购物不难、收件难的问题。另外,货物易出现破损或丢失的现象,以及退换货成本太高,致使人们网上购物积极性不高。

无人机物流,不受地形限制,且飞行路线基本为直线,能节省大量的人力和时间成本。在农村开展无人机物流配送具有以下一些优势。

(1)空域划设简便。我国空域的管理依据是《民用无人驾驶航空器系统空中交通管理办法》,在该办法中明确规定,"无人机飞行应当为其单独划设隔离空域,飞行密集区、人口稠密区、重点地区、繁忙机场周边空域,原则上不划设无人机飞行空域"。有机场的城市,肯定是属于飞行密集区,而没有机场的城市,也可能设有空管导航设施,同属于飞行密集区,不适合划设无人机的飞行空域。相对而言,农村人口稀疏,重点目标少,具备划设隔离空域的先天条件,而且农村面积较大,可以划设较大范围的隔离空域。

(2) 通信及电磁环境较好也是农村的优势。由于农村的电信网络建设是在城市网络建设之后,具备了一定的后发优势,与城市相比,设备、相关技术更新,电信网络保障能力更强。同时由于农村人口分散,网络密度没有城市高,因此网络故障率也比城市低。加上农村的无线电用户少,电磁环境也比城市好很多,适合使用无线电(民用频率)作为通信链路的无人机飞行。

(3) 安全成本也是重点。无人机的安全成本主要在于两个方面:一个是为确保无人机安全运行本身相关硬件、软件投入,另一个是发生第三方责任事件后产生的赔偿成本。就自身安全投入来讲,使用无人机开展快递业务,需要建设运行控制中心,如果在城市建设的话,用地成本会远高于农村。目前,无人机的技术尚未完全成熟,各种关键系统正处于研发、测试阶段,如果在城市内运行,运行风险较大。此外,城市中楼宇众多、架空线复杂、电磁环境恶劣、人口密集,易发生无人机伤人、伤物的情况,对城市安全运行会产生很大的影响。无人机在地广人稀的农村运行,所产生伤害的概率会低很多,一般也不会产生二次伤害。

我国农村有大量的快递需求,有足够的业务量可以承载无人机物流配送的运行。我国农村地形复杂多样,包括高原、山地、林地、丘陵,而且我国南北纬度跨越较大,气候条件迥异,无人机在这些地区运行,可以积累在不同地形、不同气候条件下的运行经验,为将来进入城市运行打下基础。

顺丰、京东对无人机物流率先试水,但都选择在农村开展无人机物流试点。农村的空域划设相对简单、通信及电磁环境较好、安全成本相对较低,能充分发挥无人机运输的优势,显示比在城市试点更为可行。

(二) 无人机城市配送

城市内进行无人机物流配送,亿航智能携手 DHL 以广东东莞松山湖为试点,开通从客户办公园区到 DHL 东莞寮步 SVC 的全国首条城市内无人机物流快递航线,提供无人机物流配送服务。通过无人机物流配送,这条线路的单程派送时间将从 40 分钟大幅缩短至 8 分钟,同时可以降低近 80% 的运营成本,能很好地满足城市内灵活高频的中短途末端配送客户需求。目前,无人机的续航能力和控制里程可以达到 20 千米,配送时间为 20~25 分钟,基本能满足短途同城配送的需要。但无人机起降点需要基础设施,城市内的物流配送涉及起降点,依然需要有人来递送。无人机起降点的基础设施建设涉及企业、用户等多方利益,更多的无人机起降点基础设施建设意味着更加完善的物流网络,这些对推动无人机物流发展至关重要。这是未来发展的重点。

随着无人机安全性与智能化水平的不断提高,以及更加智慧高效的城市空中立体交通体系的构建,无人机将拥有更强的自主决策能力、感知与避让能力、抗干扰能力,无人机物流在高楼耸立、人流密集的大城市里运行将不再是幻想。

本章案例

案例 5-1　京东物流的无人配送＋快递

一、京东物流 X 事业部

京东物流于 2015 年底进入无人配送领域的探索与研发,在 2016 年 5 月成立 X 事业部。X 事业部被称作是京东物流的"智慧物流技术部队",打造无人科技,其成果主要集中在三大板块:无人仓储(无人仓)、无人配送(无人车、无人机)、无人店面(无人超市、无人售卖柜)。京东物流组织架构和 X 事业部业务方向如图 5-12 和图 5-13 所示。

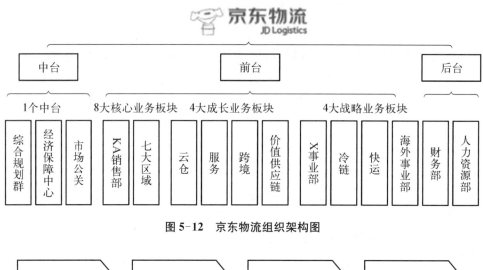

图 5-12　京东物流组织架构图

图 5-13　京东物流 X 事业部业务方向

二、京东物流无人配送发展历程

2016 年 9 月京东物流发布无人仓机器人、无人机、无人车原型机,宣告智能物流正式起航;2017 年京东"618"期间智能物流项目开始逐渐投入运营;2019 年 11 月,发布最新一代 4.0 版本无人配送车;2020 年 10 月与常熟市开展战略合作,致力于打造全球首个无人配送城;2021 年 5 月成为首批获得北京无人配送车车辆编码的企业之一(见图 5-14)。

历经四次产品迭代,4.0 版本规模投入商用。2016—2020 年,京东物流无人车经过了 4 个大版本的迭代。京东物流 4.0 版本无人车搭载 1 个 Velodyne 16 线机械式激光雷达、4 个硬件同步的 360 度摄像头、4 个大疆半固态激光雷达和 2 个高清红绿灯摄像头,具备 L4 级

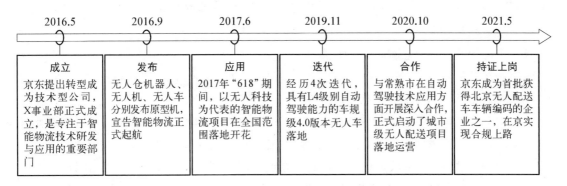

图 5-14　京东物流无人配送发展历程

别自动驾驶技术,拥有 1 024 升货箱容量,承载重量可达 150 千克,续航里程 100 千米,最大爬坡 30%,可进行远程接管。其产品的可靠性和稳定性较之前的版本也显著提高,能够应对恶劣天气和夜间行驶等场景(见图 5-15)。

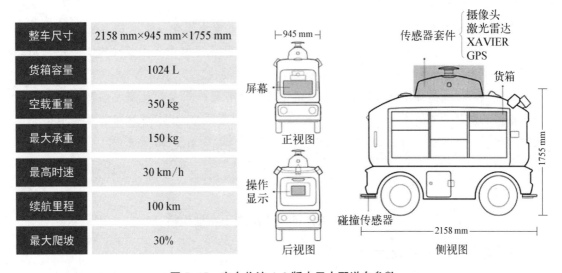

图 5-15　京东物流 4.0 版本无人配送车参数

三、无人车配送的实践

2020 年,京东物流在江苏常熟启动了城市级智能配送运营项目,京东物流无人配送研究院也落户常熟。京东物流运营的无人配送车辆已经去掉了现场安全员,可以通过在常熟搭建的京东物流无人配送远程指挥中心进行管理,必要时工作人员可进行远程介入、接管以保障安全。截至 2021 年 4 月,京东物流自动驾驶团队已经采购超过 250 台第四代无人车,下线交付运营车辆 101 台,部署区域覆盖全国 20 多个城市,包括常熟、北京、长沙、天津、上海、武汉、宿迁、呼和浩特等,实现常态化运营。

四、打造"服务站+智能快递柜+无人车"校园快递综合解决方案

不同型号的无人车可一次性承载几十甚至上百件包裹,行驶至固定配送点将包裹投递

到师生手中,实现点对点便捷交付,拥有较强的机动性,能够有效解决包裹洪峰问题。高校学生的快递一般以中小型盒子和袋子为主,多为服装鞋帽、电子产品、日用品、化妆品等,通过车柜的设计改良也能够在将来实现更多快递同时配送。从技术层面看,大学校园作为一个小型的封闭区域,路况可知可控,地图测绘也更加精准,同时出行路线相对固定和简单,低速运行也能在很大程度上保障行人的安全。

无人车配送车在快递末端配送领域的渗透将依据运营场景和运营时间段做相应的调整。在落地运营区域的选择上,京东物流无人配送偏好快递密度更高的学校、住宅区或者CBD;在运营时段方面,高校的配送时段集中在课间,住宅区集中在晚上下班后,CBD则集中在白天午休时段。成规模、时间匹配性更高的运输能够规避资源的重复配置和浪费,优化运作成本,具有更高的商业价值。京东物流还创造性地推出了"无人车领养计划",京东物流配送员可申请"领养"一定数量的无人配送车,将标准的末端配送工作交给无人配送车,自己进行快件揽收、打包处理或者其他个性化服务,"人车CP"实现了技术创新和服务落地的良性循环。

五、无人机配送的实践

无人机送货被看成了其突破瓶颈延续优势的一个重大探索。农村送货成本5倍于城市,而无人机能很好解决成本问题。测试显示,在正常情况下京东无人机往返10千米,成本还不到1度电,也就是不足5毛钱,而且也比汽车配送要快。

2016年6月,在宿迁正式开展无人机试运营。随着无人机从宿迁双河站配送中心将数个订单的货物送至宿迁曹集乡旱闸的乡村推广员刘根喜手中,标志着京东智慧物流体系的建设实现了一次重要落地。该次京东展示了3款无人机,载重从10千克到15千克不等,可自动装卸货,送货航程达5千米。

案例5-2 美团的无人配送+本地生活

一、美团的外卖骑手成本

美团公司财报显示,日均活跃骑手数约80万人,骑手年成本约487亿元,近年来保持15%以上的高速增长,是公司的最大开支项(图5-16)。

二、无人配送解决方案

鉴于需求的不断增长和劳工的日趋紧张,以及劳动权益等社会问题,现有的配送体系将难以维持低价、优质的服务。美团正加大科技创新投入,探索无人配送领域的前沿技术,同时借助美团外卖配送场景和数据技术能力,推动无人配送发展,提高配送效率,进一步提升用户体验。2016年10月,美团成立W项目组,启动无人配送研究;2017年12月W项目组被提升为独立的无人配送事业部,同月,美团第一台自研无人车"小袋"出厂;2018年建设无人配送开放平台,邀请技术、整车硬件、运营等伙伴共建生态;2021年4月,经过不断测试和迭代,美团新一代无人配送车"魔袋20"落地;次月,北京市高级别自动驾驶示范区为美团无人车颁发车身编码(见图5-17)。

图 5-16　2015—2020 年美团外卖骑手成本

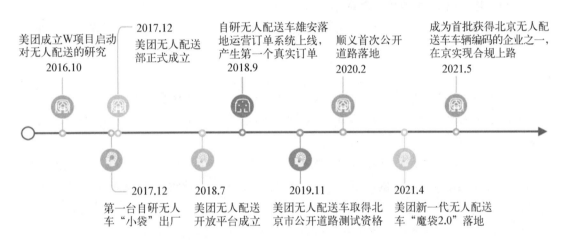

图 5-17　美团无人配送发展过程

三、无人配送四大产品

- "小袋"针对园区或封闭道路打造,可实现室内和室外无人配送;
- "福袋"主要面对室内配送场景,送货上门;
- "魔袋"可在室外行驶,作为当前外卖平台的运力补充;
- "无人机"是美团为建设城市低空物流网络而设计的飞行器产品。

美团无人配送产品迭代历程如图 5-18 所示。

(一)"小袋"封闭园区小型无人配送车

六轮的设计实现了车体的机动灵活,赋予了其高强的越障能力,可以跨越 20 厘米左右的台阶,能够很好地适应室外配送环境。同时搭载了电梯通用套件,拥有自主上下电梯的能力。

(二)"福袋"室内配送机器人

拥有 20 米感知能力激光雷达、超声波传感器、红外传感器、人脸识别 RGB 摄像头、IMU 姿态传感器、温度传感器、重力传感器等多种传感能力,顶部还集成了 4 颗广角摄像头,可用于远程遥控接管和监控影像收录。"福袋"与电梯、门禁进行交互,自主将外卖送达目标楼层

产品	小袋	福袋	魔袋(初代)	魔袋(二代)	魔袋20(三代)	无人机(FP400)
出厂时间	2017年	2018年	2019年	2020年	2021年	2021年
应用场景	室内和园区配送	室内配送	室外全场景配送	室外全场景配送	室外全场景配送	低空无人配送
产品亮点	电量监控 云端大脑 灵活避障	自助上下电梯	多传感器融合 低速自动驾驶	动态货柜 人脑识别 语音交互	L4级别 自动驾驶能力	飞控导航系统 多模感知系统 7级防风

图 5-18 美团无人配送产品迭代历程

和房间。可应用在办公楼宇、居民楼等场景，完成外卖末端 100 米无人配送。

(三)"魔袋"室外中型无人配送车

2019 年初代"魔袋"出厂，2021 年 4 月"魔袋 2.0"落地，美团室外无人配送车已经历了两次较大的迭代。

(1) 更精确：搭载了 3 个激光雷达(车体左右两侧各一颗 Velodyne 角雷达，车顶激光雷达为禾赛 Pandar 64 线机械激光雷达)、19 个摄像头、2 个毫米波雷达和 9 个超声波雷达，360°无盲区无死角感知 5 cm～150 m 的周围环境，准确识别周围道路和环境，精准避让障碍物。

(2) 更稳定：使用汽车行业标准，增加了围绕车辆数字化、线控能力、环境适应性等方面的硬件设置，通过了涉水能力测试、－27℃寒区环境适应性实验和接近 1 万千米耐久实验。

(3) 续航更长：城市道路续航里程达 120 千米，能适应 24 小时运营需求。

(4) 载重更大：拥有 150 千克的装载量和 540 升的容积，一次性可配送 10 单。

(5) 速度更快：降低了底盘高度，使得车辆的行驶速度更快，最高时速可达 45 km/h。

(6) 更智能：搭载了自研新一代电源管理系统和 OTA，实现对自动驾驶计算平台、传感器等设备的控制和诊断，具备软件自我更新的能力。

(四)"FP400"低空配送无人机

美团于 2017 年开始探索无人机配送，最新的 FP400 系列机型配有 6 套螺旋桨、6 个电机和 6 大动力系统，保障无人机的安全航行与降落；飞行高度在 120 米以下，时速 10 m/s，可载重 3 千克连续飞行 20 分钟。无人机协同地面装备如社区配送站、智能换电站等，在美团自研的无人机交通管理系统的调度和管理下，可以满足城市复杂场景下的低空物流配送需求。

四、自研＋生态合作的技术体系

(一) 坚持自研与合作结合的路线

美团无人配送团队通过自研、合作研发和合作生产的方式构建了硬件平台、车载软件、云端软件的技术框架(见图 5-19)。

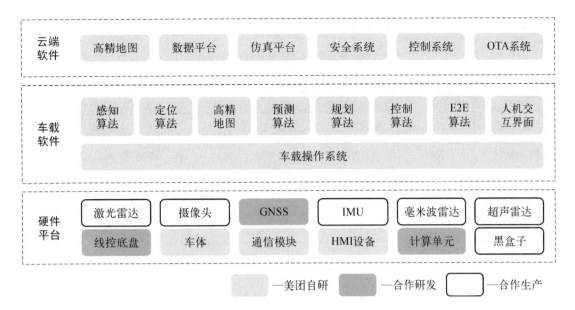

图 5-19 美团无人配送技术架构

（二）开放平台、共享资源，打造无人配送生态圈

除了自研路径之外，美团还推出了无人配送开放平台，提供领先的自动驾驶技术、软硬件一体的解决方案和无人配送的商业落地场景，携手企业、院校和政府，推进无人配送的产学研用一体化。

五、多技术高效协同，推进外卖、买菜、闪购多场景落地

美团无人配送车自 2018 年至今已经完成了多地落地测试运营，包括北京的三元桥凤凰置地写字楼、东直门来福士写字楼、西单大悦城、首钢园区和雄安新区等。

无人车的上线帮忙承担了超远距离和超重订单，骑手人效可提升 10 单。美团将继续推进无人配送在北京、上海、深圳等多区域落地，应用于外卖、买菜、闪购等多条业务线，全面实现室内、园区、公开道路多场景运行。

案例 5-3 新石器的无人配送＋新零售

一、智能时代新终端，成就新商业模式

在消费者需求和技术进步的双轮驱动下，零售业态不断革新。

电子商务的出现使得一部分消费逐渐从传统的线下转向了 PC 端，对实体零售造成了较大的冲击。移动互联网构建的高效的基础设施更是让外卖、生鲜电商走进了我们的生活。"无人配送＋新零售"有望打造全新的"移动零售"模式，提供比便利店、餐厅、超市离消费者更近的零售设施，让商品无限接近客群，通过移动的"场"打破交易的空间限制。同时借助"AI＋大数据"实现对消费者需求的预判，从而做到"货的供应由人的需求决定，场的配置围绕货的特点改造"，为商家和城市打造高效率的服务网络，为消费者带来全新的购物体验。

目前已经有多家企业进入该赛道,具体情况如表 5-3 所示。

表 5-3 无人配送+新零售行业落地企业

公司	进入时间	产品	应用情况
新石器	2015	SLV10、SLV11、X3 型无人车	北京、上海、厦门、苏州
京东物流	2016	四代无人配送车	全国 20 多个城市
优时科技	2018	"优时"无人零售车	北京市多个购物中心
行深智能	2021	"绝地"系列、"奔霄"系列、"布衣"系列、"超影"系列	江苏、武汉等地园区

新石器 2015 年开始启动 L4 级无人车正向研发;2018 年第一代车型 SLV10 正式亮相 2018 年百度开发者大会;经过两年的测试和迭代,全新一代新石器 X3 无人车于 2020 年实现量产,并获得车规级 E-mark 认证;2021 年 5 月,新石器获得北京市高级别自动驾驶示范区颁发的无人配送车车身编码,成为首批合规上路的企业。

二、建成"一横一纵"的能力体系

(一)横向强调基础能力

(1) 技术:完整的 L4 级无人驾驶技术矩阵,自主研发的软硬一体的系统架构和无人驾驶计算平台,构建领先的 L4 级无人车智能制造、智能运营平台。

(2) 量产:融合车规级产品化能力,自建 L4 级无人车工厂,在全球范围内率先实现 L4 级无人车量产交付;

(3) 团队:核心团队融合了无人驾驶、互联网、物流、运营等跨行业多元背景,产业经验丰富。

(二)纵向突出运营实力

(1) 路权:获准在北京、青岛公开道路进行常态化运营,并在多地开展"先行先试",形成路权壁垒;

(2) 商业化:以末端配送为切入点,重构"人场货"服务网络,在零售等应用场景开始实现商业化落地。

三、定义技术和产品标准,重塑产业链实现量产

2018 年 8 月,新石器第一代车 SLV10 实现量产,具备自动驾驶能力,但限定在封闭园区中行驶;2019 年 6 月,二代车 SLV11 落地,开始可以在半封闭和封闭环境中切换,进行商业化试运营;2020 年 8 月,三代车 X3 实现量产。X3 在开放道路时速最高可达 50 km/h,其搭载了 1 颗 32 线中距激光雷达、4 颗短距半固态激光雷达、1 个毫米波雷达、14 个超声波雷达,融合感知距离达到 120 米,2~55 米行为检测率可达 99%。

(一)自主研发软硬一体的系统架构

以安全为核心,自主搭建开放道路下 L4 级自动驾驶能力,进行垂直一体化自研,从车辆平台(换电、底盘、域控制器)到硬件(算力平台、安全系统小脑系统、VCI 云端主机系统、传感器)、自动驾驶技术栈,自研模块超过 80%。新石器通过构建多传感器融合能力,打造了领先的低速复杂场景感知能力。

(1) 零盲区,针对复杂的人车混行及行人近距离交互场景,传感器布局设计实现零盲区。

(2) 冗余设计,传感器布局、算法及世界模型分别针对远中近距离,进行不同的冗余方案设计,为决策提供准确的融合感知结果。

(3) 模型优化,针对服务场景中存在较多的儿童交互和非机动车逆行现象,通过模型调优和针对性训练大幅提高精准度。

新石器无人车技术架构体系如图 5-20 所示。

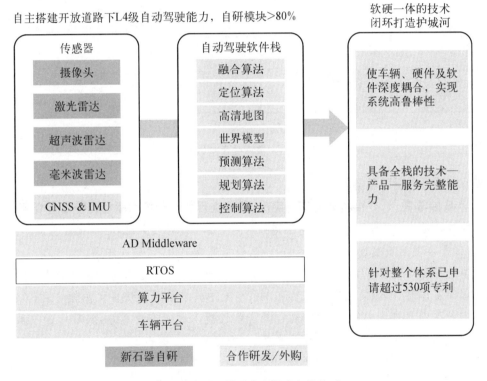

图 5-20 新石器无人车技术架构体系

(二) 自建智能工厂,构建供应链壁垒

新石器打造了 L4 级无人车量产智能制造基地,自建智造工厂解决标定问题,年产能达 10 000 台,年返修率小于 1%;自建智能 pack 电池工厂解决新能源供应问题,掌握核心电池技术。

(三) 具备规模量产能力,有望进一步降低生产成本

(1) 传感器:随着软件算法持续迭代,对传感器性能要求逐步降低,此外,激光雷达随规模化量产持续降本,无须稀缺/敏感原材料,传感器降本幅度大于 80%。

(2) 算力平台及智能硬件：感知算法及点云定位算法持续优化,降低算力消耗,硬件自研比例进一步提升,惯导、PCU等自研模块提高集成度,算力平台及智能硬件降本幅度大于60%。

(3) 车辆平台及电池系统：车身工艺优化,随量产规模提升而整体降本,公司预计更为经济的磷酸铁锂方案的使用将进一步压缩成本,车辆平台及电池系统降本幅度大于40%。

公司预计到2025年,通过自研、规模化量产、长期战略合作供应等战略规划在性能持续优化的同时实现50%的降本(见图5-21)。

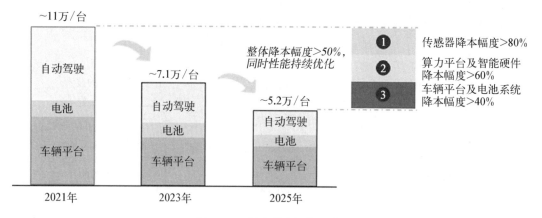

图 5-21 量产成本逐年下降

四、打造无人驾驶新零售标杆

(一) B端零售＋C端消费者痛点突出,亟待进行新一代技术驱动传统零售变革

B端零售亟待发掘低成本获客新渠道：电商渠道资本性投入低,但线上流量成本持续攀升；传统线下零售店稳定性强,但覆盖半径小、资本性支出大,试错成本高。

C端消费者对购物即时性和高品质的要求难以兼顾：受限于人力和时间成本,外卖配送对消费者而言即时性低；便利店也因物流体系和配送成本原因无法售卖品牌餐饮。L4级无人车可有效帮助B端商户触达新客群,以低资本性投入和低流量成本,实现增量收入,同时满足C端消费者"高即时性＋高质量品牌餐饮"的需求。

B端零售＋C端消费者痛点如图5-22所示。

(二) 重构"人货场",为消费者带来"多快好省"的更优体验

(1) 多：新石器与钟薛高、肯德基、必胜客、雀巢、眉州东坡、谷田稻香等大牌餐饮合作,为消费者提供丰富选择。

(2) 快：用户可以通过"片刻便利无人车"小程序查看附近的车及车内剩余餐品,方便快捷,无须等待。

(3) 好：－18℃～65℃的箱柜设计保证品质。

(4) 省：相比便利店的快餐/鲜食而言,中央厨房＋无人配送模式降低了进货成本和品牌的分佣成本；相比快餐店而言,中央厨房＋无人配送模式节省了房租、装修、人工、水电费用,最终能够给消费者提供物美价廉的产品,为商家带来更优的回报。

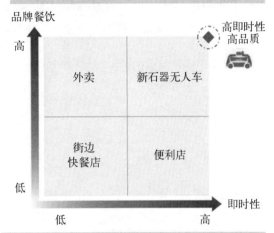

图 5-22　B 端零售+C 端消费者痛点

(三) 从公司的商业模式角度来看

(1) C 端消费者:新石器可直接面向消费者提供服务,消费者通过新石器小程序/App 购买品牌商家提供的商品/服务。

(2) B 端零售品牌/餐饮平台:为 B 端零售品牌提供无人车定制化开发服务,收取定制服务费。

(3) 车队运营商:新石器寻找地方合作伙伴,赋能车队运营商,收取整车费用,并将从商家处获得的服务费收入分成至车队运营商。

本章思考题

1. 智能配送系统的主要技术有哪些?
2. 城市配送智能调度的限制条件有哪些?
3. 无人配送车的优势有哪些?
4. 无人机配送的优势有哪些?
5. 无人机配送的应用场景有哪些?

第六章 物流可视化

 本章要点

- ◆ 物流可视化的含义
- ◆ 物流可视化的流程
- ◆ 可视化物流平台总体功能
- ◆ 物流可视化的平台建设
- ◆ 物流可视化的层次系统
- ◆ 物流可视化信息平台的关键技术

第一节 物流可视化的内涵

一、物流可视化的含义

在物流的各个环节中实现物流信息的可视化。它包括物流资源信息、物流需求信息、物流过程、物流状态、物流控制和物流环境等的可视化。物流可视化针对物流信息，因此它的前提是物流的数字化。

二、物流可视化的基础——数字物流体系

数字物流体系以综合物流为出发点，应用现代信息技术及物流技术，使得供应链整体各环节的信息流与实体物流同步，产生优化的流程及协同作业，从而实现对供应链实体物流综合管理的数字化、智能化、标准化和一体化。

三、物流可视化的特点

（一）交互性

用户可以方便地以交互的方式管理和开发物流数据。

（二）多维性

可以看到表示物流对象或事件数据的多个属性或变量，而数据可以按其每一维的值，将其分类、排序、组合和显示。

（三）可视性

物流数据可以用图像、曲线、二维图形、三维体和动画来显示，并可对其模式和相互关系进行可视化分析。

四、物流可视化的意义

物流可视化可以大大加快数据的处理速度，使时刻都在产生的海量数据得到有效利用，可以在人与数据、人与人之间实现图像通信，从而使人们能够观察到数据中隐含的现象，为发现和理解科学规律提供有力工具。

五、物流可视化的流程

（一）物流源数据可视化

数据库和数据仓库的数据具有不同的粒度或不同的抽象级别，能用多种可视化方式进行描述，比如三维立方体或曲线等。源数据可视化能够表现出源数据是如何分布的（见图6-1）。

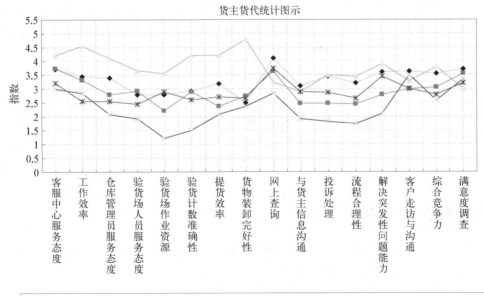

图6-1　源数据可视化

（二）物流数据状态与过程可视化

用可视化形式描述物流状态与过程，从中用户可以看出数据的来源或去向，以及数据的变化规律（见图6-2）。

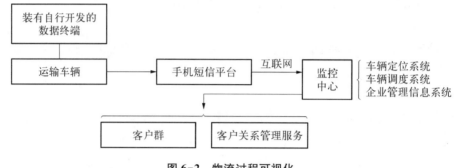

图6-2　物流过程可视化

（三）物流数据分析结果可视化

将物流数据分析后得到的知识和结果用可视化形式表示出来，如折线图等。利用水平颜色的不同和垂直高度的差别，两者效果叠加，从而同时可视化多维信息。

第二节　可视化物流平台建设

近几年，国内第三方物流企业得到了飞速发展。在向国际性知名企业提供物流服务的过程中，这些企业会提出越来越多的个性化和专业化的物流服务需求，他们希望全程可视物流供应链服务过程，特别是在化工、食品、军事等行业领域，这些领域对于物流供应链服务过程中涉及的保密、冷链、安全和环境控制需求显著。面对这一挑战，规划并建设物流可视化信息系统将能很好地解决这一问题。

一、可视化物流系统的含义

可视化物流系统是指在利用卫星定位、GIS、射频识别（RFID）、无线电、计算机图形图像等技术构建物流的可视化、自动化平台，从而达到对货物和车辆的全程监控和管理，提高物流服务水平和效率的目的。和传统的物流系统相比，可视化物流系统可以对物流过程进行全程监控，提高管理水平。

二、物流可视化信息平台的特点

功能强大、易扩展、快速实施；实用、高性价比；个性化、可定制的界面；跨平台支持；集成已有的业务系统；完善的安全体系。

三、物流可视化信息平台的构成

物流可视化信息平台是一个有机的整体，整个系统功能的实现需要各个要素的协调运作,缺少任何一个部分,系统就不能正常运行。可视化物流系统由 GPS 定位卫星组、运输车辆、GPRS/GSM 通信网络、Internet 网络、RFID 阅读器组、GPS 定位终端、RFID 电子标签、控制中心组成。这些部分相互协调,有机统一,共同构成了可视化物流平台。

四、物流可视化信息平台的运作过程

以物流运输阶段为例,整个系统的工作过程如下:

在每个运输货物的车辆上安装 GPS 定位仪和 RFID 电子标签,同时在货物上也安装 RFID 电子标签,并在车辆的 RFID 标签上写入整车货物的名称、数量、货主、目的地、运输车辆车牌号等信息,在货物 RFID 标签上写入每个货物的名称、货主、目的地等信息。当车辆进出仓库时,RFID 阅读器发射电磁波激活 RFID 电子标签,然后 RFID 电子标签将标签预先写入的内容按照约定的信息传递格式发送给 RFID 阅读器,之后对每个货物的信息和总的信息进行核对,如果吻合,就可以顺利进出仓库。

同时 RFID 阅读器将读到的货物和车辆的信息通过内部的局域网传送到总控制中心的数据库。运输车辆上安装的 GPS 定位仪通过接受 GPS 定位卫星的星历电文和导航定位信号解码计算车辆的位置坐标,通过 GSM 网络和 Internet 网络传输到控制中心,控制中心将收到的定位信息与 GIS 电子地图进行匹配,然后与数据库的货物和车辆信息进行对比就可以查出货物的种类、数量、货主信息和车辆目前所在的位置、车速、方向等信息,并将这些信息在控制中心的屏幕上显示,实现物流运输的可视化。收货人和发货人可以通过控制中心提供的权限,通过 Internet 来登录可视化物流系统,查看自己货物的信息。

五、物流可视化信息平台的技术框架

物流可视化信息平台运用 SOA(service oriented architecture)架构,将各种业务服务化,以便更快地响应各种业务发展需求、更好地支持业务流程。该平台的技术框架如图 6-3 所示。

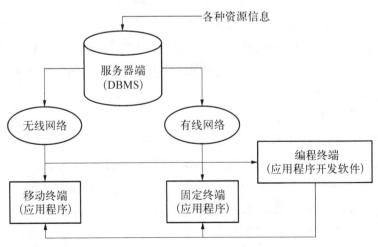

图 6-3　物流可视化信息平台的技术框架

系统的各个层次如下：

（1）数据层：该层为整个系统提供数据存储服务。

（2）接口服务层：按照功能种类不同，封装的一系列标准接口。接口服务层全部采用标准的 Web Service 来定义，向下进行数据存取操作，向上提供不同的功能接口。

（3）应用服务层：应用服务层是在接口服务层的基础上按照应用方向的需要通过调用不同功能接口的组合而搭建的各种不同的应用系统。

（4）通信层：连接用户和应用服务系统之间的各种通信方式的总称，包含不同的通信方式，包括短信、WAP、Web、语音等。

（5）用户层：系统用户包括普通用户、驾驶员、物流企业、物流货主及相关政府监管机构等。不同用户通过手机或者浏览器等客户端访问系统。应用系统通过各项服务完成各种相关的业务功能。

六、物流可视化信息平台的关键技术

计算机技术和数据库技术的采用是整个物流可视化系统得以正常运行的前提。跟踪定位系统 GPS 和北斗技术、无线射频技术 RFID、基于 3G 网络的车辆监控技术、地理信息技术 GIS 及各种可视化工具的应用使物流可视化系统进入了实用化的阶段。

（一）基于 SOA 的系统集成技术

全部模块采用基于 SOA(service oriented architecture,面向服务的分布式架构)的架构开发，达到粗粒度、松耦合的模块封装，从而便于系统与现有的各种系统，如订单管理系统（OMS）、仓库管理系统（WMS）、运输管理系统（TMS）等进行系统集成。此外，SOA 技术的采用也便于系统与外部的电子地图服务进行集成，从而使系统能够持续得到低成本、在线更新的地图服务。

（二）RFID 与 GIS 结合的定位技术

在仓储管理系统中应用 RFID 与 GIS 结合的定位技术，解决在封闭式大型仓库内无法用 GPS、北斗等定位技术进行定位的问题。利用分布合理、位置固定的 RFID 读卡器，可以动态地识别 RFID 标签在仓库内的位置，定位精度达到米级。通过 GIS 软件，可视化地显示仓库内货物的空间分布。结合 RFID 信息管理技术，实现仓库空间智能调度和管理、快速查找和定位货物，提高仓库管理的效率。

（三）基于 3G 网络的车辆监控技术

目前，现有的车辆监控技术大部分都是基于 3G 网络的，国内尚未出现基于 3G 网络的车辆监控的技术应用。采用 3G 网络技术，不仅可以极大地提高监控的实时性，还可以通过与视频技术、传感技术相结合，实时在线地传送大量的视频、温度、压力等信息，提高车辆监控的实时性和内容的丰富性，解决危险品运输监控环节过程中车辆各项指标状态和车内、车外环境的实时监控，防止司机疲劳驾驶，及时发现隐患等问题。另外，在发生交通事故、危险品泄露等事故时便于指挥监控中心及时掌握现场情况，做出准确应对。

七、可视化物流平台的总体功能

（一）系统的基本功能构成

物流企业管理系统的基本功能是将物流配送活动中的不同层次通过信息流紧密结合起来，在物流配送系统中，存在对物流配送信息进行采集、传输、存储、处理、显示和分析信息功能。基本功能包括以下五点。

（1）数据的收集和录入。物流配送系统首先要做的是记录物流配送企业或者部门内外的有关数据，集中起来并转化为物流配送系统能够接受的形式输入到系统中。

（2）信息的存储。数据进入系统后，经过加工处理，成为支持物流配送系统运行的物流信息，这些信息可能暂时或永久保存。

（3）信息的传播。信息来源于物流配送系统内外，又为不同的物流配送职能所用，所以物流配送信息系统必须克服空间障碍进行信息传输。

（4）信息的处理。将输入的数据加工成物流配送信息，是物流配送系统最基本的目标。信息处理可以是简单的查询、排序；也可以是复杂的模型求解和预测。信息处理能力的强弱是衡量物流配送系统能力的一个重要方面。

（5）信息的输出。为各级人员提供信息是物流配送系统的责任，为了便于理解，输出的形式和内容应该易读易懂，直观醒目，这是评价系统的重要标准之一。

不同层次的人员和部门，也有不同类型的信息。一个完善的物流配送系统，要有以下四个层次（见图6-4）。

（1）数据层。将收集、加工的物流配送信息以数据库的形式加以存储。物流配送的数

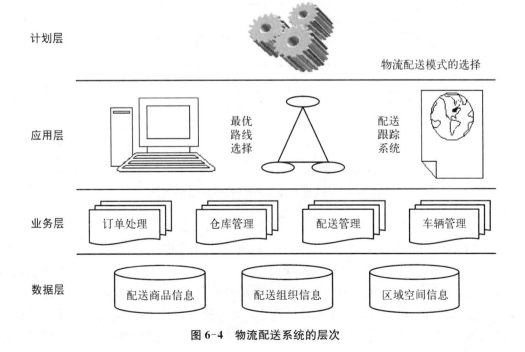

图6-4 物流配送系统的层次

据包括物流配送的商品信息,也包括配送企业自己或者要求配送相关区域的空间信息。对于配送要求比较高的配送活动,比如需要控制配送的线路等情况下,配送区域的道路情况、车辆限制情况等都属于数据层中必须采集、加工的基本数据。数据层是整个物流配送系统能够工作的基础。

(2)业务层。对合同、票据、报表等业务表现方式进行日常处理,主要是基于数据层进行数据的收集、加工和维护的简单应用层,包括订单的接收处理、配送中心仓库管理、配送管理、车辆管理以及其他配送基本活动的信息收集。

(3)应用层。包括仓库作业计划、最优路线选择、控制与评价模型的建立,根据运行信息检测物流配送系统的状况。

(4)计划层。建立各种物流配送系统分析模型,辅助高级人员指定物流配送战略计划,如物流配送的模式改变等。这种策略对整个企业的物流配送作业过程将产生巨大的影响。一旦改变企业的流程,物流配送系统的应用层必须在这种策略下随之改变,但数据层和业务层的改变相对较少。

考虑到一般的物流配送系统在公司已经基本确立,且在配送业务模式的基础之上,因此,在物流配送系统解决方案中我们主要针对数据层、业务层和应用层所构成的通常意义下的物流配送系统。

物流配送系统的系统结构和运行原理如图 6-5 所示。

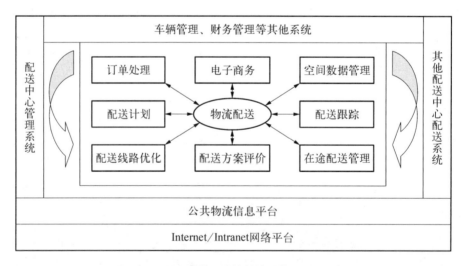

图 6-5　物流配送系统的系统结构和运行原理

整个系统分为物流配送系统和外围配套设施系统两大部分。

(1)物流配送管理系统:这是物流配送作业的核心,主要由订单处理、配送计划、线路优化、配送方案评价、在途管理、物流跟踪等系统模块构成。这些模块作为封装好的信息处理功能集合,以本系统模块形式提供。每一项集合的修改并不影响其他模块和整体系统的功能,易于维护,可以针对不同的企业规模和业务需要进行有效的开发,配送计划使用计算机计划调度辅助业务员更高效、更准确地做出配送计划。系统考虑公共信息平台提供的公共设施实施信息结合物流配送优化算法对物流配送进行有效调度，根据不同的货物类型、运送目的地分别运送到不同的堆场、仓库、中心进行再处理。系统的物流跟踪功能是建立在GPS、GIS、GSM、Internet等平台上的应用平台。用户可以通过该平台，随时跟踪到货物、配送车辆、集装箱的位置和状态、货物情况、历史行程记录，并以可视化的图形界面展现给客户。

（2）外围配套设施系统：这一部分主要是仓库、堆场管理。通过可视化的界面对货物、集装箱进行有效的调度，尽可能为其他系统提供货物基本信息。这是物流配送得以快速进行的基础。

在系统中非业务管理功能主要包括车辆管理、报表管理、客户关系管理、系统后台管理等模块。这些模块主要帮助企业对设施资源、车辆资源、客户资源、业务资料信息，以及系统用户权限进行有效的管理。

（二）订单管理子系统

主要是对交易活动信息配送订单的录入、查询、汇总（按商品编码）、打印以及配送合同签订、配送计划的制定与执行等（见图6-6）。

图6-6 订单管理子系统

物流企业的配送关系开始运作的第一步就是订单处理，这里说的订单可以是客户的订货单传统方式和网上电子商务交易方式，也可以是客户的配送任务单，主要包含的订单类型有托运订单、入库订单、出库订单、调拨订单、退货入库订单、退货出库订单、搬场订单、速递订单、其他订单。主要的工作是明确需要送货的地点、送货的种类和送货的数量。接收来的订单，经过验证、汇总以后，产生合格的订货单记录。验证的主要工作是订货单中的产品名称、规格是否填写正确；顾客的名称、地址、开户银行和账号是否正确；还需要验证配送目的地客户的相关名称、地址以及付款方式，以便完成配送任务。定期将顾客的订货单加以汇总，形成订货汇总文件，也就是按产品汇总数据，以便安排配送分拣、配装等工作，及时向顾客提供所需配送产品的配送状况。订单管理的数据流程如图6-7所示。

（三）仓储管理子系统

实现仓库网上管理，包括进出仓库采用条形码管理，不仅可实现对进出仓的货物查询，而且能提供仓库的平面图和仓库的使用情况等。同时提供报警机制，对仓库中的异常情况自动报警，对库存的调整、内拨、盘点、退货、调换、包装、报废处理等进行管理，还有查询货位（箱位）的占用和剩余可使用情况（见图6-8）。

（1）安全存量的设定：包括最低库存、缺货报警。

（2）报表管理：包括日、周、月、季、年报表，以及各时段报表。

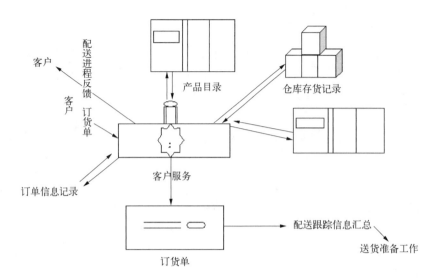

图 6-7 订单管理的数据流程图

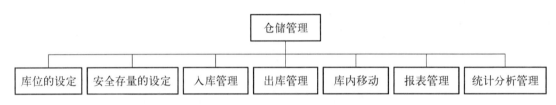

图 6-8 仓储管理子系统

（3）统计分析：包括库存周转率、缺货率、服务水平和平均供应费用。

（四）货物管理子系统

货物管理模块是对货物各种状况进行管理，主要包括产品登记转换、计量单位转换、货物包装、库存查询、保质期管理、条形码管理、安全库存控制、批号管理、箱号管理、库存台账等功能。

（五）收货管理子系统

当客户发货达到后，配送中心完成货物的检点，测量货物的尺寸，登记货物信息，并且出具收货单给客户。入库规划程序根据仓库现状结合货物信息设计入库操作的计划，包括货物存放的地点，经过配送中心操作员的确认执行入库流程，并将货物变化更新到仓库数据中。主要功能有受理方式、订单类型、入库方式、货物验收、库位分配、收货查询等（见图 6-9）。

（六）发货管理子系统

发货管理，主要包括主要有出库类型、货物调配、拣货计划、拣货清单打印、拣货处理、预出库调整、预出库确认、直接出库处理、送货单打印、发货确认等功能。发货管理子系统的结构如图 6-10 所示。

配送管理的流程如图 6-11 所示，配送计划部门将客户配送进行综合、分解，形成配送计划单和每辆车辆的装车单之后，将需要配送货物和送货时间通知配送中心，配送中心根据配送的要求准备货物，制定出库作业的计划。

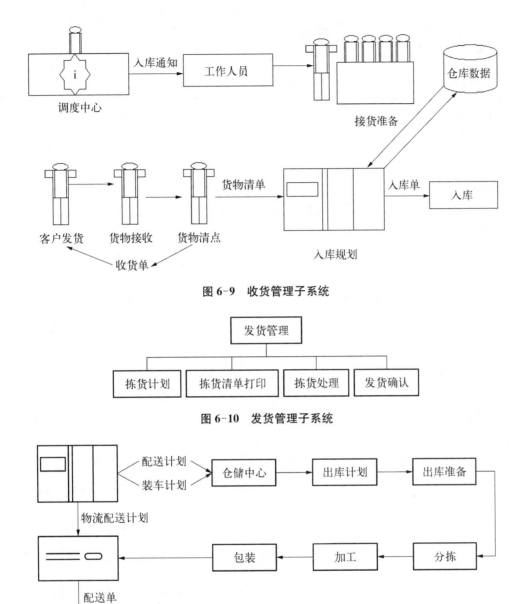

图6-9 收货管理子系统

图6-10 发货管理子系统

图6-11 配送管理子系统

配送中心将需要配送的货物全部送到专门理货准备区域,根据配送计划和装车计划实施货物的分拣、加工、包装,并完成车辆的装车,最后连同记录配送地点、客户名称、收货时间甚至是行车路线等详细信息的配送车辆,经过配送车辆驾驶员的确认执行出库流程,并将货物变化更新到仓库数据中。

(七)库存管理子系统

库存管理模块是对库存货物进行内部的操作处理,主要包括调整处理、内拨处理、盘点处理、退货处理、调换处理、包装处理、报废处理等功能。

1. 调整处理

该功能是由仓管员要求对货物进行库位调整时，对货物进行调整出库和调整入库处理。

（1）调整出库。对要求进行调整的货物进行调整出库处理。同时记录货物的去处及原因。

（2）调整入库。对已进行过调整的货物做调整入库处理。同时记录被调整的库位。

2. 内拨处理

内拨处理指由仓管员要求对货物进行内拨时，对货物进行内拨出库和内拨入库处理。

（1）内拨出库。对要求进行内拨的货物进行内拨出库处理。如需要车辆驳运，记录该车辆的车辆信息。

（2）内拨入库。对已进行过内拨的货物做内拨入库处理。

3. 盘点处理

该功能是由仓管员要求对货物进行盘点时，如有货物损益情况，则要对货物进行盘点出库和盘点入库处理。

（1）盘点出库。对货物实际库存数量比台账数量少的情况下，做盘点出库处理。

（2）盘点入库。对货物实际库存数量比台账数量多的情况下，做盘点入库处理。

（3）盘存一览表。对进行过盘点处理的货物，产生盘存一览表，其内容有客户、货物、规格、批号、应有数量、实际数量、差异原因等。

4. 退货处理

（1）退货入库。客户方因素：由客户发错发货指令或货物质量有问题或受货人拒收并经过客户同意后要求退货的，做退货入库处理，同时收取相应的服务费。配送方因素：由配送方出错或货物损坏而要求退货的，做退货入库处理，不收取费用。

（2）退货出库。该功能是由客户退货而进行的出库处理。退货原因只有客户方因素。相当于发货处理，只不过是收货人就是客户自己。

5. 调换处理

由客户要求对货物进行调换时，对货物进行调换出库和调换入库处理。

（1）调换出库。对要求进行调换的货物进行调换出库处理。

（2）调换入库。对已进行过调换的货物做调换入库处理。

6. 包装处理

该功能是由客户要求对货物进行重包装时，对货物进行包装出库和包装入库处理。同时产生包装服务费。

（1）包装出库。对要求进行重包装的货物进行包装出库处理。

（2）包装入库。对已进行过包装的货物做包装入库处理。

7. 报废处理

该功能是由客户要求对货物进行报废时，对货物进行报废出库。

（1）报废出库。对要求进行报废的货物进行报废出库处理。

(2)报废入库。对已报废的货物存放在报废区,则对报废区来说要做报废入库处理。

(八)运输管理子系统

运输管理必须能够合理地安排司机、车辆、任务三者之间的关系,优化企业的内部管理,提高物流企业的服务质量。其目的是对运输过程中的人、车、货、客户以及费用核算进行有效的协调和管理,实现运输资源的实时控制、协调管理,满足客户服务的信息需求。运输管理子系统如图 6-12 所示。

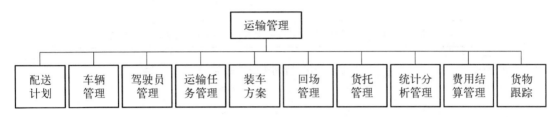

图 6-12 运输管理子系统

运输管理包括订单管理、调度分配、行车管理、GPS 车辆定位系统、车辆管理、人员管理、数据报表、基本信息维护等模块。该系统对车辆、驾驶员、线路等进行全面详细的统计考核,能大大提高运作效率,降低运输成本。

运输管理子系统作为物流管理系统的重要组成部分,既可以与仓储配送有机结合,各子系统可独立运行也可以任意搭配,既能实现对整个运输过程的综合管理,也可以就其中某一部分单独管理。

业务流程:业务受理(托运单)→运输调度(配车计划)→货物运输(通过 GPS、中转站、条形码及网上查询对货物进行及时跟踪)→货物验收→统计处理(包括订单、车辆、人员等)→财务结算→报表打印等。

(九)监控中心子系统

监控中心系统由软件部分和硬件部分组成。硬件部分主要由数据库服务器、备份服务器、通信服务器、网管检测工作站、GIS 监控坐席、接警席、调度席、UPS 电源以及网络连接设备组成。软件部分主要由数据库服务器、通信服务器、Web 服务器、地图服务器以及智能调度等应用软件包组成。该系统主要实现以下八个功能:

(1)车辆实时监控:对车辆运行情况进行实时监控;

(2)报警中心:实现对系统监控的车辆异常报警情况的监控和处理;

(3)行驶轨迹:对车辆历史行程情况进行查询,显示车辆轨迹。可进行轨迹回放,轨迹测距;

(4)行驶数据:对车辆历史行程情况进行查询,显示原始数据,生成速度分布图表;

(5)图片监控:对指定车辆进行实时拍照,可实现历史图片浏览,对实地情况进行有效监控并取得证据;

(6)设备操作:通过多种方式实现调度信息发送管理;

(7)环境管理:对车辆行驶区域的天气环境进行监控;

(8) 短信群发：对多辆车发送短信；

（十）查询中心子系统

查询系统提供给系统前端用户查询接口。主要包括以下六个方面：配送订单查询、货物状态查询、运量统计、运向统计、万能查询、万能报表等(见图 6-13)。

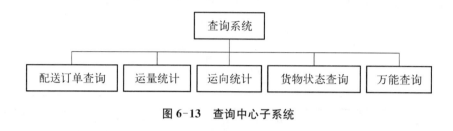

图 6-13　查询中心子系统

第三节　物流可视化的层次体系

以分布式视频监控技术为核心技术，以图像/视频识别和理解技术和智能算法为支撑的物流可视化管理系统，结合 GIS、计算机网络、多媒体压缩和数据库等技术，架构了具有三层体系的仓库综合监控分系统和具有两层体系结构的移动载体综合监控分系统，可实现对仓储仓库内部、仓库车场和围墙等固定场所的实时智能监控，并对运输过程中的车辆以及货物的状态监控，并实现车辆车牌、状态识别和车辆的智能调度。

一、可视化仓储管理

通过在物流公司总部设立一级报警与监控中心，建立主控中心，实现对前端所有仓库的集中监控管理，中心用户按权限通过网络浏览管理前端仓库状态与信息。主控中心(一级监控中心)是报警监控系统的核心部分，是利用视频识别分析技术、计算机网络、地理信息技术、数据库技术开发的整合式集中智能综合监控管理控制应用平台，中心汇接各前端仓库相关信息，将所需的视频、数据等信息通过网络进行传输、存储和共享，并根据授权进行远程调阅、查询，由开放的接口实现互联、互通、互控及其他多种应用，为各级领导决策、指挥调度、取证提供及时、可靠的第一手信息。

二、可视化订单管理

（一）物流信息平台的功能，可以实现订单的跟踪功能

(1) 通过对物料的 ID (BARCODE 或 RFID)进行扫描，来记录产品的使用及现有状况和来源。

(2) 通过对半成品的在生产中的所经历过的工序记录和数据统计来跟踪其生产细节，可以在返品或者生产过程中追踪到在生产中的哪道工序、哪些物料、哪个机型、哪些人员等

存在问题,并可以采取相应的措施来进行修补。

(3) 通过对成品的包装、入库、库内调整、出库,还有质检等工序记录、统计来跟踪成品在最后阶段的状况,以便需要时进行查询操作。

(4) 最后实现对整个生产从部件到半成品到成品的单个、类别以及全部的产品追溯、质量控制和流程管理,建立完整的生产追溯管理系统平台。

(二) 可视化订单系统,可以有效帮助生产计划与排产,成为适应订单、节约产能和成本的有效方式

有效的生产过程控制,防止零配件的错装、漏装、多装,实时统计车间采集数据,监控在制品、成品和物料的生产状态和质量状态,同时,可利用条码或 RFID 自动识别技术实现员工的生产状态监督。

(三) 数据采集

主要采集两种类型的数据。

(1) 基于自动识别技术(BARCODE、RFID)的数据采集,主要应用于离散行业的装配数据采集。

(2) 基于设备的仪表数据采集,主要应用于自动控制设备和流体型生产中的物料信息采集。

(四) 质量管理

(1) 对从供应商、原料到售后服务的整个产品的生产和生命周期进行质量记录和分析,并在生产过程控制的基础上对生产过程中的质量问题进行严格控制。这样能有效防止不良品的流动,降低不良品率。

(2) 产品物料追溯与召回管理。物料追踪功能可根据产品到半成品到批次物料的质量缺陷,追踪到所有使用了该批次物料的成品,也支持从成品到原料的逆向追踪,以适应某些行业的召回制度,协助制造商把损失最小化,更好地为客户服务。

(五) 流程过程控制

通过监测过程的稳定程度和发展趋势,及时发现不良或变异,以便及时解决问题,通过过程能力指数评估,明确过程中工作质量和产品质量达到的水平。

(六) 统计分析

众多的经过合理设计和优化的报表,为管理者提供迅捷的统计分析和决策支持,实时把握生产中的每个环节,同时可以通过车间 LED 大屏幕看板显示生成进度和不良率,时时反馈生产状态。

三、可视化车辆管理

货物在运输过程中容易发生损毁、丢失和被盗等问题,如何在移动过程中有效监控运输过程和货物状态,确保货物能及时、安全地到达目的地,成为物流公司迫切需要解决的问题。设计与实现移动载体综合监控分系统,利用全球定位、地理信息系统、计算机视觉、模式识别、人工智能等技术,实现对运输过程中车辆和货物的有效管理与监控。该系统由车辆监控与管理、货物运输过程状态监控和无线数据传输部分组成,通过 3G 无线网络与主控中心管

理系统实时通信。

基于 GPS 和北斗的车载定位系统能够及时将货车的位置信息发送回位于公司总部的总控中心,由地理信息系统软件进行实时更新和显示;在货车驾驶室内架设摄像头,可监控行车过程中司机的精神状态,防止出现疲劳驾驶,杜绝事故苗头;通过数据传输部分的无线网络,可将压缩后的监控视频和分析结果传输至总控中心备份保存。

由于物流物资在运输途中可能会发生盗窃、损坏等情况,给客户和公司带来经济和声誉上的损失,因此,对运输过程中的货物状态进行实时监控成为一个必要环节。

物流公司自有车辆都在车厢内部安装监控摄像头,在车辆出发时由特定权限的管理人员设置开启后,即开始对货物监控,并实时分析其状态,采用预先设定的相关模式与监控视频进行匹配,对可能的异常现象进行分析判别,将结果通过无线数据传输部分上传至控制中心,需要的观察异常包括运输过程中货物的位置是否发生变化,是否有人打开车厢(厢式),在到达终点前是否有人接触货物等。物流公司将该技术与制造企业实现对接,提高了物流过程效率,扫除了物流过程的信息盲点,达到物流全过程的透明化、可视化。

📖 本章案例

案例 6-1　集装箱物流可视化的示例

实现集装箱物流的可视化,首先必须建立基于集装箱装卸作业流程的数据库信息,该数据库中应能全面地反映堆场的静态信息和作业流程中的过程信息和控制信息。既要包括堆场中已经存在的集装箱的箱信息,也要包括整个码头作业流程中装卸机械的动态作业信息,如桥吊、场吊、集卡的作业情况等,同时应该包括状态转换信息,如集装箱在岸边、场地以及运输路途中的状态标识。集装箱作业流程如图 6-14 所示。

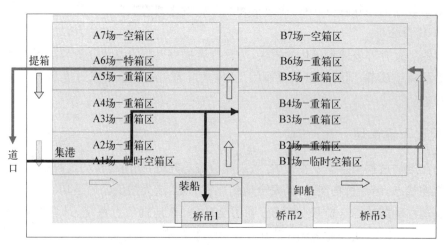

图 6-14　集装箱作业流程一览

在原有完备的数据库信息的基础上,探索出可视化程度更高的集装箱信息系统,力求通过更直观的方法再现码头的作业情况及实时的数据采集和查询。它主要的特点是利用三维可视化建模技术建立所需的码头场景,进一步根据数据库的实时信息使得场景中的相应对象发生相应的改变。此外,它可以通过键盘实现场景的实时漫游。

案例6-2　我国烟草行业卷烟物流可视化管理

一、我国烟草行业供应链现状

我国烟草行业采用的是推式供应链运作方式,其供应链由工业生产、商业配送及零售三大环节组成。其物流活动的主要特点是:物流流向稳定,物流流量稳定,物流流量与流向具有可调控性。烟草供应链如图6-15所示。

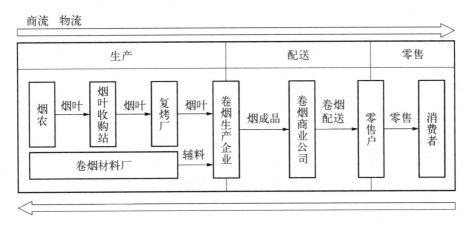

图6-15　烟草供应链

生产环节的核心是各卷烟生产企业(即工业企业),各商业公司为配送环节的主要组织单位。从整个供应链来看,它是以卷烟生产为中心,工业企业和国家局计划指标对整个供应链条起主导的作用,是卷烟供应链上的核心,而行业商业企业则处于被动的地位。

虽然烟草供应链的核心在工业企业,但行业卷烟营销渠道的核心却在商业企业。烟草行业营销渠道采用宽营销渠道,工业企业是通过大量地市级公司将卷烟推销到广大地区和广大消费者手中,商业企业掌握大量的零售客户资源,是将来与外烟争夺的焦点。

商业企业进行的卷烟物流是烟草供应链重要的组成部分。卷烟供应链如图6-16所示。

商业企业的卷烟物流是以按照零售户的订单和各品牌烟的市场销售信息来从工业企业组织货源、维护商业库存量和进行配送的。这种以客户需求为引导的运作方式是现代物流拉动式的表现。

随着近两年来商业企业的物流建设和网络建设的不断推进,在订单采集、呼叫周期、物流响应时间上有很大的改进和进步。但同时卷烟物流的管理有以下六个主要问题:

(1)片面强调物流设施的先进性,忽视实用性;

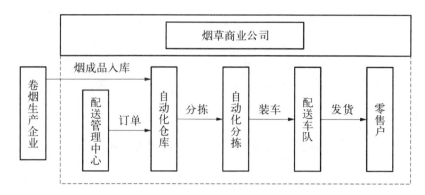

图 6-16 卷烟供应链

（2）偏重新建设施，忽视对现有物流资源的整合、开发和应用；

（3）物流信息化建设过于侧重某一环节的功能，忽略了对物流整体过程控制和可视化的支持；

（4）目前的可视化监控系统往往是简单地提供物流业务的实景图或者地理态势图，缺乏与物流业务各个环节紧密结合的流程表示与规划；

（5）缺少对物流质量的把握和相应数据的统计，不利于持续改进；

（6）物流数据分散于多个系统或统计不完全，缺乏对物流数据进行全面的记录、统计和呈现，不利于经营决策。

现代物流建设不仅体现在现代化的物流装备上，最主要还是体现在精益的物流作业方法上。精益物流的核心是消除浪费和持续改进，要想做到消除浪费和持续改进，首先要做到物流过程可视化管理。

二、物流可视化管理

物流可视化管理以物流过程监控为基础，通过监控系统收集物流业务过程状态信息和货运物品信息，为企业物流管理提供更为实时准确的数据来源。可视化管理使物流系统的管理者以直观的可视化方式，方便、简洁、清楚地把握物流业务运作过程，实时调整物流业务的管理。

（一）可视化管理的内涵

可视化管理被称为"用眼睛去看的管理"。实现管理的可视化，能够及时发现发生的问题、异常、浪费现象等，从而能够及时解决或预防存在的问题，提高运作效率和准确率，提高顾客满意度，提升企业经济效益和核心竞争力。

（二）卷烟物流可视化管理的四个方面

1. 问题可视化

可视管理的第一个原则，就是要使问题曝光。现场的问题要让它能看得出来。如果无法检测出异常，就无法管理好整个供销过程。

问题的可视化就是指将烟草企业日常活动中发生的种种异常情况与问题及时置于可见状态，包括异常的可视化、差距的可视化、迹象的可视化、真正原因的可视化和效果的可视化。

异常的可视化是将现场发生的异常现象捕捉出来,使其显现出来。

差距的可视化是指与基准、计划之间有差距就说明有问题,利用图表等视觉表现手法将这种差距表现出来。

迹象的可视化是在异常或者差距显示出来之前,抓住异常发生的蛛丝马迹,才能进行事前改进。

真正原因的可视化,在明确目标的同时找到更多的详细数据和事实,就可以发现问题发生的真正原因。

效果的可视化,进行效果测定,将其结果可视化。

2. 状况可视化

状况的可视化是指将卷烟企业经营活动的动态可视化。状况的可视化包括基准的可视化和阶段的可视化两个方面。基准的可视化明确了现在业务应该达到的标准,制定业务标准、具体步骤、指导方针与规定——这些都是发现和解决问题的第一步。阶段的可视化是指企业的经营活动存在哪些资源——构建起能将这些有关运营的阶段及时共享的机制是企业管理的基础之一。

3. 需求的可视化

需求的可视化是指烟草企业能够明确了解顾客的特点及需求。需求的可视化包括顾客需求的可视化和对顾客而言的可视化。顾客需求的可视化是指不论是现有的还是潜在的顾客,企业都应积极倾听顾客声音,把握其需求。对顾客而言的可视化是企业要经常向顾客发出顾客想要了解的商品信息。

4. 管理的可视化

管理的可视化即烟草企业要对自身的经营个环节有充分的把握和了解,在运营这个层面的可视化之上,还要将监督管理运营全体执行情况的层面可视化。

三、物流可视化管理的信息化实现

随着烟草行业的快速发展,烟草的分拣、配送量会越来越大,与之相关的物流生产过程越来越庞杂,生产过程涉及的人、物与设备很多,物流环节作业的软件多而分散,如何解决这些问题,需要建立一个统一的可视化物流综合指挥管理信息平台,协调各个子系统的协同作业,来实现统一管理、统一分配、统一调度、实现物流全过程可视管理。

(一) 系统的定位

(1) 实现烟草配售供应链全过程管理;

(2) 不影响现有系统应用;

(3) 系统的管理思路清晰;

(4) 确保各个物流业务环节数据的透明化;

(5) 要突出管理和控制;

(6) 统一管理和协调各个现有系统的资源。

(二) 系统的总体架构

现代物流管理已经从单纯的从物流作业转变为有组织、有计划的运作方式,从接受订单开始,围绕订单,组织合理的资源,做出相应的计划安排,然后才进入实施阶段,即订单-计划-实施模式,其目的是尽可能降低物流的总成本,为客户提供最好的服务。

因此,可视化物流综合管理平台将遵循订单-计划-实施管理模式,负责管理发生在各个物流环节的数据及状态。其架构如图 6-17 所示。

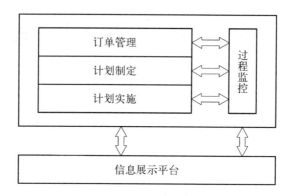

图 6-17　可视化物流综合指挥管理平台架构

订单是整个平台系统的源头,综合库存、分拣系统以及车辆资源等信息做出拣货计划和运输计划,然后通过对计划的实施,来完成整个物流配送业务,而过程监控将实时检测物流各个环节的状态信息。

(三) 可视化物流综合指挥管理平台与其他系统的关系

可视化物流综合指挥管理平台与其他系统关系如图 6-18 所示。

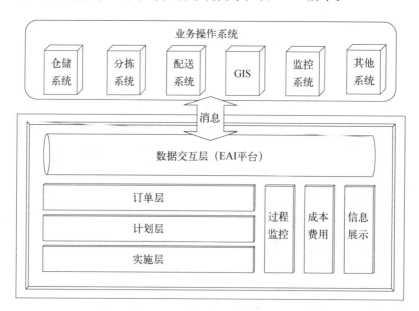

图 6-18　可视化物流综合指挥管理平台与其他系统关系

(四) 可视化物流综合指挥管理平台工作流程

可视化物流综合指挥管理平台工作流程如图 6-19 所示。

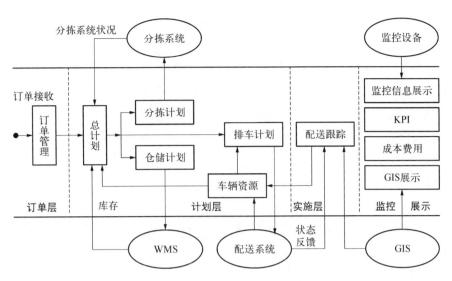

图 6-19　可视化物流综合指挥管理平台工作流程图

(1) 平台系统接收订单。从销售系统接收到销售订单后,平台系统转换成物流订单,统一管理订单,可以对订单进行查询、修改、存档、终止等操作。

(2) 根据订单制定计划。计划指的是物流作业计划,可以分为总计划和分计划,总计划是根据总体资源情况(如库存情况、分拣系统能力等)而制作的综合性业务计划,该计划最终演变为实际的分拣计划、仓储计划和排车计划。

(3) 计划执行。分拣计划、仓储计划和排车计划的执行是在外部的分拣系统、WMS 和配送系统。当外部系统执行计划的时候,需要把执行的信息反馈到平台系统,以便于平台系统可以监控到库存信息和配送明细等。

(4) 业务流程的监控与展示。平台系统对业务流程的监控是全程的,从接收到订单开始,到制定计划以及计划的执行,所有的订单状态信息、库存信息、资源、货物状态信息等都被平台系统实时监控,当出现问题后,平台系统可以实现报警、预警等工作,并通过各种媒介(GIS、LED 等)将以上各种信息展示出来。

(五) 可视化物流综合指挥管理平台的功能

可视化物流综合指挥管理平台功能如图 6-20 所示。

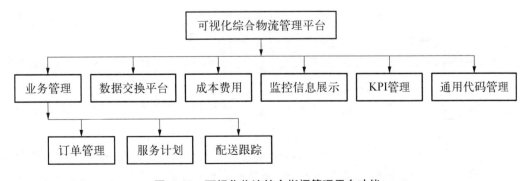

图 6-20　可视化物流综合指挥管理平台功能

1. 业务管理

业务管理平台是调度中心,它不仅是一个以立体化、透视化的方式显示各个物流环节的业务数据的平台,也是一个物流业务数据进行跟踪、分析管理平台。

其主要功能包括订单管理(订单的录入与接收、订单终止、订单查询)、服务计划(拣货计划、排车计划、锁定库存查询、仓库运营能力、库存查询、仓库出入库明细、车辆调度时间安排、车辆调度查询、运输动态管理、制作配送单)、配送跟踪(到货查询、回单处理、每日发货查询、订单动态报表)。

2. 数据交换平台

数据交换平台是可视化物流综合指挥管理平台和外部系统进行数据交换的管理平台,该数据交换平台从外部系统接收到数据后,根据业务的需要进行处理和分析;同样统一物流管理平台也将订单等数据传递给外部系统,外部系统将处理的结果再反馈回平台。

3. 成本费用

成本费用管理系统负责收集各个外部系统产生的各种费用,并对收集的各种成本进行展示。

(1) 支持多层复杂的结算方式。

① 仓储:支持面积、流量、库存量计费方式。

② 装卸:支持件、体积、重量计费方式。

③ 运输:支持件、零担、车、重量、体积等。

(2) 支持仓储、装卸、调拨、转仓、配送等业务费用的结算。

(3) 应收、应付费用数据管理。

4. 监控信息展示

监控信息展示平台主要是利用各种可视化强的媒介来显示业务系统各个物流关节发生的各种状态数据。主要包括 GIS、卷烟状态数据、基本业务数据。

5. KPI 管理

KPI(Key Performance Indicators)是一种可量化的、被事先认可的、用来反映物流目标实现程度的重要指标体系,是绩效管理的有效手段,也是推动企业价值创造的驱动因素。根据平台系统 KPI 的设置,可以提供预警、报警的功能。可视化物流综合指挥管理平台 KPI 考核物流全过程如图 6-21 所示。

KPI 的类别很多,主要有以下六类。

(1) 第一类:客户反应。具体包括客户指令正确性、紧急任务、订单输入准确性、指令输入及时性、订单处理时间、订单履行时间、客户回单时间。

(2) 第二类:起始地(发出货物仓库等)。具体包括托盘/容器/包装/货柜问题、装货计划准确性、仓库装货时间、车辆在起运仓库逗留时间、仓库装车作业规范性、仓库发错 SKU 属性(型号、批号、等级、颜色等)、仓库发错数量、仓库出库录单准确性、仓库出库录单及时性等。

(3) 第三类:运输。具体包括超载、车辆抵达仓库及时性、送错货、货损/货差、包装破损、送错地方、车辆在途时间、车队回单时间、输入收录单的准确性、输入收录单的及时性等。

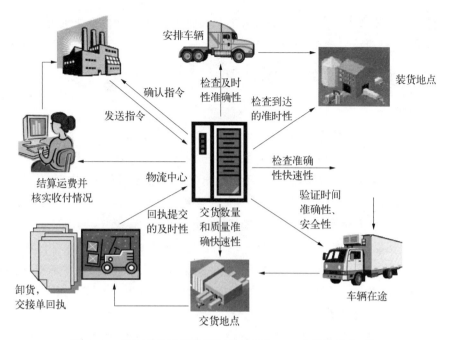

图 6-21 可视化物流综合指挥管理平台 KPI 考核物流全过程

（4）第四类：终点。具体包括卸货计划准确性、仓库卸货时间、车辆在终点仓库逗留时间、仓库卸车作业规范性、仓库入库录单准确性、仓库入库录单及时性等。

（5）第五类：收货人。具体包括收货人原因导致的产品质量问题、卸货时间、合格产品拒收、签收单问题等。

（6）第六类：客户的产品自身。具体包括包装标识错误、产品不合格等。

6．通用代码管理

(1) 系统管理：进行用户、权限的设置及操作日志等的记录。

(2) 通用代码管理平台。通用代码平台系统主要用于一个公司内部的不同系统之间实现共享相同的基本代码的任务。一个系统一旦注册到可视化物流综合指挥管理平台，它既可以从可视化物流综合指挥管理平台拉取数据，也可以向可视化物流综合指挥管理平台的其他注册系统推送数据，实现注册系统之间的代码数据的通信，从而保证了不同系统之间的平滑数据交换。

案例 6-3　汽车物流"快递式"可视化应用

一、应用企业简况

重庆长安民生物流股份有限公司（以下简称"长安民生"）成立于 2001 年 8 月，是一家极富专业精神的第三方汽车供应链物流综合服务商。2017 年长安民生在中国物流企业中排名第 29 位，在汽车物流企业中排名第 3 位。

长安民生已同长安汽车、长安福特、宝钢集团等国内外近千家汽车制造商、零部件供应商及原材料供应商建立了长期合作关系,为客户提供国内外零部件集并运输、散杂货运输、大型设备运输、供应商仓储管理、生产配送、模块化分装、商品车仓储管理及发运、保税仓储、物流方案设计、物流咨询与培训等全程一体化物流服务。

二、突出问题解决

1. 应用背景

受快递物流运输过程透明化影响和第三方物流自身快速发展的需要,客户对物流服务过程的体验越来越看重,特别在对货物真实位置查询方面提出较高的要求。而作为第三方物流不仅仅只有公路运输一种运输方式,不同运输方式的组合,如铁路与公路、水路与公路、铁路/海运与公路等等的组合,使得在途透明化的呈现难度增加。

2018年10月,与大数据云平台相融合的长安民生物流"鹰眼慧运地图"正式上线,构建起专业的物流地图服务平台,为长安民生鹰眼慧运地图前端的物流运输可视化奠定了基础。

2019年3月长安民生鹰眼慧运地图平台先后与船讯网、铁路网实现信息交互,实现了水路(含海运)、铁路运输方式在途信息的获取。同年5月,长安民生整车App上线,在弥补公路GPS设备因故障无法准确提供位置信息定位问题的同时,实现对人工驾驶商品车的定位跟踪与监控。自此,鹰眼慧运地图平台具备了实现运输全程可视化的条件。

2. 需求痛点

物流在途可视化第一阶段只能通过运输车GPS设备来获取位置信息,实现的可视化范围较窄,水路、铁路、人工地跑的在途可视化还无法实现。而水运、铁路运输的在途周期普遍较长,客户无法自主查询信息,双向沟通成本较高,且易因信息的不对称引起客户不满。

三、主要困难、问题与解决措施

1. 数据呈现方式

长安民生物流面对的客户主要是主机厂客户,在运输过程可视化项目实施前,客户对货物运输过程的查询都是以报表形式批量进行的,信息主要依靠智慧物流运输管理系统(以下简称i-TMS系统)提供。因此,如何在不改变客户现有查询习惯的情况下,为客户提供更优的体验,是本项目的重点之一。

可视化项目整体设计如图6-22所示,整体系统架构由数据层、中间层、展示层构成。底层的数据存储层用于各类信息源数据、业务数据的存储;中间的平台用于位置数据与业务数据的融合汇总、计算分析;展示层通过定制的App和PC端满足不同角色用户的数据查询需求。整个平台通过连接设备、数据计算、数据管理和分发,同时依托大数据处理,基于微服务架构,软件模块结构化,服务性能可横向扩展。

定制App和客户查询系统在原数据报表基础上,增加运输车的可视化链接,通过链接方式实现在途轨迹的可视化展示。

2. 在途异常管理

可视化项目的建设必将呈现在途的各种异常情况,特别是公路运输信息的准确性、真实性也是运输业务管理的重点,如何在客户关注前提前发现异常,也是可视化项目建设的难点之一。

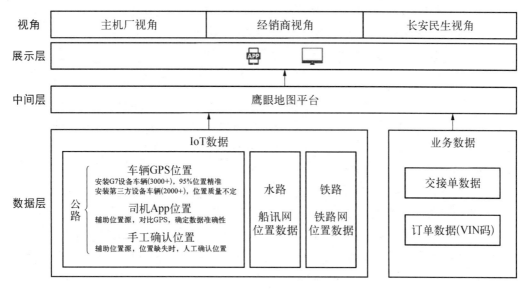

图 6-22 可视化系统架构

通过驾驶员手机定位与运输车 IOT 设备的返点信息,借助于大数据平台对不同数据源信息的位置分析,将预警信息向运输管理系统和鹰眼慧运地图分别传输,形成报表式和图形化的预警数据,供管理者查看,通过人工干预的方式,纠正信息的误差。

同时,业务也关注 IOT 设备质量对信息返点的影响,因此,鹰眼地图平台根据业务分析逻辑,图形化展示不同 IOT 设备的质量情况。

四、信息化主要效益分析与评估

1. 信息化实施前后的效益指标对比、分析

(1) 实现不同运输方式、多式联运的可视化展示

通过本项目实施,打破传统公路运输方式展示单一的现状,首次实现多式联运全段轨迹展示,为客户提供全程透明化的专业物流地图服务。

(2) 不同数据源的位置信息对比,提升在途管理能力

针对公路运输信息不准确的情况,通过将驾驶员手机定位信息与运输车 GPS 设备定位信息两种不同位置信息源、在大数据平台进行位置差异分析,再辅以系统预警机制,使管理人员能快速发现运输中的异常,从而进行人工干预,运输过的真实性、准确率提升 32%(见表 6-1)。

表 6-1 项目实施评价表

评 价 项	实 施 前	实 施 后	实施效果
管理人员	104 人	52 人	50% ↓
核对量	50%	100%	50% ↑
信息准确率	62%	94%	32% ↑

2. 信息化实施对企业业务流程改造与创新模式的影响

可视化项目的建设不仅仅是服务于客户,也是企业对运输在途管理的手段之一。通过项目实施,对业务流程改造与创新影响主要有以下四点。

(1) 业务管理方式改变。在途运输的管理改变了以往"电话+Excel报表"的随机抽检方式,通过系统预警+App提示→人员干预的方式,不仅覆盖全部运输在途的车辆,更使管理员集中于异常的处理,在人员减少的同时,工作效率提升30%。

(2) 客户满意度提升。客户对在途信息的查询、知情权由原来的部分可视、准确性差,到如今的全程可视、可自主查询,客户满意度大幅提升,对销售的指导更有帮助。

(3) 轨迹回溯,减少纠纷。在货物发生质损争议时,通过对运输过程轨迹的回溯,能帮助管理者回顾运输过程的历史事件,为承运人提供有力证据,减少不必要的经济损失。

(4) 提升管理,提高运输安全。通过运输全途的透明化管理,为运输路径优化、成本分析、驾驶员行为分析等提供数据基础,为在途时效提升、承运人管理提供数据依据。同时运输过程的透明也为货物安全提供保障。

3. 信息化实施对提高企业竞争力的作用

通过为客户提供直观、全程可视的发运过程信息,提升客户的满意度与客户的黏合度。通过内部系统间数据的高效整合,消除数据孤岛,构建企业数据湖,持续为管理提供数据统计与分析,对客户关系维护、资源配置等方面都将起到积极作用。不仅可以实现信息共享、协同运作和资源配置优化,使物流运作和管理变得更加透明便捷和优质高效,也使物流决策更加高效与准确,助力公司快速高效地将数据资产转变为商业价值,打造公司行业标杆形象,提升公司对外业务的竞争力,推进物流行业的共同进步。

五、项目推广意义

物流运输过程可视化是物流运输业务的图形化展示,反映的是业务操作过程,可视化数据的异常必然是业务执行情况的异常,因此业务操作过程的规范化、标准化,是数据有效展示的首要条件之一。同时数据标准化也是项目在不同业务版块推广的阻力之一,在规划构建业务系统时,数据的标准化应该提前考虑与制定。

可视化项目的推广,在真实反映业务操作过程的同时,也为管理和数据治理提出更高要求,因此通过数据发现问题,通过数据赋能业务,为客户提供物流运输过程的可视化服务,为物流行业提供示范和借鉴作用。

本章思考题

1. 物流可视化的流程有哪些?
2. 物流可视化信息平台的特点有哪些?
3. 物流可视化信息平台的关键技术有哪些?
4. 可视化物流平台总体功能有哪些?
5. 物流可视化的层次体系有哪些?

第七章 智慧物流园区

本章要点

- ◆ 物流园区与智慧物流园区
- ◆ 智慧物流园区的顶层设计
- ◆ 智慧物流园区的管理模式
- ◆ 智慧物流园区运营管理
- ◆ 智慧物流园区的应用场景
- ◆ 智慧物流园区的建设方案

第一节 物流园区概述

物流园区作为物流行业中的一个重要载体,也在整个物流行业数字化转型的趋势中体现智慧园区的发展趋势。

一、物流园区的含义

物流园区是物流的可见载体,指在物流作业集中的地区、几种运输方式的衔接地,将多种物流设施和不同类型的物流企业在空间上集中布局的场所,也是一个有一定规模的和具有多种服务功能的物流企业的集结点。

物流园区是指为了实现物流设施集约化和物流运作共同化,或者出于城市物流设施空间布局合理化的目的而在城市周边等各区域集中建设的物流设施群与众多物流业者在地域上的物理集结地。

物流园区设施逐渐呈现单体规划建设大型化、经营主体多样化、物流网点逐步向二线和三线城市延伸等趋势。

二、物流园区的特征

物流园区相比其他园区，具有以下四个典型特征：

（一）物流园区布局全球化、网络化

伴随全球化进程，国际商贸往来日益密切，物流产业生态网络体系（信息流、资金流、物流）通达全世界，物流园区呈现全球化布局特征。同时，物流园区并非单独的孤立园区，而是由于物流特征而呈现出网络化布局特征，分布于多个区域市场。园区与园区间存在交互联动关系，信息在多个园区间传递互通，构建起物流产业互联网络。物流园区的运营主体往往要统筹管理在物理空间上分布很广的多个园区，以实现一体化经营和资源调配。

（二）物流园区细分类型呈现多样化

物流园区按照依托的物流资源和市场需求特征为主要原则，以某一服务对象为主要特征，以服务功能为导向，可按照物流载体服务的不同行业特色划分为多种细分类型，包括货运服务型、生产服务型、商贸服务型、口岸服务型、综合服务型等，不同细分类型物流园区的运营管理重点不同，各有侧重。

（三）物流载体功能集约综合

现代物流园区主要具有物流组织管理功能和依托物流服务的经济开发功能，内部功能可概括为综合功能（具有综合各种物流方式和物流形态的作用，可以全面处理储存、包装、装卸、流通加工、配送等作业方式以及不同作业方式之间的相互转换）、集约功能、信息交易功能、集中仓储功能、配送加工功能、多式联运功能、辅助服务功能、停车场功能等。

（四）运营管理范围覆盖八大要素

物流园区需实现对现场八大要素的运营管理，包括人、车、货、设施、设备、空间、资金、能源的运营、维护、服务等工作，与商办园区、生产园区等存在区别。

三、物流园区与物流中心的关系

从定义上可以看出，物流园区与物流中心之间无论在内涵还是外延上都有重复之处，但它们之间又有着明显的区别。

物流园区是物流中心发展到一定阶段的产物，是多个物流中心（至少两个）的空间集聚载体。物流园区与物流中心的主要区别在于物流园区不一定是物流经营和管理的实体，而是多个物流经营企业或组织在空间实现集中的场所，而物流中心则是物流经营和管理的实体。

物流中心直接参与了物流活动，而物流园区则主要是通过置身于其空间内部的物流中心或其他从事物流活动的组织来间接参与物流活动。

四、物流园区的功能

物流园区的功能从宏观上来说主要可以分为三个方面:一是业务功能,二是社会功能,三是增值功能。每个功能又包含许多具体功能。

不同物流园区具有不同的功能定位,所承担的物流业务也不尽相同。因此,物流园区所完成的物流作业应根据物流园区的功能定位、需求特征、地理位置等因素综合规划,对各种物流功能进行组合配置。

(一)业务功能

物流园区的业务功能是一种基础功能,表现在通过园区的设施设备、技术方法、组织管理等资源为客户提供各种物流服务的能力。一般来说,物流园区的业务功能包括存储、运输与配送、装卸与搬运、包装、流通加工、配载、拼箱与拆箱分拣以及配套服务等。同时还包括与之配套的办公、金融、生活、综合服务等功能。

1. 存储功能

要求配备一定的储存设施和设备。由于物流园区中所涉及的很多作业环节如运输、配送等都要与仓储活动相联系,所以存储的职能是必不可少的,它保证了物流活动的开展,具有支撑作用。

2. 运输与配送功能

对于城际间的货物运输,物流园区应能提供多式联运服务以达到最佳运输模式组合、最高效率、最短路径、最少时间、最低费用的要求。对于市内货物配送,主要是能满足生产商与销售商之间的配送、生产商或销售商与超市门店之间的配送、供应商与生产企业之间的配送、电子商务环境下的物流配送服务等,物流园区应能提供给客户不同的配送路线和价格服务,以满足不同层次客户的各自需求。

3. 装卸与搬运功能

物流园区应配备专业化的装卸、提升、运送、码垛等装卸搬运机械,提高装卸搬运作业效率,减少作业可能对商品造成的损毁。

4. 包装功能

在物流园区内的包装作业不仅要负责商品的组合、拼装、加固,形成适于物流和配送的组合包装单元,必要时还要根据客户的需要对商品进行必要的商业包装。

5. 流通加工功能

为了方便客户,物流园区应为战略合作伙伴如制造商和分销商提供必要的流通、加工服务。

6. 配载功能

从提高作业效率和降低成本出发,应改进传统的无序、不安全、高费用和低效率的人工配载,逐步实现计算机优化配载。

7. 拼箱与拆箱功能

实现集装箱的集零化整,提高集装箱的装载率;实现集装箱的化整为零,货物分拣后进行零担配送。

8. 分拣功能

当供应商的货物以大包装、粗包装进库时,根据物流需要,在物流园区进行分拣和小包装加工,优化外包装,提高商品附加值。

9. 配套服务功能

(1) 停车场、加油、检修、配件供应等车辆辅助服务功能。

(2) 银行、保险、证券等金融配套服务功能。

(3) 住宿、餐饮、娱乐、购物、旅游等生活配套服务功能。

(4) 来自工商、税务、海关等部门的一条龙相关服务。

(二) 宏观社会功能

不同于一般的经济开发区和各类工业园区,物流园区具有很强的基础性、公共性和服务性的特点,属于基础设施建设类项目。从物流园区的起源来看,其功能定位主要有两大原因:(1) 解决城市交通压力、环境污染以及功能结构调整,代表性园区有日本东京郊区的四大物流团地;(2) 提高物流运作效率、降低物流成本,实现物流园区的经济合理性,代表性园区如德国的不来梅物流村。

物流园区对所在城市以及地区经济发展所表现出来的宏观社会功能可以从以下五个方面来理解。

1. 发挥集聚功能

物流园区的建立将过去分散各处的货站、货场以及货物集聚一处,采用规范化流程、现代化技术手段、规模化设施设备以及综合化信息平台对物流活动进行有效地组织和管理,充分发挥集聚功能,提高运作效率、降低运营成本。

2. 改善城市环境

通过空间的重新布局和功能的重新组合,减少了交通线路、货站以及相关物流设施在城市市区的占地,通过联合运输,减少车辆出行次数,提高装载率,集中进行车辆清洁、维修和处理,从而减少噪声、尾气、货物对城市环境的污染,改善城市环境。

3. 促进区域经济发展

物流园区通过一体化的管理和规模化运作,保证满足区域物流需求。同时,运作效率的提高和运营成本的降低,也减少对企业成本的压力,从而促进了区域经济的发展,提高了区域经济的竞争力。

4. 实现多种运输方式的有效衔接和多式联运

通常,物流园区的建设依托城市交通枢纽或港口,可以实现公路、铁路、港口等不同交通方式的有效衔接,从而实现多种运输形式的联运。同时,不同物流节点的运输形式不同,通过物流园区进行联合运输和有效衔接,可以将以往散杂、分散形式的货物纳入联合运输的模式。

5. 提升物流服务水平

物流园区的空间集聚和功能集聚效益,缩短了物流服务时间,提高了物流服务速度,减少了搬运、装卸、储存等运作环节,提高了准时服务水平,减少了货物损毁,降低了物流费用,极大地提升了物流服务水平,有利于实现规模化、综合化和现代化的物流服务。

(三)物流增值服务功能

随着经济全球化发展,企业竞争加剧,客户企业除了要求提供运输、仓储、包装等一般性服务外,还希望物流园区提供物流网络设计、需求分析、订货管理、订单处理、信息服务等一系列的增值服务。从国内外物流发展经验来看,物流增值服务是现代物流业发展的一个趋势和新的利润增长点。

1. 结算和物流金融服务功能

物流园区与银行等金融机构合作,为园区内的企业及其客户提供相关的物流金融服务,既包括存货质押融资等服务,也包括在从事代理、配送的情况下替货主向收货人结算货款等。

2. 需求预测功能

物流园区应能根据商品进货、出货信息来预测未来一段时间内的商品进出库量,进而预测市场对商品的需求。

3. 物流技术开发与系统设计

吸引相关物流高科技企业进驻园区,利用物流园区企业密集的资源优势,发展物流软件开发与物流设施设备的技术开发,形成利润增长点。

五、物流园区面临的挑战

现代物流园区在不断演进和发展的过程中,由于物流管理幅度越来越大、物流体系越来越复杂、承载的物流业务越来越多样化、企业对于物流园区的需求越来越个性化,物流园区原先的基础设施和服务能力与日益增长的企业需求之间的矛盾愈发突出,面临挑战。

(一)顶层设计不足,缺少高度前瞻性的统筹规划

传统物流园区缺乏系统性和前瞻性规划,物流园区智慧化建设以碎片化功能建设为主,缺少顶层设计,导致物流园区建成即落后。

(二)基础设施落后,智能化水平较低

物流园区监控、网络、机房等弱电系统,消防、能源管理等基础设施落后老化,智能化水平低。园区物联网通信效率、设备密度和可拓展性有待提升。相当部分业务的进行高度依赖工作人员的业务自觉,人力成本高,数字化覆盖范围有待拓展。物流运输和仓储仍停留在传统模式,难以应对一体化、网络化、协同化管理要求。

(三)运营及管理难度大,缺少信息化支撑,无法满足客户多样化需求

物流园区管理粗放,大量依靠人工管理,问题处理被动响应,主动服务不足。对待持续运营重视不足,重建设轻运营。缺少信息化支撑,无法直观、全面掌握物流园区运营情况。面对客户需求改变,处置响应慢,可追溯性差。

(四)数据缺乏治理,存在信息孤岛,数据利用能力欠缺

各业务系统"烟囱"林立,数据共享机制不完善,数据获取困难,信息孤岛现象严重,数据

质量缺乏监管。鉴于当前物流园区已有场景的可视化呈现度不高,园区管理运营者难以全面掌握物流园区数据,更难以进行数据分析、诊断和反馈。

（五）产业服务薄弱,缺乏智慧体验,传统服务遇到痛点

传统物业管理模式难以满足一体化及多样化产业配套服务需求和园区客户日益多样的高品质服务需求,及时率低、用户体验差,缺少智慧化手段。例如物流园区出入口和月台是物流可视化系统的盲区,无法可视即无法管理和提供服务；车辆出入园到岗送货和到货无序,全部通过手工进行记录/人工调度,人力成本高,效率低且效果差；智能化手段缺失导致无法与出入园以及仓库联动,难以实现装卸效率监管、业绩评估、月台利用率提高等。

（六）物流园区资产收益率低,赚钱吸金效应不足

经济发展改变物流格局,流通结构引发物流变化,物流园区的市场竞争日趋激烈,呈现大小有别、冷热不均的局面,头部园区规模优势壁垒显现,而非头部玩家面临被整合或被清出的发展危机。当前我国物流园区平均空置率约20%,平均总资产收益率低下,且物流园区的大部分盈利都是来自土地的溢价而不是经营的收益率。物流园区的发展将从经营规模的迅速扩大转为品质和经济效益的提高,在客户诉求持续提升、竞争压力逐步增加的背景下,如何增强物流园区核心竞争力,进一步抢占市场份额、保持领先地位,提高资产收益率,是当下要思考的问题。

（七）物流园区面临基础工人劳动力红利减弱及数字化转型人才短缺的困局

物流行业的劳动力呈供需逆转态势,老龄化加快,劳动力红利减弱势必要求无人化的应用比例提升。同时,在国家整体进行数字化转型的大方向下,物流园区正面临数字化转型的关键期,但大多数物流园区仍面临数字化转型人才短缺的困局,在极短时间内培育起一支能担负园区数字化转型及科技化运营的人才队伍迫在眉睫。

（八）物流园区需应对由疫情带来的特殊管理服务新需求

新冠肺炎疫情对物流园区的管理和服务能力提出了严峻考验,物流园区无人化、无接触的管理和服务的需求上升到新的高度,物流园区必须及时应对。

六、物流园区的机遇

物流园区在面临新挑战的同时,也迎来新机遇。

（一）国家"新型智慧城市""新基建""数字化转型""数字经济"等政策部署推动智慧物流园区发展

"新型智慧城市"是以为民服务全程全时、城市治理高效有序、数据开放共融共享、经济发展绿色开源、网络空间安全清朗为主要目标,通过体系规划、信息主导、改革创新,推进新一代信息技术与城市现代化深度融合、迭代演进,实现国家与城市协调发展的新生态,智慧物流园区是新型智慧城市的重要部分。"新基建"是以智慧经济时代贯彻新发展理念,以技术创新为驱动,以信息网络为基础,面向高质量发展需要,提供数字转型、智能升级、融合创新等服务的基础设施体系建设,其中涉及5G、大数据中心、人工智能、工业互联网等领域的科技端基础设施建设,将为智慧物流园区的创新发展打开新窗口。在国家相关政策的支持下,未来将涌

现一系列"5G+云+AI"的管、控、营一体化的智慧物流园区,迎合社会发展浪潮。

(二)物流行业数字化转型带来物流园区转型发展契机

随着第三产业特别是电子商务的快速发展以及《关于推动物流高质量发展促进形成强大国内市场的意见》的实施,我国正在提升供应链智慧化水平、实施物流智能化改造行动。物流行业在城市数字化转型、智慧城市建设的大背景下,正在发生整体化、数字化、智慧化转型,创新出一系列新的智慧化应用场景,从而提升产业发展水平。物流园区是物流行业的一大重要载体,也是供应链系统中的重要一环,在行业数字化转型的浪潮中,必然要迎合趋势,实施物流园区的数字化转型。

(三)技术发展带来新融合应用场景

随着物联网、云计算、大数据等新一代信息技术与物流园区相融合,智慧化正在对物流园区的发展产生深刻影响,除了全自动化运输、智能仓储以及协助分拣和识别等增强现实应用外,物流园区实体平台与"互联网+物流"的虚拟平台的结合和跨区域整合将进一步增强。目前已经可以看到因技术融合产生的新的应用场景,如 GPS/北斗系统通过 5G 获取远程云物流平台提供的信息数据进行路线规划和故障避免、冷链供应物流体系中通过云物流架构实现温度调控和物品跟踪、基于 5G 和数据计算平台物流中的嵌入式设备对现实场景及时反馈等,未来将会有更多场景通过与 5G、云计算、区块链等新技术的结合来推动物流园区朝着多元化、网络化、智慧化的方向发展。

(四)新零售、C2M 等业务模式变革为物流园区带来新机

新零售时代下,第三方物流、电商企业是物流园区租仓需求的主力军,其中生鲜、冷链类客户表现亮眼,我国冷链物流产业将保持每年 15%~20% 的增长率,冷库需求持续走高,这对冷链物流园区的配置提出更高标准要求。超过 50% 的物流园区有电子商务企业和快递企业入驻,电子商务的发展使得多品种、小批量、单件化的作业需求大幅度增加,这给物流园区的基础设施建设、作业流程管理、服务方式创新等方面带来了广阔的发展空间。对于即时配送、退换货等时效性要求高的业务来说,"最后一千米"是制约配送成本和实效性的关键问题,自动驾驶、无人配送等智慧物流有望成为新的商业基础设施。同时,随着工业互联网与制造业的深度融合,网络化协同、服务化延伸、个性化定制、智能化生产等新模式创新层出不穷,如 C2M(由用户驱动生产的反向模式)的业务模式变革使产品设计和供应链更具柔性化,供应链之间的联动将愈加紧密,对物流园区提出了更高要求。例如,需求不确定及交付周期缩短催化了 C2M,工厂需要在生产端打造柔性制造的能力(按需定产),相对应地对零部件采购供应、库存实时管理等提出要求,进一步对物流园区的物流运输、仓储管理能力等提出了高要求。另外,在当前全渠道融合的过程之中,企业虽然具备门店、供应链管理等经营经验,但是在大数据、人工智能、数字化运营等方面的能力还较为欠缺,在未来的一段时间内,线下企业进行数字化升级走向线上全流程发展是趋势,这种趋势之下,智慧物流园区将会为之提供技术和服务保障。

(五)疫情倒逼无人化、无接触管理服务应用在物流园区快速落地实施

新冠疫情对国民生活经济造成了重大影响,但对于智慧物流园区、数字城市的发展反倒

是一剂催化剂。为解决无接触管理服务需求，物流园区通过访客登记、扫码入园、轨迹追踪、一站式服务、自动化仓库、AGV、无人化叉车、机器人、无人驾驶等信息化、智能化方式应对，有利于智能化应用场景的快速落地实施，并产生实际应用价值，对智慧物流园区、数字城市的发展起到推动作用。

七、物流园区各利益方的期望

立足当下，基于诉求，物流园区的各利益相关方对园区提出了不同的期望，物流园区需采取相关措施满足需求。

（一）政府机构

希望能够通过智慧园区的建设，更好地保障园区安全有序运作，提升物流供应链效率，进而推动物流园区新商业模式的发展，为产业的均衡发展提供支持，促进GDP高质量增长。

（二）园区管理方

希望能够通过智慧园区的建设，提升园区的经营效益、综合竞争力和品牌实力，集聚人才精英并焕发园区产业活力，创新园区商业模式并产生增值效益，提高园区客户的黏性和满意度，吸引更多的高质量企业用户进驻园区。

（三）园区客户

希望能够得到更好的园区服务，园区能够助力自身业务运营，实现生态链互利共赢，促进业务高效运转和业务增值。

（四）园区劳务人员、司机、访客和消费者

希望在园区享受更佳的工作生活环境，生活更加便利、健康、舒适，工作更加高效、便捷、简单。

第二节 智慧物流园区概述

一、智慧物流园区的概念

智慧物流园区指以物流园区为载体，以新一代信息技术为手段，以智能化应用系统平台为支撑，将人、车、货、物等全面感知、数字连接并深度融合，聚焦科技化运营、品质化服务、数字化物流，整合园区资源并达到各方利益最大化，实现绿色高效、业务增值、链式效益、协同生态，最终达成可持续发展。

二、智慧物流园区的内涵

（一）智慧基础设施

智慧物流园区的基础设施不同于传统园区的"七通一平"，还需要 IPV6 协议、5G 网络环境、智能电力系统、智能道路系统等支撑。没有 IPV6 协议，一物一码无法实现；没有 5G 网络环境,海量数据无法高效传输;没有智能电力系统的支撑,很多自动化设备设施无法正常运转;没有智能道路,那些无人驾驶的汽车和无人机就无法施展。

（二）智能建筑形态

智慧物流园区不仅需要科学合理的功能布局,还需要能够承载园区智能化运作模式的"现代建筑形态"。以仓库为例,传统商业的仓储,重点在储存而非流通,主要着眼于货物的安全保存。而现在的电子商务仓储是通过式仓储,本质上是分拣中心加临时仓储,货物流动性很高,要配备高速、高效的物流设施。因此,传统仓库的设计要求和标准并不适用于目前需要配备智能物流装备的现代化仓库。

（三）智能设备设施

智慧物流园区的智能设备设施不仅包含常见的智能门禁系统、立体货架、自动传送带、各种机器人机械臂等,还包含智能监控系统、智能传感装置、智能温控/声控/光控装置、智能引导系统、智能预警系统等隐藏智能装备。

（四）智慧链接

在智慧物流园区内,每个角落、每个作业环节,每时每刻都生成数据信息。在智慧物流园区外,关联的城市、行业、企业、客商、物流节点、物流通道上也随时都在产生信息沟通和数据关联。如果这些环境、物流、车辆、人流信息的收集与输出都相互孤立,无法进行传输和交互,也就谈不上真正的智慧。此外,智慧物流园区本来就不是一个孤岛,它服务于某个区域或者某个产业,也接受其他体系的服务与支撑,它是其他大物流体系中的一个节点和环节,也是智慧城市的重要组成。物流园区的智慧链接,提供人与物、物与物、物与车、园与园、园与城的连接管理,挖掘"连接"的服务和应用,充分发挥"万物互联"的潜在价值。

（五）物流大数据

随着 IT 技术的发展,数据已经渗透到每一个行业和业务职能领域,成为重要的生产因素。"互联网＋物流"产生了海量数据,使得物流大数据从理念变为现实。物流数据就像人的血液一样遍布在智慧物流的各个环节,货物在园区内外每个环节留下的每个数据,都会在"大脑"（园区的智慧管理服务中心）中汇聚、计算、分析。进而通过数据挖掘、BI 分析等手段,将货物数据、运力数据、订单数据、运营数据等进行分析,将园区经营效率、物品流向、物流活跃指数、物流司机画像等数据实现可视化,使得园区整体经营状况和发展特征一目了然,从而达到助力园内客户研究决策、支撑园区战略部署、指导区域行业发展等目标。此外,这些数据通过和其他平台传输和交互,汇集到更大的物流大数据中心,可以产生更大的效应。

（六）智慧管理服务中心

智慧物流园区的智慧管理服务中心主要集大数据、物联网、云计算、视频智能分析、GIS、人工智能、无线通信等新技术于一体,实现应用子系统的互联互通,以及数据集成和数据建模等大数据功能,充分发挥数据的高阶业务价值,对园区/业务管控实现智能联动、图形可视、实时调控、高效运营等客户价值。不同类型的物流园区有着不同的管理模式,以综合性物流园区为例,其大致分为物业管理、驻商管理、安全管理、经营管理等几个模块。

物业管理系统对园区内固定资产、运营场所、入驻企业、入驻商户进行数据化可视化管理,通过智能装备和移动 App 等技术手段对异常情况进行快速告警定位、维护保养;对进出园区的人、车、货提供智能预约、智能识别、智慧引导、视觉导航、智能监管、智能收费等服务;对驻商提供资产管理、智能结算、车位查询及访客车位预约、智慧餐饮预订及数据服务等。

快进快出的物流体系中,无论是温度、湿度的变化,还是电力系统、水利系统的偶然问题,或者火种丢弃等意外情况,都将给整个园区带来严重的后果。用高覆盖率的监控和传感设备与边缘计算能力,让整个物流园区有一个汇总所有信息,通过算法和模型主动判断安全隐患,将每一寸空间都被数字化,构建无死角、全覆盖的园区监管体系,一旦出现火情、水情以及人员设备事故,园区可以第一时间察觉并做出主动干预。

园区经营管理系统主要利用物联网、大数据、云计算等技术将园区相关的信息和经营数据进行收集、整理、归类、统计、分析,并针对管理成果进行智慧化展示(通过 BIM 技术,结合大屏投射,将园区多项工作的成果和绩效指标进行图形化、表格化的显示)。为园区管理者提供一个可视的平台,实时了解物流园区的状态,对园区管理决策提供依据,同时也是展现园区整体形象的重要窗口。

(七)智慧运营模式

智慧物流园区的核心在于其智慧的运营模式。传统物流园区的运营模式大多为"类物业服务";部分优秀的物流园区可以提供较为全面的体系化的物流行业服务;更高级的园区运营模式上升到供应链的高度,即通过集成园区内的要素资源向外输出体系化的物流服务产品,更智慧的运营模式是打造智慧物流的产业体系。

物流园区的智慧运营借助新一代的云计算、物联网、大数据、决策分析优化等信息技术,运用感知化、互联化、智能化的手段,对构成园区空间和园区功能载体的自然资源、社会资源、信息资源、智力资源以及园区中分散的、各自为政的物理基础设施、信息基础设施、产业配套设施和商业配套设施等进行集聚、重组和营运,通过监测、分析、整合以及智慧响应的方式,理顺运营数据、系统、流程的关系,最大限度地盘活园区资源,促进园区资源配置的容量和效益的最大化和最优化,实现智慧园区建设投入和产出的良性循环、园区功能的整体提升以及园区社会、经济、环境的可持续发展,使园区成为一个具有较好协同能力和调控能力的有机整体。

智慧园区运营的核心是"智慧"地盘活各方资源,有效释放资源潜力。一方面,智慧化管理经营物流园区,使园区的各功能板块和各业务流程更高效运转,同时开发各种智慧的园区服务产品,帮助园内驻商提升发展,共同智慧;另一方面,综合应用各类科技手段和方法,增强对各类资源要素的整合应用,联合外部其他智慧物流的研发机构、生产制造商、智能产品服务机构、其他智慧物流平台和节点,共同打造具有区域特色的智慧物流产业体系。

三、智慧物流园区的功能

(一)基础功能

1. 数据处理功能

运用大数据技术对信息平台产生的海量数据进行数据分析及数据挖掘,并对感知层传入的数据进行过滤及存储。

2. 安防电子监控

应用视频监控等技术从摄像到图像显示和记录构成独立完整的系统,能实时、形象、真实、智能地反映物流园区移动资产及物流园区固定资产的情况,为信息安全防护提供有效保障。

3. 信息发布服务

人为操作或自动地发布物流园区及行业动态、招投标、物流培训、自适应决策方案等信息。

4. 园区资产管理

借助大数据技术及物联网技术,实现物流园区物业收费、停车管理、档口出租等财物资源的现代化、信息化和智能化管理。

5. 办公自动化服务

为入驻企业提供办公自动化服务,包括单证管理、讯息传达、视频会议、业务办理、交易统计、信用评估等。

(二) 核心功能

1. 智能运输管理

对订单信息及货物实时位置信息进行分析,给出最优化配送方案,解决路线的选择、配送的顺序等问题,实现对运输资源最大化的有效利用。对园区车辆进行智能监控,实现统一集中管理和实时监控调度。

2. 智能仓储管理

采用传感器技术、RFID技术、图像采集技术,实现货物入库、出库、盘点、货位、仓库环境的智能化管理,提高自动化作业水平。利用信息平台对整个供应链进行整合,对大量库存历史数据积累和分析,在考虑客户服务水平、库存成本、运输成本等因素情况下,使园区内物流企业库存量达到最优。支持货物可追溯可追踪,保障货品质量,具备缺陷召回功能,可迅速实现缺陷货物召回,将损害与损失降至最低。

3. 在线交易功能

为用户提供线上交易平台,交易双方利用平台发布供求资讯,实现信息的及时更新。同时,用户可以在系统上直接进行下单、付款、退订等商业行为,大大提高交易效率。

4. 交易撮合推荐

根据客户需求、浏览记录、历史交易等在用户页面上为其推送相关资讯、个性化产品、物流企业、物流方案、车货匹配方案等,以提高交易成功率,为客户节约搜寻时间。

5. 决策分析功能

建立数学模型,在分析数据,控制变量条件下比较不同策略的优劣,并提供不同方案的结果预测,辅助管理人员制定决策。

(三) 拓展功能

1. 金融服务功能

建立完善安全的金融服务系统,对供应链金融数据及企业信用数据的分析及评估,通过物流信息平台网络为园区内物流企业提供金融服务,如金融决策分析、保险、融资及质押业务等。

2. 政府监控功能

政府部门通过监管信息系统对园区物流企业情况进行监管,并提供政策法规、行业标准等服务,包括网上报关、报检、许可证申请、结算、缴(退)税等,通过与政府部门的无缝对接,大大简化行政手续,缩短业务办理时间。

3. 环境实况识别

通过使用各种传感器连接到运载工具、物流供应链等,产生丰富的环境统计数据,其数据集可能包含货物状况、环境温湿度、交通密度、噪声、沿城市道路和停车位利用率、排放情况等。通过大数据技术,提取实时的传感器数据和录像等这些结构化、非结构化数据,不仅向物流供应商提供有价值的数据服务,而且还可以为社会提供有用环境信息,形成新的数据驱动的商业模式。

4. 其他园区服务

通过加强与其他物流园区的联动,使得基于智慧物流园区能够更方便、快捷、高效地进行信息互通,以实现园区间的资源共享、业务协作,构建智慧型物流网。

5. 数据接口服务

在考虑智慧物流园区成长维度的基础上,为智慧物流园区后期建设提供标准化、可拓展的数据接口服务,如政府、金融、园区等信息系统接口。

四、智慧物流园区如何利用大数据可视化技术

数据创造的真正价值,在于我们能否进一步挖掘数据背后蕴含的规律和信息,提升决策效率和能力。当大数据以直观的可视化的形式展示在分析者面前时,分析者往往能够一眼洞悉数据背后隐藏的信息,进而快速做出正确决策。

智慧物流数字园区可视化平台是数字园区建设成果和价值的集中体现,是在充分整合、挖掘、利用信息技术与信息资源的基础上,对园区各领域进行精确化管理,让数字园区变得可知可感。

随着时代的发展和进步,"大数据可视化"以前所未有的速度进步着。但大数据可视化的快速发展也带来一个思考的问题,即如何将大数据可视化用于解决现实世界的问题。

(一)物流园区交通可视化

平台支持集成视频监控系统、停车场管理系统、信号控制系统等系统数据,实现多个维度下物流园区交通状况监测,帮助管理者实时了解物流园区路网的运行状况及其变化规律,为交通管理规划及决策提供科学数据支撑。

(二)物流园区能源管理

系统整合物流园区内能耗数据,进行能耗趋势分析、能耗指标综合考评、区域能源在线动态监测等分析。对各能源系统运行状态进行实时监测,帮助管理者实时了解园区能耗状况,为资源合理调配、园区节能减排提供有力的数据依据。

（三）物流园区安防管理可视化

平台支持集成视频监控系统、电子巡更系统、卡口系统、消防系统等物流园区安全防范管理系统数据，结合地理信息系统对所有摄像头、消防设备、巡更路线进行可视化。针对安防报警事件快速显示、定位、查询实现实时动态监视，提升物流园区安防响应效率。

（四）生产线可视化管理

通过3D虚拟现实技术，实现对物流园区重点、危险区域的厂房、设备、生产流程等的可视化。基于实时数据，对生产设备的结构、工作原理进行动态展现，实现对生产线运行状态实时监测，以及基于大数据分析做到对于事故的预知、预判。

（五）物流管控可视化

依托物流园区物流信息化平台及物流业务系统，基于地理信息系统对园区内仓库的位置、物料配送员的实时位置、明细、物品信息等进行可视化，从而实现物流园区内物流管控的自动化、信息化、智能化管理。

（六）应急指挥可视化

平台支持按照时间、空间、处理状态三个维度进行突发事件展现，支持时间轴回放，便于管理者了解事态进度，综合研判处理，为物流园区管理者实现园区治安管理、安全防范、突发公共安全事件控制等功能提供智能决策支持。

（七）招商管理可视化

平台支持对各项招商工作从项目规划、项目执行、项目人员管理、项目数据分析，到项目完成后的各项绩效进行全面展现与监控，有效提高物流园区招商引资、项目促建的工作效率。

五、智慧物流园区发展趋势

（一）无人化将是智慧物流园区的终极未来

物联网让每个包裹乃至其中的商品拥有自己的ID，且可被互联网实时识别，基于此可实现存储、打包和物流三大环节的智能化。机器人可实现包裹传送、商品分拣、商品包装等过程的自动化，还有仓库商品搬运、上架等过程的自动化。大数据可智能分仓，先将商品放到距离消费者最近的仓库中，之后再将大数据应用在仓库、物流、配送诸多环节，用大数据调度社会化物流，这样就能大幅缩短商品在途中的时间，以及各种物流成本。

（二）大数据驱动的人工智能将得到普遍应用

1. 需求预测

通过收集用户消费特征、产业链历史信息等大数据，利用算法提前预测需求，前置仓储与运输环节。

2. 设备维护预测

通过物联网的应用，在设备上安装芯片，实时监控设备运行数据，并通过大数据分析做到预先维护，增加设备使用寿命，随着机器人在物流园区的广泛使用，这将是未来应用非常广的一个方向。

3. 供应链风险预测

通过对异常数据的收集，可以对不可抗因素造成的货物损坏等进行预测。

4. 网络及路由规划

利用历史数据、时效、覆盖范围等构建分析模型，对物流园区仓储、运输、配送网络进行优化布局。

5. 智能运营规则管理

未来将会通过机器学习，使运营规则引擎具备自学习、自适应的能力，能够在感知业务条件后进行自主决策，如将对电商高峰期与常态不同场景订单依据商品品类等条件自主设置订单生产方式、交付时效、运费、异常订单处理等运营规则，实现人工智能处理。

6. 园区选址

人工智能技术能够根据现实环境的种种约束条件，如顾客、供应商和生产商的地理位置、运输经济性、劳动力可获得性、建筑成本、税收制度等，进行充分的优化与学习，从而给出接近最优解决方案的选址模式。

7. 决策辅助

利用机器学习等技术来自动识别场院内外的人、物、设备、车的状态和学习优秀的管理和操作人员的指挥调度经验和决策等，逐步实现辅助决策和自动决策。

8. 图像识别

利用计算机图像识别、地址库、合卷积神经网提升手写单证机器有效识别率和准确率，大幅度地减少人工输单的工作量和差错可能。

9. 智能调度

通过对商品数量、体积等基础数据分析，对各环节如包装、运输车辆等进行智能调度，如通过测算百万SKU商品的体积数据和包装箱尺寸，利用深度学习算法技术，由系统智能地计算并推荐耗材和打包排序，从而合理安排箱型和商品摆放方案。

（三）将会建成基于协同共享的物流园区生态体系

互联网+时代，商业生态以其平台化、共享化、协同化的优势，通过资源整合、知识转移、信息共享、协同创新，体现了从竞争到合作、从交易成本最小化到交易价值最大化的转变，扩大了企业经营发展的边界，增强了企业的环境适应性，成为企业竞争优势的新来源。

物流园区生态系统是园区管理机构、园区运营企业、园区入驻企业、产业链企业、物流用户以及其他相关服务提供者、竞争者、政府及其他利益相关者——相互作用为基础的联合体。在这个体系中，每个组织和个人基于利益的驱动，各司其职地担当不同功能，但又资源共享、互利共存、互依共生，共同维持系统的延续和发展。

第三节 智慧物流园区的运营管理

智慧物流园区建设重在运营，应利用技术手段有效实现园区科技运营、数字运营，降本增效并创造增值效益。智慧物流园区的运营能力体系由顶层设计、运营管理模式设计、智能运营中心、物联网平台、大数据平台、运维平台、人工智能引擎等融合构建。

一、智慧物流园区的顶层设计

智慧物流园区建设应贯穿园区规划设计、建设实施、运营服务的全生命周期。在规划阶段,通过编制智慧物流园区总体方案,从顶层设计入手,将物流园区建设和智慧园区建设相融合,将园区的智慧管理和智慧服务相融合,将物流园区建设和可持续运营相融合,梳理需求、找准路径、稳步落地,方能成功(见图7-1)。

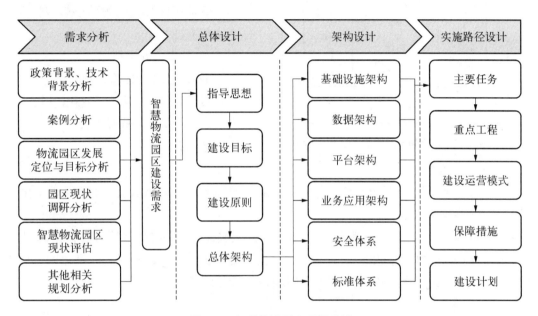

图 7-1　智慧物流园区顶层设计

(一) 需求分析

基于政策、技术、趋势等背景分析,借鉴成功案例经验,结合物流园区项目的自身定位目标和发展需求,调研各主体需求,分析得到智慧物流园区的建设需求。

(二) 总体设计

总体设计智慧物流园区的愿景、品牌、定位、目标、原则、总体架构等内容。

(三) 架构设计

从技术、应用角度,分项设计智慧物流园区的基础设施架构、数据架构、平台架构、业务应用架构、安全体系、标准体系等内容。

(四) 实施路径设计

从可落地角度对蓝图落地做好实施路线规划,包括主要任务、重点工程、建设运营模式、保障措施、建设计划等。

顶层设计中需重点考虑的内容有:新技术的发展及可用性、伪需求辨别、数据治理及数据应用、建设标准、快速迭代及更新、系统性能及兼容性、系统运维及运营、信息安全、投入产出效益、建设后评估、从试点到复制推广等。

二、智慧物流园区的运营管理模式

智慧物流园区以园区主营业务为主线,围绕园区运营方、客户方等利益相关者的实际痛点,打造坚实资产数字化的底盘,通过运营数字化、服务数字化两大支柱,支撑智慧物流园区管理数字化的高质量发展目标(见图 7-2)。

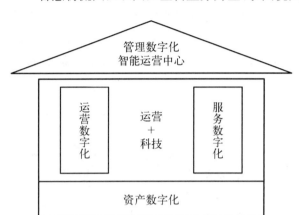

图 7-2　智慧物流园区运营管理理念

物流园区智慧化的科技运营管理理念主要有四方面。

（一）资产数字化

通过物联网、计算机视觉技术,实现设备设施在线化、现场可视化,从而实现资产数字化,为运营服务及管理数字化奠定了基础。

（二）运营数字化

基于数字化的资产,整合园区运营流程体系,实现对园区现场八大要素的运营数字化。

（三）服务数字化

打造与客户互动的数字化服务平台,全方位高效服务客户并提供多种增值服务,助力客户降本增效,提升客户满意度。同时基于大数据的创新服务,形成固定的、规模化的劳务人员、司机、客户的访问流量,实现精准业务匹配,开拓新的业务蓝海。

（四）管理数字化

基于"1+N"数字化智能运营中心,数据驱动全链条问题发现、追溯、响应与处理的业务闭环,促进前中后台以及多角色协同管理,实现可管、可查、可视、可控的多维度管理模式,帮助企业及时掌控运营现状,同时提升管理效率和整体形象(见图 7-3)。

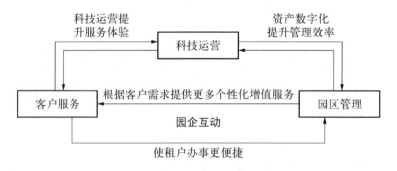

图 7-3　智慧物流园区运营管理模式

智慧物流园区的运营管理是体现园区价值的关键,是园区实现差异化的核心竞争力。一方面,园区管理方根据园区的需求和业务特点,制定与业务紧密结合的智慧应用场景,提供更多个性化增值服务,提升园区的管理效率与水平;另一方面,基于园区建设的智能化基础设施,为客户提供更加个性化的智慧场景服务,与客户已有的系统无缝对接,使客户办事更为便捷,提升客户的园区服务体验。最终,在科技运营的加持下,形成良好的园企互动,提升园区各相关利益方体验,促进商业模式的演进。

三、智能运营中心

智能运营中心(IOC)是园区实施科技运营的核心载体。智能运营中心平滑接入园区的所有业务系统、智能化系统,综合展示了园区的实时运营情况,为园区管理提供了科学决策依据,在突发事件发生时可以实时报警,快速响应并进行指挥调度,总体提高园区管理效率和治理水平。

智能运营中心的驾驶舱将智慧园区实时采集的各类园区运营数据,经大数据引擎清洗、统计、分析后,以生动的三维模型和二维图表等形式呈现"一张图"(数字孪生园区),为园区管理者及时、动态、直观地掌握整体运营管理情况提供了便利。在运营管理平台上可以呈现园区概览、车辆流量、访客情况、园区安防、设施设备动态、仓储情况、月台情况、物业管理、园区招商、园区评估等模块信息,解决了系统独立运营难以统筹运营的问题。另外,通过对重要管理内容进行专题分析,可以给出趋势预判,便于管理者提早作出防范处置。

智慧物流园区采用"1+N"协同管理体系,依托一个智能运营中心,将分布在全球各市场区域、呈网络化结构的N个物流园区联通起来,将N个不同的多源智能化系统平台数据融合对接,实现对管辖的所有物流园区"实时可管、趋势可查、数据可视、统一可控"。

四、物联网平台

物联网平台通过赋予园区万物互联能力从而支撑智能运营中枢。智慧园区物联网平台作为园区物联网场景的基础性平台,通过物联网技术采集智能感知设备的实时数据,获取园区的实时运行状态,为上层业务系统提供现场数据。

物联网平台的核心功能是:统一与园区IoT设备通信、收集数据;统一建立物模型、管理IoT设备;统一处理物数据、提供便捷的物流数据展示。基于物联网平台可实现对园区建筑、设施设备、物流车辆、人员、消防、能耗、安防、托盘、AGV、机器人等的高效运营(见图7-4)。

五、大数据平台

大数据平台通过赋予园区数字化能力从而驱动智能运营中枢。智慧园区大数据平台提供了一站式数据应用解决方案,涵盖了数据接入、数据加密、权限管控、数据处理/计算、查询分析、数据报表等数据应用场景。通过大数据分析和数据挖掘,寻找运营管理数据的内在相关性,以数据建模等方式给出预测,支撑决策。

园区的海量业务数据包括园区车辆、园区人员、园区视频、园区资产管理、工单管理、OA办公、供应商库、托盘租赁、园区共享仓储、招商租赁等。

图 7-4 基于物联网的园区运营管理

经数据治理后,可提供的数据服务包括园区运营数据专题分析服务、园区管理数据分析及数据挖掘服务(含趋势预测)、园区大数据分析结果图形化展示、园区数据共享及交易服务等。

六、运维平台

运维平台通过赋予园区运维能力从而保障智慧中枢高效运行。智慧园区运维平台在园区建设和运营阶段,对各个子系统运行状态进行实时监控并优化,提高系统的稳定性。

为确保智慧园区建设稳步推进,对实施过程及上线后的运营状态做到集中、主动管控,包括硬件监控、软件监控、业务事件监控等,建立运维管理体系,辅以运维知识库、预案库、供应商库,以及系统/平台技术供应商的运维技术支持和及时响应,保障智慧物流园区所有软硬件正常运作,防范系统安全风险,实现常态化科技运营后台保障。

七、人工智能引擎

人工智能引擎通过赋予园区智慧性从而打造智能运营中枢。通过 IoT 收集到的数据以及数据治理后得到的结构化数据,帮助园区管理进行思考和决策,构建知识图谱、机器学习模型,实现对整个园区进行全局实时分析,自动调配园区资源,修正园区运行中出现的问题,让智慧园区最终可以实现智慧管理,与管理者、客户、访客实现良性互动。

基于人工智能 AI 视觉引擎,通过对视频图像的深度分析,辅助管理人员对物流现场进行管控,提高管理能级,包括出入园管理、月台可视化管理、园区管理、仓储库内管理等。为确保智慧园区建设稳步推进,对实施过程及上线后的运营状态做到集中、主动管控,包括硬件监控、软件监控、业务事件监控等,建立运维管理体系,辅以运维知识库、预案库、供应商库,以及系统/平台技术供应商的运维技术支持和及时响应,保障智慧物流园区所有软硬件正常运作,防范系统安全风险,实现常态化科技运营后台保障(见图 7-5)。

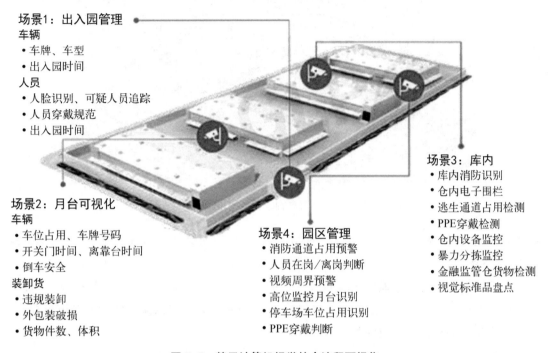

图 7-5 基于计算机视觉的全流程可视化

以智能机器人为代表的人工智能在物流园区落地应用。从岗位需求入手,分析拆解岗位职责、工作要求、任务动作,将重复、高频、劳动密集型、危险性高的部分工作通过机器人来完成,将机器人和从业人员同岗工作、排班调度,通过机器人辅助或部分代替人工作的"人机协作"创新模式,来减轻和释放从业人员的部分工作量,从而达到部分解放劳动力、提高园区运行效率的目的,包括门岗服务机器人、安保巡逻机器人、清洁机器人等在物流园区内全面应用。

第四节 智慧物流园区的应用场景

在新的时代背景之下,智慧物流园区打造了一系列符合园区特点和需求的智慧化应用场景(见图 7-6),主要围绕深耕运营管理应用场景,以科技手段提升管理效率,以及深入挖掘用户需求,全面提升服务体验。

一、出入园管理场景

物流园区的功能决定了园区人流/车流量大、人员混杂,且具有潮汐特点。传统物流园

图 7-6 智慧物流园区应用场景

区车辆进出无序,高峰期经常发生排队拥堵情况。对于人员的管理完全依赖人工,访客管理混乱,租客无自助审批放行权限,出入园服务体验较差。

智慧物流园区针对车辆出入园的痛点,一方面,以技术手段提高车辆识别准确性,提高出入园的效率;另一方面,设置进出车辆黑白名单,开放客户对出入园车辆的自助审批权限,打造高效便捷的车辆出入园体验。

智慧物流园区针对人员出入园的痛点,通过人员出入管理系统,对园区人员(包括园区工作人员、客户工作人员以及外部人员)的出入服务进行再造,将访客的登记和进出人员的人工认证升级为智能认证,有效提高园区的运营效率,打造顺畅、便捷、安全的通行体验。同时,园区通过技术手段实现对人员动线轨迹的管理,有效加强园区内部人员防控。疫情期间,配套健康登记系统、体温检测系统,满足疫情出入管控要求。

二、安防管理场景

传统物流园区的各安防子系统之间存在信息和操作壁垒,系统联动性差,集成度不高,安保人员无法全面掌握园区安全状态。安防管理大多采用被动监控和事后回放,安防前置预测及对于突发状况的响应不够及时。

智慧物流园区通过建立智慧安防管理系统,不仅实现全园无盲区视频监控覆盖及智能布防,而且联动视频监控系统、访客系统、出入口控制系统、门禁系统、周界报警系统、天地巡逻机器人及其他安防子系统,采用主动实时报警模式,辅助管理人员在后台远程对现场情况进行精准研判,提高安保人员的事件响应速度,极大提高了园区安防的效率。

三、消防管理场景

传统物流园区的消防设施设备报警信息只能通过消防主机查看,一旦出现紧急情况,无法快速准确定位到事发具体位置;消防报警不能与现场视频联动,无法掌握事发现状的实时情况。

智慧物流园区的消防报警结合园区一张图进行显示,一旦遇到突发情况,方便相关工作人员快速定位报警的具体位置,并且解决了报警和现场视频不能联动的缺点,提高了响应处置的效率。同时,也能在后台统一监管消防设施设备。

四、能耗管理场景

物流园区能源表具的数量庞大,一方面,人工抄表费时费力;另一方面,无法实施获取用能的安全情况和设备的运行状况,无法实时分析客户能耗,统计数据占用较多工作量。

智慧物流园区能够远程采集能源表具的读数,提高抄表效率,节省工作量。同时,能够通过能源管理系统对能耗进行数字化计量,实时感知客户用能安全情况、实时统计分析客户用能状况、发现能耗黑洞,在提高用能安全的同时也能提高节能水平,打造绿色节能园区。

五、资产管理场景

传统物流园区的空间数据、设备数据大多通过线下纸质进行统计和收集,管理统计工作和事后分析工作量较大。另外,设备设施的巡检依靠纸质登记,无法即时获取设备的信息和分析设备的运行情况,工作效率较低。

智慧物流园区通过集中统一管理设备资产台账信息,实现资产数字化。通过后台对设施设备运维一键智能派单,维修人员能够通过移动端查看资产设备基本情况,配合知识库和操作手册指导,便于巡检的高效进行和指导设备的使用保养。

六、场站调度场景

传统物流园区的客户车辆入园后缺少引导,需要耗费较长时间寻找月台,寻找月台过程死板不灵活,高峰期需要长时间排队等待。另外,车辆调度的信息司机无法及时获取,一定程度上加重了排队现象。

智慧物流园区通过对运输车辆进行合理调度,使其分散到不同月台进行作业,并提供挪车提醒、排队叫号等服务,疏导高峰期车流,提高场站的使用效率,减少车辆等待时间。另外,智慧物流园区实现了货物信息与车辆绑定,并且对干支线车辆全程跟踪,不仅提高了管理的针对性,也实现了货物全程可视化。

七、数字月台场景

传统物流园区对月台的管理还较为粗犷,因缺乏数据支撑,无法实时掌握月台当前的使用情况,无法统计车辆停靠后作业的时长,也无法快速分析月台的使用率。

智慧物流园区通过信息化手段可以将月台可视化,包括月台占用识别、月台车牌识别、通道占用识别等,及时发现月台的占用情况,优化调度,不但节约了人力成本,也能够准确获知车、货情况,提升月台作业效率。此外,通过可视化数据对月台实施动态管理和优化调整,提高月台利用率,降低仓库的租赁成本,月台管理与出入口管理联动,优化排队放行,避免了拥堵现象的发生。

八、客户服务场景

传统物流园区面向客户与企业的服务没有统一的系统界面,需要客户或者企业登录多个系统进行来回操作,相关公告也无法及时发送给客户;园区与客户的互动频率较低,园区只是为客户提供一个物理空间环境。

智慧物流园区从客户的服务需求出发,为客户和企业提供在线服务的 App 和网站,通过一个"一站式服务"入口可以便捷办理各类园区业务,提高了园区的服务品质和服务效率。同时,园区管理方能够通过入口及时了解企业的需求,从而提供更优质的服务。

九、数据服务场景

部分客户的自建系统或者其他第三方系统无法同园区数据进行对接,信息流通存在壁垒。相当部分设施设备数据无法及时获取,开发的工作量庞大。

智慧物流园区提供标准数据接口,可向客户系统提供园区场站公共空间所需的各类数据信息,客户系统可以通过接口快速接入,降低开发工作量,满足客户系统个性化的数据需求。同时,基于物流数据形成物流指数,为政府产业经济分析提供物流行业数据。

第五节 智慧物流园区建设

一、智慧物流园区的建设思路

智慧物流园区通过系统集成、平台整合,配以 GPS 监控、GIS 地理服务、ASP 租赁、RFID 射频扫描、无线视频传送、一卡通服务等高新技术,将信息化管理覆盖到园区每个角落、每个控制点,使人、车、物从入园到离开都实现数字登记、网络查询、数据库管理。物流园区里人与车、车与货、货与路在智慧的网络中运行,相互互动、信息撮合、服务集成。真正意义上实现物流园区的智能化、人性化、机械化、信息化、前瞻性。

智慧物流园区以"网上交易、业务管理、商务协同"为核心,面向物流产业链,整合上游货运厂商、下游物流公司客户,以全程电子商务平台为载体,融入电子商务交易、大屏幕货运信息交易、园区物业管理系统、园区公共服务管理系统、智能停车场、智能一卡通等子业务模块,有效提供物流产业链的全程服务,全面提升园区价值及竞争力。智慧物流园区依托全程物流电子商务平台,园区与平台双向协调,园区与园区信息共享,以平台构造节点化、园区管理智能化、业务服务全程化、行业效益长远化特色为核心,建设为有物流处理能力的高效智慧节点,是云物流的强力保障。智慧园区有效解决当下各物流园区存在的信息孤岛、资源浪费等问题,同时帮助园区解决在车源、交易、零担、商机撮合、仓储配送、后勤保障、行政服务、物业管理等方面面临的种种难题和困惑,全面提升物流园区的管理质量和核心竞争力,依托平台,将物理限制无限拓展。

二、智慧物流园区建设目标

通过智慧型物流园区信息平台的建设,把信息平台打造成物流园区的核心竞争力,通过信息平台来引导、带动园区发展,并实现物流、金融、商贸、制造和信息五大产业在园区内的协调发展,创新物流产业发展模式、再造物流新体系,真正实现物流园区的智能化、人性化、机械化、信息化和前瞻性。

三、智慧物流园区建设原则

（一）前瞻性原则

系统的设计和实施在理念上要适度超前,在思想上要站得更高,保证智慧园区信息平台的技术是领先的、模式是领先的,不仅要考虑当前园区的发展所需要的信息化支撑,更要满足未来新业务模式的发展需要。

（二）先进性原则

智慧物流园区的基本理念是把信息平台打造成物流园区的核心竞争力,因此,在信息化技术的应用上要保证其先进性和领先性,用最先进的信息技术来促进、引导、规范、创新园区的业务发展模式。

（三）可扩展性原则

系统的设计要具备可扩展性,要满足未来新系统、新业务的扩展需求,保证系统建设投入的有效发挥作用,避免重复投资。

（四）集成化原则

由于项目的建设时间紧、要求高,因此在系统的建设方面,尽量采用集成化的建设原则,即充分利用现成的技术和产品,当市场上成熟、先进的产品时,尽量使用已有的产品,而不是所有的系统都从头开发。这样一方面可以加快建设进度,另一方面也保证了系统的成熟、稳定、先进。

（五）信息化引领业务模式创新原则

在智慧物流园信息平台的建设中,要充分理解"把信息平台打造成物流园区的核心竞争力"的发展理念,即信息化不仅仅是目的和手段,而是物流园区未来发展的核心竞争力和运营模式,通过信息平台的建设来引导园区发展,实现物流、金融、商贸、制造和信息五大产业在园区内的协调发展,创新物流产业发展模式,再造物流新体系。

四、智慧物流园区信息平台总体设计方案

智慧物流园信息平台总体设计按"先设计总体架构,形成平台体系""分阶段设计业务组件,按平台体系集成"的总体思路进行。

总体建设按照"先子系统、后平台集成""先园区平台、后物流节点""先基础服务、后增值运营"的总体思路进行，在建设过程中重点要考虑的以下四个方面。

（一）统筹规划、分步实施

智慧物流园信息平台按照"统筹规划、分步实施"的思路进行建设，即先建设信息化基础设施和园区管理服务必需的信息系统，再建设园区业务系统。对于创新业务模式所需要的信息系统和面向未来业务拓展的系统，则放在最后进行建设，系统的设计具备可扩展性，能够满足未来新系统、新业务的扩展需求。

（二）信息服务中心是基础

信息服务中心是整个智慧物流园信息平台的基础，基础网络与机房、指挥中心、电子交易大厅、信息发布系统、货运交易信息平台和数据交换中心等都是整个园区信息化建设所必不可少的基础设施。因此，对于信息服务中心建设，要做好总体规划和设计，以保证平台的先进性和可扩展性，为其他三个中心的建设打好基础。

（三）管理服务中心是保障

管理服务中心是实现园区管理的现代化、信息化和智能化的保障，园区综合管理系统、园区OA系统、园区财务系统、园区资源管理系统、园区门户网站、信用考评评估系统、GPS/GIS/移动视频监控系统、安防监控系统等都是园区现代化管理所必不可少的组成部分。管理服务中心在园区正式投入使用后就必须能够运行起来，从而为园区的高效地运行提供保障。

（四）打造核心业务和核心竞争力

营销招标中心和金融服务中心是智慧物流园的核心业务模式，也是核心竞争力的体现。

营销招标中心是利用园区的综合实力，联合园区内的企业来拓展业务的一种新业务模式。营销招标中心的建设是为了园区企业的招投标服务，在园区正式投入使用后，可以逐步开展此项业务。

金融服务中心是智慧物流园信息平台的特色和创新，是园区信息平台能否真正提升一个层次的重要因素。通过金融服务中心的建设，可以真正实现对园区内企业的扶持和引导，并把园区和企业绑在一起，实现共赢。金融服务中心可以为企业提供融资、担保、信用、监管、风险控制、财务征信等服务，同时也为园区带新的业务模式和收入增长。可以说，没有金融服务中心的物流园区信息平台，是不可能在业务模式具备领先优势的。

五、智慧物流园区信息系统实施方案

（一）应用系统结构

按照信息平台的整体规划，将应用系统按四个中心进行划分，具体架构如图7-7所示。

（二）智能化系统功能规划

一个数字化、智能化的园区综合管理系统功能规划如图7-8所示。

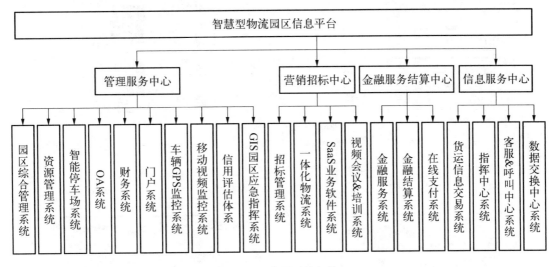

图 7-7　应用系统架构

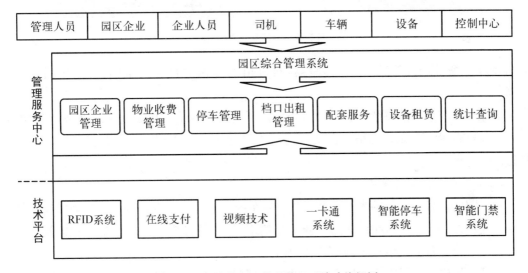

图 7-8　智能化园区综合管理系统功能规划

六、智慧物流园区系统集成接入方案

(一) 智能停车场系统集成

利用园区内停车场及园区出入口的光纤承载停车管理系统。通过光端设备将光纤链路转换为终端设备需要的线路类型。光端设备可接入一路或多路终端设备，光端设备可考虑放置于出入口的岗亭内。光纤由运营商提供施工，归属园区所有。

停车系统中心部署在商业区临时信息中心。通过互联网与运营服务中心的接口服务器相连，实现停车系统与信息平台的信息交互(见图 7-9)。

园区内共有 5 个出入口，停车场共有 2 个出入口。结合 RFID 技术，在重要的园区出

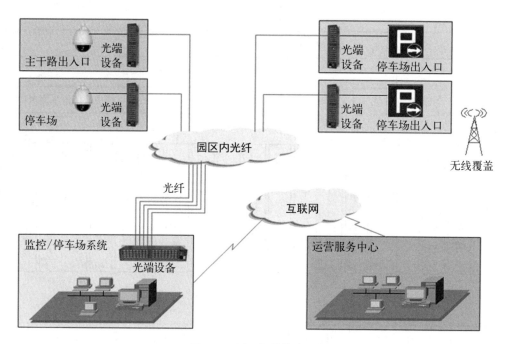

图 7-9　园区智能停车场

入口及停车场出入口部署 RFID 读写器，对进出的车辆进行无人工的、智能化的管理与计费。

为保证停车系统的持续性、可靠性，降低由于电力或网络的中断对系统造成的影响，在各出入口覆盖 Wi-Fi 无线网络。在紧急情况下可通过手持 RFID 读写器保证业务的持续运行。

（二）视频监控系统集成

利用园区内各楼宇间的光纤承载视频监控系统。通过光端设备将光纤链路转换为视频线路。光端设备可接入一路或多路视频监控前端设备（摄像头），光端设备可考虑放置于楼宇内。光纤由运营商提供施工，归属园区所有。

视频监控中心部署在商业区办公楼的安保部门。因受视频线缆的距离限制，同时考虑到视频监控的管理的便捷性，视频监控的相关设备（电视墙、视频矩阵、VCR 等）部署在视频监控中心。

监控前端的摄像头主要部署于主干道、园区入口处及停车场区域，核心位置采用高倍数的球机摄像头，其余位置采用枪机摄像头。

（三）LED 系统集成

园区内每个商户分别部署 LED 信息发布系统，同时园区信息中心部署 LED 信息发布系统。商户可自主选择发布的信息是否通过互联网传送至信息中心，信息中心对商户传送的信息进行加工后，显示在信息中心交易大厅的 LED 屏。

LED 信息发布中心部署在商业区临时信息中心。通过互联网与运营服务中心的接口服务器相连，实现 LED 发布系统与信息平台的信息交互（见图 7-10）。

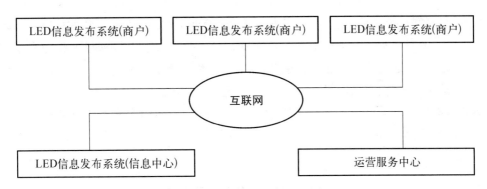

图 7-10 LED 发布系统与信息平台的信息交互

本章案例

案例 7-1 货运服务型智慧物流园区

货运服务型物流园区指依托空运、水运或陆运节点(枢纽)而规划建设,为大批量货物分拨、转运提供配套设施,主要服务于区域性物流转运及运输方式转换的物流园区。

以上海某快递行业的物流园区为例,该园区货车出入频繁,对于仓库的吞吐效率要求高(尤其是装卸效率和月台利用率),对于出入园区的运输车辆需执行高效管理。

通过打造全新的智慧物流园区,实现车辆预约入园,车辆入园时智能道闸自动识别车牌,LED屏告知停车月台。基于人工智能引擎,对月台状态进行识别,结合算法将车辆引导到分货路径最短的空月台。对月台车位占用状态/车牌进行识别,实时报知调度。实现箱体识别、暴力装卸识别、消防通道占用识别、车辆超速识别,对园内车辆实施精细化管理。

成功帮助客户解决园区出入口和月台可视化盲区的问题,通过智能化手段实现与出入园以及仓库联动,解决车辆出入园到岗送货和到货无序的问题,有效减少暴力装卸、消防通道占用、车辆超速等情况,实现月台/场站利用效率提升和进出车辆的高效管理。

案例 7-2 生产服务型智慧物流园区

生产服务型物流园区指依托经济开发区、高新技术园区、工业园区等制造业集聚园区而规划建设,为生产型企业提供一体化物流服务,主要服务于生产企业物料供应、产品生产、销售和回收等的物流园区。

以江苏某工业生产物流园区为例,该园区为工厂的生产物资物料和生产货品提供物流服务,此类物流园区的电能消耗大,消防要求高,同时,行政车辆出入多,办公人员主要为园区上班族,需要更好的人文服务。

通过建设智慧物流园区,实时准确获取能源使用数据,动态分析能耗的消耗情况,为进一步制定节能减排措施提供数据依据。实时采集和监测消火栓喷淋水压、末端水压、水箱液位等数据,根据预先设定的安全阈值,当发生异常情况时,及时提示进行隐患排查和整改,保障消防水系统的正常运行。基于人工智能引擎,实现人员穿戴识别,包括未戴安全帽、未穿反光衣等的识别。通过建立园区服务平台,面向客户提供园区信息发布、招商入驻、装修、招工申请、活动场地申请、车位办理、门禁和梯控办理、公共食堂等园区服务。

成功帮助客户显著提升运营效率,加强能源和消防安全防护,改进管理品质,为人提供更好的、有温度的工作环境。

案例7-3 商贸服务型智慧物流园区

商贸服务型物流园区指依托各类批发市场、专业市场等商品集散地而规划建设,为商贸流通企业提供一体化物流服务及配套商务服务,主要服务于商贸流通业商品集散的物流园区。

以广东某电商、冷链型物流园区为例,该园区往往面临临时人员出入混杂的问题,人员管控复杂。同时,客户对一站式仓储服务、冷链仓储配送的要求较高。

通过智慧物流园区的建设,在闸口处设置人脸识别系统、访客系统,制定黑白名单,对人员进行实名制管控。基于人工智能引擎,实现园内多人聚集识别,防范安全事件。园区内提供共享仓储设备租赁,便于电商的灵活调配。对冷链仓储能耗进行实时可视化监测,对冷链冰箱、冷库的温度实时监测,获知冷链设施设备的运行状态。采用设备OCR识别技术,通过视频识别获取相关仪表数据,节省人力。

成功解决人员出入园的精细化管理问题,人员身份高效识别,防范人员集聚安全事件。有效提升了冷链仓储的能耗管理能力和对冷链仓储设施设备的管理能力。实现了人员进出效率提升、事件处理效率提升、降低人力运维成本,仓储降本增效。

案例7-4 口岸服务型智慧物流园区

口岸服务型物流园区指依托对外开放的海港、空港、陆港及海关特殊监管区域及场所而规划建设,为国际贸易企业、跨境电商提供国际物流综合服务,主要服务于进出口货物的报关、报检、仓储、国际采购、分销和配送、国际中转、国际转口贸易、商品展示等的物流园区。

以国内某港口保税区物流园区为例,口岸服务型物流园区往往对标国际物流园区高标准,致力于海关监管、园区管理和产业服务三个目标,是进出口货物监管的关键节点。口岸服务型物流园区需在电子卡口地磅、物流通道出入、仓储系统、检查查验设施、安防监控、网络安全、与海关联动等方面加强建设。

通过智慧物流园区的实践,建立保税区大脑体系,建设应急指挥中心,外部通过统一的数据格式和标准接口,对接海关监管平台,协助海关监管。依托5G网络,利用云计算、大数据、人工智能等先进技术,结合进出口货物在区外的物流运送及区内的智能仓储需求,打造"卸、运、报、存"一体化的保税区智慧监管平台,对进出口的运输工具、货物、物品以及保税港区内的企业、场所进行全面监管。基于人工智能引擎,检疫检验区域、海关监管仓库、围网、卡口等监管区域,实现车辆进出可追溯,人员在岗离岗可识别。

成功接入进出口货物监管公共信息服务平台,加强了各个监管节点的数据联动,实现全流程的物流监管,保障园区货品安全,服务海关部门的监管业务,从而简化审批流程,加快通关效率。

 本章思考题

1. 如何理解物流园区与物流中心的关系?
2. 智慧物流园区与一般物流园区在功能上有哪些区别?
3. 智慧物流园区的发展趋势有哪些?
4. 物流园区智慧化的科技运营管理理念是什么?
5. 智慧物流园区的应用场景有哪些?
6. 智慧物流产业园区如何利用大数据招商?
7. 物流数字园区大数据可视化的价值有哪些?

第八章 智慧供应链

本章要点

- 智慧供应链的含义
- 智慧供应链的特点
- 智慧供应链的核心要素
- 智慧供应链的核心能力
- 构建智慧供应链面临的挑战
- 智慧供应链构建内容

第一节 智慧供应链概述

一、智慧供应链的含义

智慧供应链是结合物联网技术和现代供应链管理的理论、方法和技术,在企业中和企业间构建的,实现供应链的智能化、网络化和自动化的技术与管理综合集成系统。

智慧型供应链的核心是着眼于使供应链中的成员在信息流、物流、资金流等方面实现无缝对接,尽量消除不对称信息因子的影响,最终从根本上解决供应链效率问题。

传统供应链的发展,技术的渗透性日益增强,很多供应链已经具备了信息化、数字化、网络化、集成化、智能化、柔性化、敏捷化、可视化、自动化等先进技术特征。在此基础上,智慧供应链将技术和管理进行综合集成,系统化论述技术和管理的综合集成理论、方法和技术,从而成系统指导现代供应链管理与运营的实践。

二、智慧供应链的特点

"智慧供应链"与传统供应链相比,具备以下三个特点:

第一,智慧供应链与传统供应链相比,技术的渗透性更强。在智慧供应链的语境下,供应链管理和运营者会系统地主动吸收包括物联网、互联网、人工智能等在内的各种现代技术,主动将管理过程适应引入新技术带来的变化。

第二,智慧供应链与传统供应链相比,可视化、移动化特征更加明显。智慧供应链更倾向于使用可视化的手段来表现数据,采用移动化的手段来访问数据。

第三,智慧供应链与传统供应链相比,更人性化。在主动吸收物联网、互联网、人工智能等技术的同时,智慧供应链更加系统地考虑问题,考虑人机系统的协调性,实现人性化的技术和管理系统。

三、智慧供应链的核心要素

(一)供应链决策智能化管理

在供应链规划和决策过程中,能够运用各类信息、大数据,驱动供应链决策制定,诸如从采购决策,经制造决策、运送决策,到销售决策全过程。

(二)供应链运营可视化管理

利用信息技术,通过采集、传递、存储、分析、处理供应链中的订单、物流以及库存等相关指标信息,按照供应链的需求,以图形化的方式展现出来,其主要包括流程处理可视化、仓库可视化、物流追踪管理可视化以及应用可视化。

(三)供应链组织生态化管理

供应链服务的网络结构形成了共同进化的多组织结合的商业生态体系。

(四)供应链要素集成化管理

在供应链运行中能有效地整合各种要素,使要素聚合的成本最低、价值最大。这种客体要素的整合管理不仅仅是通过交易、物流和资金流的结合,实现有效的供应链计划(即供应链运作的价值管理)、组织(供应链协同生产管理)、协调(供应链的知识管理)以及控制(供应链绩效和风险管理),而且更是通过多要素、多行为交互和集聚为企业和整个供应链带来新机遇,有助于供应链创新。

四、智慧供应链的核心能力

(一)能确实响应供应链客户的真实价值诉求

这些需要做到根据供应链客户的真实诉求,然后洞察客户的经济与情感诉求,这在供应链中非常重要的。

(二)供应链全程可视化

供应链全程可视化管理指的是供应链各参与方能够对供应链全过程、国内外市场的状态和运营及时地反映,并追踪物流、交易的状态和活动,实现对供应链运营过程中的及时检测和操控。

这一目标在传统的产业供应链模式下较难实现,原因在于供应链参与方比较复杂,信息系统不一致,人工干预较多,缺乏生产制造的有效性和高效性。供应商无法保障质量,导致过多产品被召回。

因此,如何实现供应链全程可视化成为智慧供应链的关键,而这一能力的形成,需要借助互联网、物联网、RFID等技术,建立起真正标准化、规范化、可视化的供应链网络。

(三)建立模块化的供应链运营构架

智慧供应链追求的是充分应对真实的价值诉求,及时、有效地设计、建构和运营的供应链体系。运用模块化方式进行供应链集成,能迅速地运用自身、外部第三方等主体或机构的能力建立起独特的供应链竞争力,在不破坏原有体系的基础上实现供应链服务功能的快速定制,具有良好的智能反应和流程处理能力,智慧供应链的柔性组织能力会更为强大。

(四)实时的供应链计划与执行连接体系

供应链计划与执行体系的连接能在数据和流程两个层面同时实现。供应链计划和供应链运营执行要行之有效,必须实现数据和信息的同步,相应的组织和管理流程也要同步。无论是计划层面还是执行层面,所需要的数据和信息既包括历史的,也包括正在发生和将要发生的。

因此,同步化的概念在于进行供应链计划时要及时获取运营层面的过往、即期以及可能的信息和数据,也包括供应链的规划。与此同时,在执行供应链活动的过程中,又能根据实际发生的状况和下一步需要执行的活动及时配置资源和能力,使供应链能稳定、有效地执行。

(五)完善的报告与绩效管理,以及良好的供应链预警

智慧供应链管理的核心是实现高度智能化供应链运用的同时,实现有效、清晰的绩效测度和管理,建立贯穿供应链各环节、主体、层次的预警体系,保证供应链活动的持续进行、质量稳定和成本可控。能运用供应链分析工具比较预期与实效,实现统计性流程控制,防范因供应链运行超出预计范畴而导致供应链中断或产生其他风险。

调查发现,企业最关注的问题包括运用新型媒体获取客户反馈、削减运营成本以及敏捷地适应客户需求。显然,如何做到供应链运营高增值的同时,实现各环节、各流程绩效的全面管理和预警是真正确立智慧供应链的关键。

(六)建立运营精敏化供应链

供应链精敏化指的是供应链智能敏捷化(即快速响应)与高效精益化(即总成本最优)相结合。以往精益和敏捷被认为是供应链运营的两种状态,两者相互独立,各自对供应链价值的四大要素(即效率、成本、服务和速度)产生不同的影响。

第二节　智能制造与智慧供应链

随着全球经济已进入供应链时代,企业与企业之间的竞争开始转化为企业所处的供应

链与供应链之间的竞争。在智能制造环境下,打造智慧、高效的供应链,是制造企业在市场竞争中获得优势的关键。智慧供应链的创新发展,将根本改变现代企业的运作方式,推动整个制造业发生重构与迭代。

一、制造企业智慧供应链的特点

供应链是以客户需求为导向,以提高质量和效率为目标,以整合资源为手段,实现产品设计、采购、生产、销售及服务全过程高效协同的组织形态。

如今,全球经济已进入供应链时代,企业与企业之间的竞争开始转化为企业所处的供应链与供应链之间的竞争。在智能制造环境下,打造智慧、高效的供应链,是制造企业在市场竞争中获得优势的关键。

对于制造企业智慧供应链的特点,在智能制造时代,相较于传统供应链,智慧供应链具有更多的市场要素、技术要素和服务要素,呈现出五个显著特点:

(1) 侧重全局性,注重系统优化与全供应链的绩效,强调"牵一发而动全身";

(2) 强调与客户及供应商的信息分享和协同,真正实现通过需求感知形成需求计划,聚焦于纵向流程端到端整合,并在此基础上形成智慧供应链;

(3) 更加看重提升客户服务满意度的精准性和有效性,促进产品和服务的迭代升级;

(4) 更加强调以制造企业为切入点的平台功能,涉及产品生命周期、市场、供应商、工厂建筑、流程、信息等多方面要素;

(5) 重视基于全价值链的精益制造,从精益生产开始,到拉动精益物流、精益采购、精益配送。

总之,智慧供应链上不再是某个企业的某人或者某个部门在思考,而是整条供应链都在思考。

二、智能制造对物流系统智慧化的要求

在智能制造大环境下,作为智慧供应链必不可少的重要组成部分,智能物流正在成为制造业物流新的发展方向。通过互联网和物联网,整合物流资源,最终实现生产者和消费者的直连状态。新形势下智能制造对物流系统提出了五项新要求。

(一) 高度智能化

智能化是智能物流系统最显著的特征。与人们常说的自动化物流系统有所不同的是,智能物流系统不局限于存储、输送、分拣等单一作业环节的自动化,而是大量应用机器人、激光扫描器、RFID、MES、WMS等智能化设备与软件,融入物联网技术、人工智能技术、计算机技术、信息技术等,实现整个物流流程的自动化与智能化,进而实现智能制造与智能物流的有效融合。

(二) 全流程数字化

在智能制造的框架体系内,智能物流系统能够将制造企业内外部的全部物流流程智能地连接在一起,实现物流网络全透明的实时控制。实现这一目标的关键在于数字化。只有

做到全流程数字化,才能使物流系统具有智能化的功能。

（三）信息系统互联互通

智能制造对物流信息系统也提出了更多的需求：一方面,物流信息系统要与更多的设备、更多的系统互联互通,相互融合,如 WMS 系统与 MES 系统的无缝对接,这样才能保障供应链的流畅；另一方面,物流信息系统需要更多依托互联网、CPS（信息物理系统）、人工智能、大数据等技术,实现网络全透明和实时控制,保证数据的安全性和准确性,使整个智能物流系统正常运转。

（四）网络化布局

这里所讲的网络化主要是强调物流系统中各物流资源的无缝连接,做到从原材料开始直到产品最终交付到客户的整个过程的智能化。

智能物流系统中的各种设备不再是单独孤立地运行,它们通过物联网和互联网技术智能地连接在一起,构成一个全方位的网状结构,可以快速地进行信息交换和自主决策。这样的网状结构不仅保证了整个系统的高效率和透明性,同时也最大限度地发挥每台设备的作用。

（五）满足柔性化生产需要

对于智能制造来说,还有一个极为显著的特征就是"大规模定制",即由用户来决定生产什么、生产多少。客户需求高度个性化,产品创新周期持续缩短,生产节拍不断加快,这些是智能物流系统必须迎接的挑战。因此,智能物流系统需要保证生产制造企业的高度柔性化生产,根据市场及消费者个性化需求变化来灵活调节生产,提高效率,降低成本。

三、制造企业智慧供应链面临的挑战与对策

中国制造业正加速向智能制造转型升级,智慧供应链建设也由此成为制造业升级发展的必然趋势。汽车、家电等多行业的领先企业在从"制造"向"智造"转型中,正努力构建智慧供应链生态圈。

不过,目前从中国制造行业供应链系统构建的总体情况来看,对智慧供应链认识不充分、缺少智慧供应链战略、物流信息化水平低、信息孤岛大量存在、专业人才缺乏等问题依旧十分突出。只有解决这些问题,才能有效加快智慧供应链系统的构建,推动智能制造尽快落地。

（一）提高对智慧供应链的认识,强化供应链战略

我国制造行业供应链系统的建设仍处于探索阶段,基础薄弱；与此同时,广大企业对供应链的本质认识不深,只知道智能制造是大趋势,却不知为什么要这样做,也不知道如何落地,更不要说从智慧供应链角度切入了。没有智慧供应链战略,没有明确的价值方向引导,使得我国的制造企业在面向智能制造时困难重重。

因此,面对智能制造,制造企业需要加深对智慧供应链的理解,制定智慧供应链发展战略,明确个性化的供应链发展方向,如智慧化等级、客户服务的响应等级、产品的流转效率等,引领企业生产向智能化迭代升级,保证企业运营发展目标的实现。

(二)建设智能物流系统,提高物流信息化水平

面对智能制造,整个智慧供应链体系下的智能物流系统应该是智能化的物流装备、信息系统与生产工艺、制造技术与装备的紧密结合。不过目前来看,制造企业的物流系统建设落后于生产装备建设,物流作业仍处于手工或机械化阶段,物流信息化水平不高,距离物流自动化、智能化还有很长的路程。

面对这些情况,制造企业需要不断强化智能物流系统建设,加强物联网技术、人工智能技术、信息技术以及大数据、云计算等技术在物流系统中的应用,提高物流信息化水平,实现整个物流流程的自动化与智能化,为智能制造和智慧供应链建设提供强有力的支撑。

(三)供应链上下游协同合作,打造智慧供应链平台

智慧供应链建设同样离不开供应链上下游企业的协同互动。当前,制造企业应该通过物联网、云计算等信息计算与制造技术融合,构建智慧供应链平台,实现与上下游企业的软硬件制造资源的全系统、全生命周期、全方位联动,进而实现人、机、物、信息的集成和共享,最终形成智慧供应链生态圈。

(四)引进和培养专业的供应链人才

专业的供应链人才是智能制造和智慧供应链系统构建的关键。然而目前,多数制造企业不注重供应链人才的培养,很难具备充足的专业人才。

今后,企业的供应链系统建设需着重从人才建设角度出发,一方面,对现有的员工进行培训,使其掌握现代供应链系统构建的方法和知识,为供应链系统的构建提供保障;另一方面,要与各高校及科研院所进行深入合作,形成产学研用一体化的人才培养和引进模式,为智慧供应链系统的构建注入新鲜血液。

四、制造业供应链市场未来发展趋势

供应链的数字化转型是一个长期的战略过程。未来智慧的供应链将具备可视化、智能化、供应链弹性等三大特征。

(1)可视化。利用数字工具带来的联通,数字化供应链能高效地汇集整个供应链的信息流,并自动对这些数据信息进行智能筛选、分析,使有效数据能快速传达到决策层。

(2)智能化。利用新兴技术,例如通过 AI 赋能的 RPA,能够替代供应链运营环节中具有规律性的烦琐流程,24 小时全天候进行自动化运作。随时在线的智能化运作降低了供应链的运营成本,效率更高。

(3)供应链弹性。供应链转型的关键目标是提高供应链系统应对不可预测的内外部威胁的能力。供应链弹性是指能供应链网络系统在中断风险发生之后恢复到初始状态或理想状态的能力,包括回到正常绩效水平(生产、服务、供应比率等)的速度等。其本质便是利用人工智能技术对风险和不确定性进行自动化制约。当下,供应链的全球跨境扩张导致供应链节点日益增多,其不稳定性也随之上升。在突发事件中,弹性化是保障供应链可靠性的关键。

第三节 新零售与智慧供应链

以新零售业态来说,端到端数字化是其非常重要的基础,包括消费端的数字化、人货场的数字化、供应端的数字化。

一、新零售平台业务全景

新零售平台可以认为是衔接用户需求场景及集团商业能力的一个枢纽,将集团商业能力以数字化的形式赋能于用户或门店可触达的方方面面。

对于品牌商来说,整个销售网络的完善与覆盖,有助于品牌商直接触达消费者,同时进行精准营销。对于门店来说,其具备了数字化运营周边消费场的能力,有助于运营门店周边消费者。同时通过对门店的商品供应完善,帮助商品迭代,给小店赋能。最终衔接上游品牌商、经销商的分销网络,下游百万门店拥抱 DT(data technology)时代,具备全数字化经营能力,打造覆盖 300 米生活圈消费场。

二、用户端和门店面临的挑战

从消费端看,消费端需求变化快,消费场景碎片化,消费需求多,商品的生命周期在缩短,这些都给小店运营带来了挑战。

从供给端看,原有的基础设施之上建立起门店的整个分销链路,是从品牌商到省级代理、市级代理、批发商,这么长的链路在现代基础设施的物流背景下就完全没有必要存在了。

同时现代基础设施帮助我们看清了消费链路上的所有数据,我们就可以从过去的计划供应端到需求拉动供应链体系的转变。

不管新老基础设施如何变化,商业的本质不会变,核心的问题依然是:是否有更低的成本、更高的效率、更好的用户体验。

三、数字化供应链解决方案

通过数字化供应链解决方案可以建立一个品牌商、供应商直到消费者之间的智能分销网络,其核心包含三部分:端到端智慧供应链、全链路数字化营销、智慧门店。

(一)端到端智慧供应链

(1)洞察消费者需求,通过对消费者心理数据分析,形成对消费需求的数字化。

(2)商品管理,实现商品全生命周期数字化,涉及从商品研发、铺货、商品定价、消费者对商品反馈,实现整个商品全生命周期的数字化管理。

(3)库存部署,希望做到智能化的库存流动。传统仓储是通过人驱动货流动,而智能化仓储是希望对消费者洞察之后,驱动货自己去找场,这涉及整个仓配网络的建设、销售预测、库存计划。

(4)协同执行,供应链本质问题是协同的问题。通过技术手段把整个生态里面的合作伙伴、品牌商、经销商、门店和整个平台运营能力全部链接起来。

(二)全链路数字化营销

数字化的作用并不仅仅是让企业将传统线下交易转变为线上交易,而是应该将从广告、营销到销售的全部运营都线上化,获得线上用户的关注和裂变,从而形成全链路式数字化营销体系。

(三)智慧门店

让门店更好地运营周边消费者,更了解周边消费者;建立品牌商到消费端整个全链路数字化运营,实现端到端的供应链体系。

供销体系分成三层:深度分销(水、乳饮、啤酒这些商品下沉非常深);中度分销(像薯片、洗发水只触达一级经销商);浅度分销(是一些没有触达能力的品牌商,只能通过电商平台曝光)。

对深度分销来说,和深度分销能力的品牌合作,接入它们的仓配能力;对中度分销和浅度分销,可以选择性自建仓配,为品牌商提供供应链接入,构建系统化协同供应链体系。

四、智慧供应链平台系统

人工智能、5G、大数据、云计算、工业互联网等信息技术的发展为各行各业带来颠覆性变化,引起巨大变革。

在此背景下,传统的供应链逐渐暴露出信息孤岛现象严重、效率和效益提升程度有限、运行成本高昂等弊端,亟待改进。智慧供应链在此背景下应运而生,以亚马逊、华为、苹果为代表的知名企业纷纷开启了供应链管理模式的革新,供应链向数字化、信息化和智能化方向发展。因此很多帮助供应链进行环境优化或者辅助决策的系统就应运而生。

整个供应链包含供应链设计规划、供应链计划、供应链执行三个层次。规划设计层主要进行网络布局、长期预测、选址、服务水平优化。供应链计划层主要是进行需求预测、采购计划、补调补货计划、库存优化。供应链执行层包括整个物流执行中的仓运配的环节。

传统企业可以在大数据云计算的支持下,打造智慧供应链管理系统,解决企业运营中面临的信息孤岛、集成度低等问题,提升企业各环节效率,并带来供应链模式的创新,帮助企业迅速扩展业务,实现组织内部、产业链上下游企业间的数据互通、资源共享和业务协同,快速提升企业数字化能力,推进企业数字化转型,以数据生产要素链接行业的五脏六腑,打通企业的七经八脉,让整个链条数据流通起来,让数据在与传统产业的碰撞融合中实现价值增量。

(1)协同门户:对于企业内部和外部的协同对象,聚合一个统一的门户,形成企业门户和供应商门户,通过智慧供应链管理平台将供应链的相关成员集成到门户系统中。

(2)在线场景:智慧供应链协同平台涵盖了寻源、竞价、物料订单、付款结算、整改验收、绩效评估等供应链场景,实现了企业供应链系统的全在线业务流程。

(3)角色连接:通过场景+门户的覆盖访问供应链中的相关角色。供应链平台确保上下游角色在线,通过可触摸的消息、业务连接和数据连接,确保企业供应链系统网络协作的有效性。

（4）数据授权：通过数字智慧供应链平台连接生态数据，组装碎片数据，完整提取供应商的数字画像，整合供应商的数字档案，通过业务流程数据提取指标，反向授权高层决策和风险预测。

（5）数据安全：智慧供应链协同平台将企业管理与外部企业管理有机结合。解决品牌运营商与供应商之间的沟通、数据传输的及时性、数据安全性和数据完整性等问题，整合品牌运营商和上游资源，全面提升企业效率。

（6）实时沟通：买家可以通过智慧供应链平台发布需求信息。平台功能使供应商能够及时组织生产、配送等工作，了解从供应商到门店的整个物流流程。同时，供应商还可以通过平台明确其产品的库存和销售情况，从而实现供应商与运营商的实时互动。

智慧供应链平台对传统企业的数字化改造起着非常重要的作用。整合社会资源进行深度合作，提升供应链整体控制力，降低供应链整体成本，打通线上线下渠道，可更好地助力企业的发展。

第四节　智慧供应链的构建思路

一、构建智慧供应链面临的挑战

第一，成本控制。传统的成本降低方式对企业已经不再有效，增加供应链弹性也许能够帮助企业找到其他降低成本的方法。

第二，可视性。信息量大增，供应链主管必须快速搜集信息并做出判断，并利用合适的信息采取行动。

第三，风险管理。并不仅仅只是首席财务官们关注风险，风险管理已成为供应链管理的首要任务。

第四，客户关系。尽管客户需求是公司发展的原动力，但公司与供应商的联系比客户更紧密。

第五，全球化。全球化更能推动企业增加收入，而不仅仅是预想中的节省成本。

二、构建智慧供应链的意义

（一）能够高度整合供应链内部信息

智慧供应链依托智能化信息技术的集成，能够采用有效方式解决各系统之间的异构性问题，从而实现供应链内部企业之间的信息共享，保证信息流无障碍地流通，提高信息流的运转效率和共享性。

（二）能够增强供应链流程的可视性、透明性

拥有良好可视化技术的智慧型供应链，能够实现企业之间的信息充分共享，对自身和外

部环境增强反应的敏捷性,企业管理者能够依据掌握的全面的产品信息和供应链运作信息,正确做出判断和决策,组织好符合市场需要的生产,实现有序生产管理。

(三)能够实现供应链全球化管理

智慧供应链依据自身对信息的整合和有效的可视化特点,可以打破各成员间的信息沟通障碍,不受传统信息交流方式的影响,能够高效处理来自供应链内部横向和纵向的信息,实现全球化管理。

(四)能够降低企业的运营风险

智慧型供应链所具有的信息整合性、可视性、可延展性等特点,使得供应链内部企业能够实时、准确地通过了解供应链中各环节企业的生产、销售、库存情况,保证和上下游企业的协作,避免传统供应链由于不合作导致的缺货问题。因此,智慧供应链能够从全局和整体角度将破坏合作的运营风险降到最低。

三、构建智慧供应链的目标

供应链是生产流通过程中,围绕"将产品或服务送达最终用户"这一过程的上下游企业形成的网链结构,归根到底离不开其中的商流、物流、信息流和资金流。

为使这些资源运转通畅,构建智慧供应链需要达成以下目标:

(1)以顾客为核心,以市场需求为原动力;

(2)强调企业核心业务在供应链上的定位,避免所有环节一把抓;

(3)传统供应链管理系统中,商务伙伴之间经常关系恶劣,应改为建立紧密合作、共担风险、共享利益关系;

(4)利用信息系统优化运作效率;

(5)缩短产品完成时间,使生产尽量贴近实时需求;

(6)对工作、实物、信息和资金流程进行合理设计、执行、检讨和改进;

(7)减少环节之间的成本。

四、构建智慧供应链需要转变的经营思路

电商和快时尚的出现使得消费品供应链管理的形态出现很大的差别。传统模式是商家生产产品,通过营销、广告等手段推给消费者;依靠平台和数据的供应链管理则是拉动式的,即先了解消费者真正需要的东西,再做产品设计和开发,让生产与开发过程紧密连接,在最短的时间内将消费者最喜欢的东西提供给他们。

在智慧供应链的改造实践中,企业管理者和员工的意识往往比技术层面的问题更加关键。要达成这些目标,企业经营思路应有以下几点转变。

(一)变成本控制导向为投入产出导向

面对电商冲击时,传统供应链管理暴露出的最大问题往往是库存,因此企业应该用新的视角审视其投资和运营成本。传统模式下的成本导向思路是计算"我每花一块钱,要赚回多少钱";而互联网化的运营思路不应把成本作为核心考量,而更多的是一种投入产出的视角,

要看投资是否可以提升供应链效率,防止缺货,减少库存,最终提高收益。

（二）抛弃全知全能的心态

供应链管理讲求企业重新思考自己的核心竞争力,把薄弱的、非核心的环节通过外包或与生态伙伴合作的方式解决。完全一体化的组织形式不能让供应链效率最大化;但如果完全开放和市场化,中间也会产生沟通和对接成本。

要抛弃过往什么都要自己做的心态,核心就是搞清楚你在产业链里面的位置,用数据来连接上下游的伙伴,形成新的商业关系。与此同时,企业也要注意防范风险,与上下游合作伙伴形成良好的利益分配格局,健全监督机制,规范产品或服务的标准。

五、构建智慧供应链的途径

（一）持续改进

建立集成的产品研发、生产计划及执行的业务流程,实现产品研发管理集中化,并控制生产工艺,制定合理的生产标准,并在不同生产基地实施,增强供应链成员在集成技术下的一致性和协同性。

（二）完善生产计划系统

实现 ERP 系统与 SCM 系统完美对接,增强销售过程的可视化和规范化,营造涵盖客户交易执行流程与监控的平台,动态控制过程,及时掌握相关重要信息,以便对可能出现的问题进行预测。

（三）实现财务管理体系标准化和一体化

利用 ERP 系统来实现企业的财务业务的一体化,从传统记账财务业务分析转向价值创造财务分析,并构建基于数据仓库的平台数据分析及商业智能应用。

（四）定制化的供应链可靠性设计

从供应链可靠性角度来看,客户需求是一种需要关注与整合的资源,合理利用客户需求将有助于平衡供求关系,从而确保供应链系统的供应可靠性;从客户角度来看,可以通过参与供应链的设计、运行和管理,从而改善自己的购买方式,购买切合自身需求的产品。

（五）借助标尺竞争,提升供应链可靠性

通过合理引入标尺竞争,供应链管理者就不用了解各成员企业的成本与投入具体信息,有效地减少监管机构对被监管成员企业的信息依赖问题,也解决了信息不对称情况下的监管问题。

第五节　智慧供应链构建内容

一、预测与计划类产品

供应链计划是指一个组织计划执行和衡量企业全面物流活动的系统。它包括预测、库存计划以及分销需求计划等,它通常运行在基于许多大型主机系统的集成应用系统之上。

图 8-1 是京东 Y 事业部的商业预测驱动一体化供应链计划。该计划的优点是节约现金流、提升效率、优化库存。

图 8-1 京东 Y 事业部的商业预测

二、供应链协同产品

供应链协同是指供应链中各节点企业实现协同运作的活动,包括树立共赢思想,为实现共同目标而努力,建立公平公正的利益共享与风险分担的机制,在信任、承诺和弹性协议的基础上深入合作,搭建电子信息技术共享平台及时沟通,进行面向客户和协同运作的业务流程再造。

三、供应链控制塔

(一)供应链控制塔的含义

控制塔最初的概念是指机场的控制塔台,用于控制飞机和地面车辆,指挥飞机起飞和落地。一些供应链管理专家和跨国大型货运公司借用了这个概念,推出了供应链控制塔产品,它由一系列的供应链管理流程和工具组成,通过互联网技术,规划物流仓储网络、监控订单履行状态、实时追踪货物,为企业提供端到端的、可视化的供应链服务。

在智慧供应链中,供应链控制塔担任了采集供应链各环节信息、实时分享及集成管理的角色,是一个由系统所支持的"数据中心",以实现需求驱动供应链的端到端的控制。

(二)供应链控制塔的主要特点

第一,灵活性。可对不同部门根据市场反馈业务需求进行即时调配以优化资源分配。

第二,可视性。能够将人工流程信息化、数据化。

第三,透明性。在供应链每个环节都实时记录,标准一目了然。

(三)供应链控制塔主要功能

1. 规划物流仓储网络

通过收集现有的运输路线和仓库位置等信息,汇总出当前现状,在专业的软件帮助下,根据现有线路的货量,优化物流运输和仓储配送网络。

2. 跟踪订单履行状态

从订单确认开始,跟踪订单履行状况,定期回顾未交付订单,确保在到货期之内把货物交付给客户。

3. 物流运输管理系统

用于管理物流运输的活动,保障供应链的可视化,实时监控货物所处位置和到达各个运输节点的精确时间。

4. 管理第三方供应商

通过设定标准的KPI考核指标,对于货运、卡车、仓库、报关等物流第三方供应商进行定期考核,优胜劣汰。

四、算法与优化产品

算法与优化产品在智慧供应链中发挥着重要作用。目前,国内已经有相关的供应链产品运用运筹、服务、人工智能、启发式、机器学习等理论,构建智能的调度方案(见图8-2)。典型代表有知藏、菜鸟与百度外卖等。

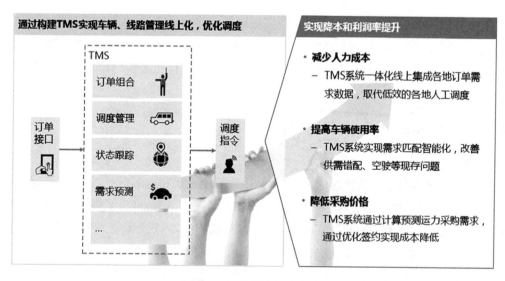

图8-2 智能调度解决方案

百度外卖物流调度系统始于2014年,从1.0版本辅助人工派单,到目前的4.0版本引入深度学习算法,平均订单配送时长由60分钟降低到30分钟。智能调度系统通过数学建模将问题抽象为多目标动态优化问题,依托配送场景下相关数据指标的统计、挖掘和建模,通过分布式大容量计算资源,承载海量实时的计算需求。

五、大数据产品

(一) 物流行业首款的大数据产品——顺丰数据灯塔

数据灯塔以智慧物流和智慧商业为主旨,作为顺丰在快递服务之外推出的首款数据增值服务,为企业更加精准地开拓市场提供更专业的解决方案。

大数据资源的开发和利用可以促进快递企业转型升级,由同质化竞争向差异化竞争转型,由注重单一的快递服务向注重客户体验服务转型。

作为一款大数据产品服务,数据灯塔融合了顺丰内外部数据,数据来源主要有30万+收派员、5亿+个人用户、150万+企业客户、300万+楼盘/社区信息、10亿+电商数据以及10亿+社交网络等海量数据、覆盖全国3 000个城市和地区。目前已经覆盖3C、服装、鞋靴、母婴、美妆、生鲜、家电等多个行业。

数据灯塔是顺丰服务于电商客户的一款数据产品,基于顺丰快递数据,融合外部数据,通过合理披露供应链、市场、品牌、产品、用户和快递服务等信息,为电商客户提供市场开发、供应链解决方案等方面的决策支持,使客户了解所处行业状况,明确自身行业定位,从而及时响应市场,调整市场策略,发现潜在商机,优化仓储物流。

(二) 数据灯塔产品的优势

顺丰数据灯塔凭借自身海量物流数据和商业数据,通过实时监控快件状态、智能分析仓储数据、消费者画像研究、各行业动态洞察,将智慧物流和智慧商业有力地执行下去。

六、供应链中台

供应链中台是数字化供应链中最核心的产品。传统供应链中,计划、采购、生产、物流等主要基于ERP串联,而智慧供应链中,供应链整体的信息化、系统化、互联网化主要基于供应链中台实现。采用中台架构的数字化供应链,应用了互联网思维和技术,企业的数据能做到实时在线、统一、互联互通,赋予企业在库存共享、全渠道订单交付、价格管理、分销体系及客户需求管理等供应链运营带来全新的体验。

本章案例

案例8-1 京东的智慧供应链构建

2017年,京东正式发布了YAIR SMART SC智慧供应链战略,围绕数据挖掘、人工智能、数据再造和技术驱动四个原动力,形成京东的智慧供应链解决方案。

京东Y事业部的主要工作包括供应链技术的研发和库存的管理。一方面,负责供应链技术的整体打造,包括对外的赋能和输出;另一方面,又围绕零售最核心的供应链库存管理做提升周转、拉升现货率、降低滞销这些关键的库存 KPI 的优化。

一、打造需求驱动的供应链

需求驱动的供应链对于电商平台来说是个比较良性的发展,这需要电商环境高度的数字化,但传统供应链因为本身在需求端的很多数据并没有在系统里,比如消费者的需求、市场的趋势、最新的动态等,这些数据没有数字化,因此很难分析在供应链管理中应该准备多少货给消费者。

也是基于这些传统供应链的痛点,京东构建了智慧供应链。随着电商快速地成长,京东拥有了大批高质量的用户,物流也拥有一套闭环的体系。作为一家技术驱动的公司,整个供应链上的数据已经实现了高度数字化,这让平台能够分析消费者的需求是什么,然后再通过消费者的需求分析,预测销售的地点、价格等一系列供应链需求侧的要求和需求,帮助供给侧生产与需求侧进行匹配,更高效和低成本地满足消费者的期望。目前京东智慧供应链的重点为大数据选品、动态定价、智慧预测计划和智能库存。

京东 Y 事业部在供应链方面做的优化已经卓有成效。

(1) 对内,京东实现了一定范围内的自动化补货,在部分品类使用大数据和人工智能做商品的选品、合理定价,以及对相关供应链数据的分析和可视化。其中自动化补货分为两方面,一是智能库存系统自动下达采购单,解放运营人员的双手去做更有价值的工作,二是智能库存系统可以用数据更准确而合理地下单,保证库存水平不用太高就能满足销量需求。目前京东各事业部正在积极推进智能库存系统的广泛应用。

(2) 对外,京东正在把人工智能平台做深入的打造和更平台化的建设,基于人工智能平台在上面组建和抽离一些应用,正如前不久 Y 事业部发布的 YAIR 平台,集成了预测平台、运筹优化平台、模拟仿真平台、舆情分析平台四大平台。

(3) Y 事业部正积极与战略合作伙伴进行接触,并逐步把京东对内已经成功验证过的供应链技术对外进行开放赋能。

二、机器学习、深度学习助力智慧供应链

销售预测、动态定价是构建智慧供应链的两大重点,在这两方面京东使用机器学习方法、深度学习技术做了很多尝试。

(一) 销售预测方面

以机器学习为主的预测模型主要是针对每一个 SKU 去做特征值建模,看哪些特征值会影响销量,然后预测相对准确的销售额,利用智能化预测的销售量指导仓库下单和补货。这主要使用了机器学习特征值分析哪个模型的优化更准确。而需求驱动意味着在销售预测的时候需要考虑很多现实的因素,比如季节、地域等对商品的影响。京东目前的做法是通过预测指导补货,并在预测的过程中考虑前端消费者的因素,同时加入京东运营伙伴的卓越经验,将零售经验与机器学习算法相互结合。

(二) 动态定价方面

内部京东使用了经济学中的量价关系价格弹性模型,针对上百万个差异化的 SKU 做出个性化的建模,动态为商品确定一个最优的价格,建模的过程也是人工智能使用最多的过

程。外部集成市场情报的数据,也包括竞争对手的数据,整合到价格弹性模型里,同时根据不同品类的商品定义多个价格影响变量。此外,动态定价系统还有一套比较强的风控体系,保证定价不会错乱。

三、发展策略

京东智慧供应链是基于经验打造的零售供应链管理解决方案,技术方面,京东在基于供应链管理的各个关键节点已经有算法和模型进行技术布局,并且在京东的海量数据下做了验证。同时京东拥有庞大的零售生态和供应链协同体系,与很多合作伙伴的供应链实现了系统级对接,而这些,都是京东的核心优势。

从零售商业预测、供应链优化与运营自动化、营销与定价优化到图像识别与理解、自然语言理解等,我们已经看到了京东商城对于人工智能技术的探索与应用。

(一) 对内

将对系统不断优化,让内部的业务人员有更好的试用体验。在内部希望支撑整个京东三个层面的工作:

(1) 智能决策包括集团层面、部门层面和个人层面怎样进行预测销售、规划销售;

(2) 智能采销包括如何购买、如何放在合适的地方用合适的价格进行销售;

(3) 智能运营针对每个仓库、每个配送站输入一些单据量的预测,帮助他们判断仓库应该怎么安排空间以及相关财务如何预估等。

(二) 对外

京东将把验证过的可行的供应链人工智能应用分享给合作伙伴,包括京东的卖家和大的品牌商、零售商等。希望把京东这么大体量数据下验证的技术应用更简单或者更组件化的方式展示给市场,让其他品牌或厂商利用京东的技术将供应链管理得更好。

案例 8-2　太平洋咖啡的智慧供应链之路

近年来,中国咖啡零售市场快速增长,行业竞争加剧,太平洋咖啡也面临增长困局。面对激烈的市场竞争,太平洋咖啡并未就此"沉默",而是开启了一系列的业务转型与创新,努力打造全渠道数字化的智慧供应链。

一、面临的挑战与对策

太平洋咖啡的主要业务为咖啡门店零售业务,近年来虽然中国咖啡零售市场整体呈现快速增长趋势,但由于受到头部企业的挤压,太平洋咖啡的发展相较缓慢。据市场统计数据显示,太平洋咖啡的市场占有率明显落后于瑞幸等品牌。

面对激烈的市场竞争,太平洋咖啡并未就此"沉默",而是开启了一系列的业务转型与创新,努力实现突破。

(一) 产品转型与创新

为了吸引和扩大消费群体,太平洋咖啡近年来陆续推出了多个类别的新品:2011 年曾推出"国酒咖啡系列",在咖啡里加入花雕、桂花陈、二锅头等国酒;2018 年,为顺应健康茶饮需求,以中国茶叶为原材,推出"太茶"系列;之后,太平洋咖啡又联合瑞典燕麦饮品牌OATLY,在内地300多家门店中推出燕麦饮基底的咖啡产品。

目前,太平洋咖啡拥有成熟完善的产品研发团队,不断更新和完善产品,甚至每4~5周会定期推出当季推广饮品,从而增加时尚气息,进一步吸引年轻消费者。

(二) 增值产品与服务创新

在太平洋咖啡门店除了咖啡之外,消费者还能尝到蛋糕和甜点等食品。同时门店还会结合不同时段的顾客需求,增加食物品类,例如意粉、披萨、华夫饼等,特别推出沙拉、手卷以满足城市消费族群的健康选择。

(三) 市场渠道转型与创新

"PACIFIC COFFE"的品牌是定位于大众消费。为了进一步扩展渠道,近年来太平洋咖啡相继推出精品咖啡品牌"Brew Bar",服务中高端消费群体;自烘焙旗舰店 LUXE,打造体验感更强的高端门店;与大型企业、医院和银行合作,开设"企业合作店"。不同的咖啡门店,在定位、定价和出品上,都有不小的差别。

除此之外,太平洋咖啡也开启了线上电商平台,抢先牵手天猫、京东、华润通,打开全新的市场。作为专业的"线上咖啡管家",太平洋咖啡目前正在为全球消费者提供着便捷、专业的咖啡服务,顾客可通过线上购买设备、咖啡豆、挂耳咖啡等商品,满足自己在家或办公空间轻松制作咖啡的需求。

二、开启智慧供应链的探索

产品和服务创新的背后其实反映出的是多样化的客户需求,不同人群有不同的需求特征,谁能够更精准匹配并服务好客户的需求,就将在竞争中取得优势。

与此同时,不同的消费定位的品牌门店(精品咖啡店、自烘焙旗舰店、太平洋咖啡)以及线上平台中的产品构成、市场推广及服务过程也不尽相同。

再加上越来越丰富的产品和服务,这就构成了极其复杂的网络。如何能把正确合适营销信息在正确的时间推送给正确的渠道和客户,并且还能保障交付和服务就是一件非常不容易的事,核心词是"货"和"精准营销"。

太平洋咖啡的变革与创新始终围绕着人、货、场三个核心词(见图8-3)。这其实也是目前许多消费品零售企业在新零售的竞争环境下需要共同面对的。

然而,要实现人、货、场的紧密结合,供应链管理绝对是一个绕不开的话题。原来传统和单一的供应链管理模式实在难以招架这样的复杂局面。

太平洋咖啡在产品与渠道改革的初期很快就面临了供应链跟不上的局面。某些"好卖"的

图8-3 人、货、场的紧密结合

产品常常出现短缺,一些门店的缺货率甚至达到了20%~30%,严重影响销售。而那些"不好卖"产品的库存却太高,造成积压,有些呆滞品库存的比例高达30%~40%,以至于超过效期而报废,严重影响成本。这些供应链问题并非小事,而是对太平洋咖啡的成本与利润造成重要影响甚至制约太平洋咖啡规模进一步扩大的发展问题。

经过太平洋咖啡内部激烈的讨论和深入的思考之后,管理层逐步认识到:对供应链进行改革与对产品及渠道的改革一样的重要,要下定决心构建一个全渠道数字化的智慧供应链。

三、构建智慧供应链

其实不仅是太平洋咖啡,大多数零售企业供应链的变革都是非常棘手的部分。这是由于供应链管理所涉及的部门基本上覆盖企业管理所有的链路,传统的流程管理使部门间协同难度较大,职能分散又加剧业务割裂严重,各部门之间信息交流不畅,决策更是大量依靠人为经验。这无论如何都难以应对未来新零售环境下的竞争。

因此,全渠道数字化的智慧供应链的核心在于全链路的互联互通,通过数据分析而实现科学决策。既实现店面的智能化升级,提升消费者体验,刺激消费需求,利用大数据分析和互联网社交手段,在客户消费全程中增加品牌和消费者的触点,发掘多场景推广和营销手段。同时又灵活协同线上、线下,打造以消费者为中心的全渠道闭环,数据引导各渠道库存调配,及时将此传递给后端供应链,实现供应链的全渠道整合,达到更短的产品供应周期、更轻的库存压力、更灵活的市场响应力度。

四、打造全渠道数字化供应链体系

2017年,太平洋咖啡开始打造全渠道数字化的智慧供应链(见图8-4):对企业的计划体系进行梳理和重新构建,以消费者画像、店铺画像和商品画像三方面分析刻画为基础,通过大数据算法模型,获取单店单品需求预测结果,动态实时地指导品牌总部补货计划,并形

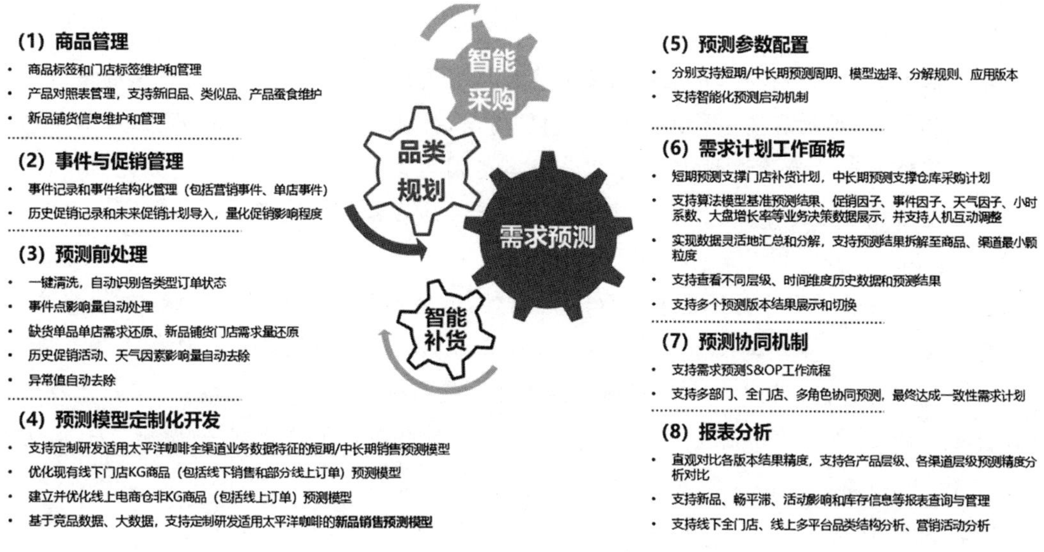

(1) 商品管理
- 商品标签和门店标签维护和管理
- 产品对照表管理,支持新品品、类似品、产品蚕食维护
- 新品铺货信息维护和管理

(2) 事件与促销管理
- 事件记录和事件结构化管理(包括营销事件、单店事件)
- 历史促销记录和未来促销计划导入,量化促销影响程度

(3) 预测前处理
- 一键清洗,自动识别各类型订单状态
- 事件点影响量自动处理
- 缺货单店需求还原,新品铺货门店需求还原
- 历史促销活动、天气因素影响量自动去除
- 异常值自动去除

(4) 预测模型定制化开发
- 支持定制研发适用太平洋咖啡全渠道业务数据特征的短期/中长期销售预测模型
- 优化现有线下门店KG商品(包括线下销售和分店线上订单)预测模型
- 建立并优化线上电商仓KG商品(包括线上订单)预测模型
- 基于竞品数据、大数据,支持定制研发适用太平洋咖啡的新品销售预测模型

(5) 预测参数配置
- 分别支持短期/中长期预测周期、模型选择、分解规则、应用版本
- 支持智能化预测启动机制

(6) 需求计划工作面板
- 短期预测支撑门店补货计划,中长期预测支撑仓库采购计划
- 支持算法模型基准预测结果、促销因子、事件因子、天气因子、小时系数、大盘增长率等业务决策数据展示,并支持人机互动调整
- 实现数据灵活地汇总和分解,支持预测结果拆解至商品、渠道最小颗粒度
- 支持查看不同层级、时间维度历史数据和预测结果
- 支持多个预测版本结果展示和切换

(7) 预测协同机制
- 支持需求预测S&OP工作流程
- 支持多部门、全门店、多角色协同预测,最终达成一致性需求计划

(8) 报表分析
- 直观对比各版本结果精度,支持各产品层级、各渠道层级预测精度分析对比
- 支持新品、畅平滞、活动影响和库存信息等报表查询与管理
- 支持线下门店、线上多平台品类结构分析、营销活动分析

图8-4 全渠道数字化供应链体系

成各门店品类规划和备货计划,并以此驱动后端的具体行动(如采购、物流、仓储、人员配置等)。整个解决方案包含多个部分:经营计划、商品计划、需求计划、智能补货、运营驾驶舱等。

(一) 经营计划

将年度预算/分公司预算,根据渠道拓展计划和品类规划拆解为年度/季度/月度目标预算。渠道拓展计划和品类规划直接影响店铺的业绩指标和采买预算关联。经营计划能帮助企业掌控经营计划各个环节和流程,为所有商品经营和财务计划活动从战略规划到按属性规划提供端到端支持。

(二) 商品计划

在年度预算的框架下,制定合理的商品企划案,完成品类规划、款数规划、属性组合规划和波段规划。给设计研发企划以参考,从企划源头提升商品卖力和竞争力。商品企划模块可以结合太平洋咖啡商品日历中关键的阶段和决策会议,结合数据分析,有效开展品类规划、款数规划,商品属性组合计划和波段规划的编制,并配合决策会议召开,对于商品结构、设计趋势重要性、商品卖力评级以及是否为必保款、主推必定款、明星款、配送规格、陈列要求等进行有效决策支持,高效协同产品季各项业务产出,推进季度业务开展。

(三) 需求计划

基于消费者画像、店铺画像和商品画像,利用大数据分析手段,预估店铺客流量、转化率和城市天气信息等信息,且选择合适的算法模型,实现单店单品周销售状况的预测。

1. 消费者画像

结合销售数据和会员数据,统计分析消费者年龄、性别和职场状态等信息和消费者对应的消费记录情况,形成每类商品对应的目标消费群体,将目标消费人群特征作为刻画商品画像的其中一部分动态属性。

2. 店铺画像

根据店铺的各销售指标,将店铺划分为多种店铺类型,从而确定各店铺类型的消费特征和品类结构划分,针对店铺主要消费群体提供"好卖的"商品。在店铺分析方面,还需考虑新店、关店、装修和正常等店铺营业状态,以验证各店铺类型划分的合理性。例如,交通枢纽类型的门店基本以新店为主,而百货商场类型的门店关店现象相对较多。

3. 商品画像

主要将商品属性划分为静态属性和动态属性,静态属性包括饮品的口味、热饮冷饮、包装和规格等,动态属性包含目标消费群特征、新旧品、天气敏感度、销售统计数据等。例如,在考虑天气信息方面,2017年上海夏季气温比往年偏高1.6℃,位于上海的门店总体冷饮销量提升近10%。通过静态属性和动态属性的分析,对商品特征进行刻画(如畅、平、滞类型划分)。

(四) 智能补货

通过大数据算法模型,智能预测单店单品需求,动态实时地指导品牌总部补货计划,并形成各门店品类规划和备货计划,在补货、采购、生产环节考虑约束条件及相应的决策参数,形成修正后的补货、采购、生产计划,并以此驱动后端的具体行动如采购、物流、仓储、人员配置等(见图 8-5)。

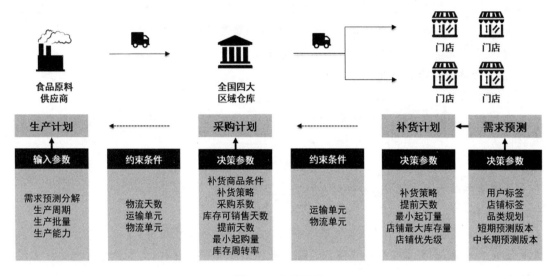

图 8-5 智能补货

(五) 运营驾驶舱

在业务运营层面,链接采购订单、补货订单、物流订单、销售订单,建立数据分析模型、算法,构建运营驾驶舱,实现 KPI 联动分析、全流程预警、库存健康检查、活动/清仓效果评估、例外管理,端到端业务运营效率一目了然,例外及时响应和处理。

(六) 人与机器智慧的融合才是真正的竞争力

要驾驭人工智能就需要具备一定数据分析能力的团队。太平洋咖啡的管理层为此特别成立了供应链数据分析与模型团队,通过外聘数据专家结合自身团队提升相结合,从而具备持续更新和完善参数与模型的能力,以适应日新月异的业务变化。此外,太平洋咖啡还在企业内部开始了"数字供应链入门"及"数据分析与建模"内训课程,从而帮助更多的员工理解和学习数字供应链。他们相信,数字化和智能化是未来供应链管理及企业发展最核心的能力。

五、建设成果

(一) 管理能力提升方面

1. 信息实时化

协同门店、供应商、物流商,形成稳定的商品需求和供应计划,总部第一时间掌握各个门店的销售、库存、补货、在途等动态,向批发商和制造商提供详细的共享信息和预测,帮助其做出准确的存货决策。

2. 管理自动化

总部信息系统可以根据销售、顾客需求、库存情况、各种事件、生产约束等信息自动制定商品计划、需求计划、补货计划、生产计划、采购计划、物流计划等。各门店在总部的推荐、建议和预警的基础之上,根据自身门店的实际需求如突变的天气、活动的举办、人流的激增等情况来进行灵活机动的调整。

3. 决策智能化

建立大数据支撑的"获取数据—分析数据—建立模型—预测未来—支持决策"过程,基于海量零售运营数据,结合在不同业务场景,为品类管理、销售预测、动态定价、促销安排、自动补货、生产排程和物流计划的制定提供智能决策支持。

(二)经济效益提升方面

1. 预测方面

80%的小类周销量预测偏差控制在15%以内,单店单品的周预测销量准确性提升了20%以上。

2. 利润

品牌的单品利润率提升10%~20%,销售额能提升10%~25%。

3. 成本

库存成本降低15%~30%,物流成本则最终降低10%~25%。

综合起来看,全渠道智慧供应链已经给太平洋咖啡带来了效率、成本和营收上的巨大经济效益。

总体而言,打造智慧供应链是以消费者为中心,回归零售的店铺本质,将管理从粗放向精细转变,打通职能壁垒向联合协同转变,以数据为核心,重新构建零售的价值链和商业形态。实现从客户体验、门店重构、供应链网络、运营管理各方面的创新升级,实现了从前端的人、货、场的创新重塑,后端的统筹式供应链协作,以及敏捷、智慧运营能力的全面提升。

本章思考题

1. 什么是智慧供应链?
2. 智慧供应链有何特点?
3. 智慧供应链的核心要素是什么?
4. 智慧供应链的核心能力有哪些?
5. 构建智慧供应链面临的挑战有哪些?
6. 构建智慧供应链有何意义?
7. 智慧供应链构建的内容有哪些?
8. 制造业供应链市场的未来发展趋势有哪些?

第九章 智慧港口

本章要点

- 现代港口的功能
- 智慧港口的内涵
- 智慧港口的功能
- 人工智能在智慧港口的应用
- 基于5G技术的智慧港口的应用场景
- 智慧港口的建设策略

第一节 智慧港口概述

一、现代港口的功能

（一）物流服务功能

港口首先应该为船舶、汽车、火车、飞机、货物、集装箱提供中转、装卸和仓储等综合物流服务，尤其是提高多式联运和流通加工的物流服务。

（二）信息服务功能

现代港口不但应该为用户提供市场决策的信息及其咨询，而且还要建成电子数据交换（EDI）系统的增值服务网络，为客户提供订单管理、供应链控制等物流服务。

（三）商业功能

港口的存在既是商品交流和内外贸存在的前提，又促进了它们的发展，同时现代港口应该为用户提供方便的运输、商贸和金融服务，如代理、保险、融资、货代、船代、通关等。

（四）产业功能

港口作为国内市场与国际市场的接轨点，已经实现从传统货流到人流、货流、商流、资金流、技术流、信息流的全面大流通，是货物、资金、技术、人才、信息的聚集点。

二、智慧港口的概念

智慧港口是以现代化基础设施设备为基础，以云计算、大数据、物联网、移动互联网、智能控制等新一代信息技术与港口运输业务深度融合为核心，以港口运输组织服务创新为动力，以完善的体制机制、法律法规、标准规范、发展政策为保障，能够在更高层面上实现港口资源优化配置，在更高境界上满足多层次、敏捷化、高品质港口运输服务要求的，具有生产智能、管理智慧、服务柔性、保障有力等鲜明特征的现代港口运输新业态。

三、智慧港口的内涵

智慧港口是港口发展的高级阶段。基于"客户为中心"的服务理念，客户成为港口服务链上的核心。利用新一代信息技术，以整合、系统的方式进行港口管理和经营，为客户提供更高质量的服务。

智慧港口的发展前提是现代管理方法、信息技术和自动化技术等在港口服务中的充分应用。以技术作为保障，才能够优化服务流程，提升服务水平。

智慧港口建设的核心内容是基于物联网等技术，在信息感知、处理、整合和共享基础上的战略决策优化和生产计划安排。在信息整合处理的基础上，促使港口生产的多个环节相互配合、协调一致，并能够完成生产流程自适应调整、生产设施自动分配、生产过程自动监控等。

智慧港口的建设范畴涉及码头泊位生产、集疏运组织以及腹地货运管理等多个方面，是一个具有多重衡量指标的复合系统。

智慧港口的建设目标是通过利用现代信息技术与港口业务的深度融合，提升港口效率，降低成本，增强可靠性，打造港口组织生态圈，实现港口的可持续发展。

四、智慧港口的特征

（一）全面感知

全面感知是所有深层次智能化应用的基础，港口相关方根据作业流程需要，利用物联网和传感器网络等技术，全面感知、获取各生产环节及各作业对象的位置信息、状态信息，使现场信息全面数字化，并实现现场物联网、远程传输网络和数据集成管理（包括数据筛选、质量控制、标准化和数据整合等）。

（二）智能决策

智能决策是港口相关方在基础决策信息被感知收集的基础上，明确决策目标和约束条件，对复杂计划、生产调度、应急事件等问题快速做出有效决策，下达管理、操作指令并监控执行（见图9-1）。

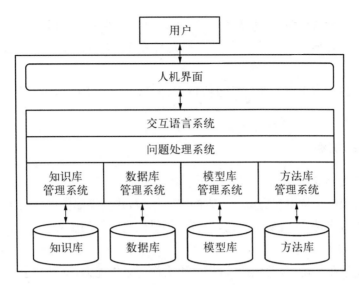

图 9-1 智慧港口的智能决策

（三）自主作业

自主作业是指在智能决策基础上，港口相应设备自主识别并确定作业对象、作业目的，并安全、高效、自动地完成作业任务。

（四）全程参与

全程参与是指通过云计算、移动互联网技术的应用，使港口相关方可以随时随地利用多种终端设备，全面融入统一云平台。

（五）持续创新

港口可持续创新是指通过港口相关方的广泛参与和深入交互，实现港口管理者与智能信息系统的人机交互，智能信息系统的自主学习，使得港口具备持续创新和自我完善的功能。

五、智慧港口与 5G 的应用

智慧港口是 5G 赋能千行百业的重点推进领域之一。目前港口很多作业场景对网络要求是比较严苛的，以往港口自动化主要采用的是 4G、光纤和 Wi-Fi 等通信方式，存在建设和运维成本高、稳定性和可靠性差等问题，无法解决港口的核心痛点，如港口的远程吊车操作、港口高危险环境下的作业无人机器人、网络数据安全等对带宽、时延、可靠性要求较高。

5G 的高带宽、低时延、广连接的特性能够满足港口自动化、智能化需求，助力港口数字化、自动化、智能化转型。所谓 5G 智慧港口是应用 5G 技术为港口提供包括远程高清监控、货船人工智能分析、高精度定位、智能网联驾驶等场景化应用的整体解决方案，助力港口操作智能化、物流服务电商化、企业管理平台化，提升港口运营效率，推动建设"绿色、低碳、智慧"型港口。当前国内宁波舟山、厦门远海、青岛前湾、上海洋山等港口已建成集装箱自动化码头，在轨道吊、桥吊、集卡实现远程控制，正在向港口码头无人化方向发展。

港口作为水陆交通枢纽,主要从事装卸、搬运、储存、理货等港口生产、流通或服务性经济活动。集装箱港口码头生产环节包括水平运输系统、垂直运输系统和整体安防监控等系统。

在港口生产各环节中离不开信息通信技术,信息通信技术的运用有利于提高港口作业效率。

六、智慧港口的优势

（一）便捷可靠的客户体验

智慧港口重视终端货主和物流参与方的服务体验,并从终端货主的角度出发,加强与众多利益相关方的协作,推动贸易便利化,为各方提供便捷可靠的服务。

（二）稳定的智能化运营

智慧港口通过数字化、自动化技术,提升码头作业运作能力,推动货主、货代、运输公司、船公司、港口、口岸单位间有效信息交互与协作,保证整体运营水平。智能化的运营将大大提升港口的集疏运能力,对不同情景下的设备、人员等资源具有最优化使用、监测、维修的能力。

（三）高效的供应链协作

智慧港口在海运价值链中担当贸易促进者以及合作者的重要角色,对物流链资源具有较强的整合能力,与利益相关方具有紧密的协作关系。在组织间协同方面,具有清晰的共赢目标、可靠的政企关系、有效的上下游客户关系管理、高效的决策机制、灵活的争端解决流程以及快速的信息交互和共享等。

（四）开放式的业务创新

未来智慧港口具备较强的创新认知、创新吸收和创新应用能力,在企业内部培养创新意识和开放意识,了解颠覆性技术带来的机遇和挑战；深入建立合作关系,为各方营造开放创新的环境。

（五）互联互通的信息与技术

智慧港口在港口企业、物流企业之间以先进的技术手段实现各方的互联互通,建立信息共享机制,统一信息平台的数据交互标准,实现各信息平台的对接。将船舶信息、港口信息集成为一个信息全面、数据完整的信息化平台,面向所有参与方提供公共的、定制化的服务,并保证信息的准确性、可靠性和及时性。此外,港口间紧密协作,构建良好的信息传输机制和统一的信息交换平台,使港口、船公司、物流公司、终端货主等在开展经营管理活动时把握全局情况。未来智慧港口基于生态圈的数据积累,将零散数据转化为有效信息,提升码头自身的运营水平。

（六）提高港口作业的效率、准确性和可视化程度

以集装箱出口为例,当载运集装箱的卡车以规定速度驶入检查桥时,该处的感知设备自动读取集装箱和集卡的相关信息,并通过无线网络与港口信息管理平台进行信息验证,验证通过后,港口信息管理平台将调度信息发送给相关计划生产的机械,并将路线信息以图形化

方式显示在集卡的信息屏上,同时检查桥的电子限行杆自动升起,集卡司机根据信息屏上的路线信息将车辆驶往指定地点。此过程无须人工干预,可实现不停车即通过检查桥的目的。当集卡到达堆场指定地点后,已经接到作业指令的场桥将集装箱吊离载运车辆。场桥感知设备自动读取集装箱信息,信息经验证通过后,计划箱位以图形化方式显示在场桥的信息屏上,场桥司机通过该界面获知集装箱的作业位置。集装箱落位后,感知设备自动读取集装箱和箱位信息,信息经验证通过后,集卡和场桥司机得到下一条作业指令。此外,载箱集卡之间可以实现物与物的信息交互,不需要人为参与,车辆之间可以互相给予安全距离的信息提示,能有效确保交叉路口的行车安全。

由此可见,基于物联网技术的智慧港口能够实现物与物之间的信息共享和动态协作,提高港口作业的效率、准确性和可视化程度,形成安全畅通、环保高效的现代化智慧港口。

七、智慧港口的发展背景

(1) 第一代港口最简单,就是两个功能:船舶靠泊、货物装卸。

(2) 第二代港口是在这个基础上增加了若干商贸和专业化功能,码头分为了集装箱码头、原油码头、散杂货码头等一些专业化码头。

(3) 第三代港口在第二代港口的基础上增加了物流和金融方面的功能,港口成为物流中心。

(4) 第四代港口,不再把港口看成一个物流中心,而是把港口看作供应链上的一个节点,从整个供应链的基础上来看待港口的功能涉及的包括物联网、服务、技术等各个方面的创新。

(5) 港口作为我国连接国内外货运商贸、物流仓储以及信息服务等环节的重要载体,是"一带一路"倡议的关键节点,这为我国智慧港口提供了历史性的发展机遇。

(6) 在行业政策层面,2014年全国交通运输工作会议指出,当前和今后一个时期要全面深化改革,集中力量加快推进综合交通、智慧交通、绿色交通、平安交通等"四个交通"的发展。

(7) 在市场环境层面,随着全球航运市场进入"船舶大型化""联盟超级化"以及"码头高等级化"的新常态,我国港口要想在激烈的市场竞争中赢得生存空间,推进智慧港口建设势在必行。

八、智慧港口发展趋势

(一) 便捷可靠的客户体验

智慧港口重视终端货主和物流参与方的服务体验,并从终端货主的角度出发,加强与众多利益相关方的协作,推动贸易便利化,为各方提供便捷可靠的服务。

(二) 稳定的智能化运营

智慧港口通过数字化、自动化技术,提升码头作业运作能力,推动货主、货代、运输公司、船公司、港口、口岸单位间有效信息的交互与协作,保证整体运营水平。智能化的运营将大大提升港口的集疏运能力，对不同情景下的设备、人员等资源具有最优化使用、监测、维修的能力。

（三）高效的供应链协作

智慧港口在海运价值链中担当贸易促进者以及合作者的重要角色，对物流链资源具有较强的整合能力，与利益相关方具有紧密的协作关系。在组织间协同方面，具有清晰的共赢目标、可靠的政企关系、有效的上下游客户关系管理、高效的决策机制、灵活的争端解决流程以及快速的信息交互和共享等。

（四）开放式的业务创新

未来智慧港口具备较强的创新认知、创新吸收和创新应用能力，在企业内部培养创新意识和开放意识，了解颠覆性技术带来的机遇和挑战；深入建立合作关系，为各方营造开放创新的环境。

（五）互联互通的信息与技术

智慧港口在港口企业、物流企业间以先进的技术手段实现各方的互联互通，建立信息共享机制，统一信息平台的数据交互标准，实现各信息平台的对接。将船舶信息、港口信息，集成为一个信息全面、数据完整的信息化平台，面向所有参与方提供公共的、定制化的服务，并保证信息的准确性、可靠性和及时性。此外，港口间紧密协作，构建良好的信息传输机制和统一的信息交换平台，使港口、船公司、物流公司、终端货主等在开展经营管理活动时把握全局情况。未来智慧港口基于生态圈的数据积累，将零散数据转化为有效信息，提升码头自身的运营水平。

第二节　智慧港口的功能

一、智慧港口的功能构成

（一）智能商务

智慧商务是指由货主、海上运输服务代理公司、公路运输、铁路运输、物流园区、金融机构等相关国内外贸易、物流参与方相互之间的智能商务交往。

（二）智能政务

智能政务是指海关、检验检疫、税收、海事局、边防等政府部门的智能监管。

（三）智能管理和自主装卸

这是指船公司、码头等物流企业的智能化管理和相关物流企业的自主装卸作业等。

在业务功能上，智慧港口与传统港口没什么区别，智慧港口和传统港口的最主要区别是：智能港口通过高新技术的应用，使智能政务、智能商务、智能管理与自主装卸成为其主要呈现形式，通过引导参与方的共同融入，使港口具备广泛的联系与互动、透彻感知、持续创新、自主进化的生态特征。智慧港口的功能构成如图9-2所示。

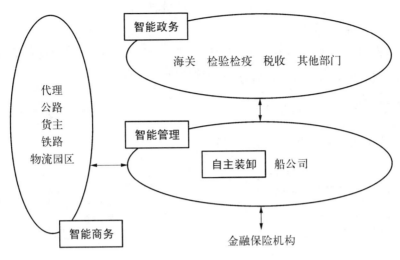

图 9-2 智慧港口的功能构成

二、智慧港口系统的功能模块

（一）港口客户服务系统

通过互联网利用港口物流信息平台，实现与客户的联系和交流，提供港口基本信息资料、客户服务指南、港口业务流程介绍、业务手续申请办理等信息。

（二）港口生产管理系统

通过内部网络与港口内部各业务管理软件业务数据信息交换，进行生产调度、组织和指挥，并通过视频监控技术对作业过程进行可视化监控。

（三）港口运营管理系统

进行港口运营管理决策，主要功能包括市场管理、货运管理、配送管理、客户管理、安全管理、财务与结算管理、自动化办公等。智慧港口运营管理系统主要组成部分如图 9-3 所示。

（四）港口电子商务系统

通过互联网方式实现客户开展与港口物流相关的商务活动及办理各项业务。

（五）综合运输管理系统

通过与其他交通系统业务数据对接，解决水运与公路、铁路、航空等交通方式之间进行多式联运和水运中转的业务管理和决策，减少中转申办手续和环节，实现物流数据共享。

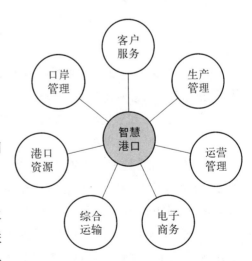

图 9-3 智慧港口运营管理系统

（六）港口资源管理系统

通过港口内部信息网和港口/航道视频监控、船舶定位导航、GIS 地理信息系统等技术，建立港口企业资源管理基础数据库,实现资源智能管理。

(七)港口口岸管理系统

港口口岸管理系统通过 GPS 技术、RFID 技术、人脸视频识别、视频移动侦测、轨迹跟踪等技术对进出港口车辆和人员进行管理,实现智能闸口功能。

三、智慧港口的信息、系统结构

智慧港口的信息系统结构如图 9-4 所示。

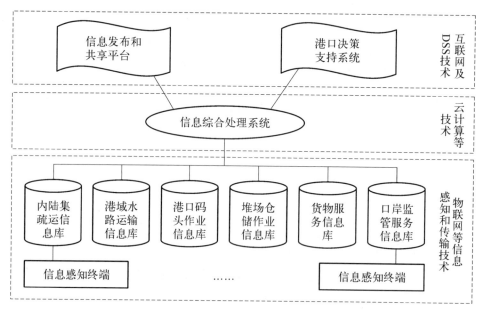

图 9-4　智慧港口的信息系统结构

(一)信息感知终端

信息感知终端主要依靠物联网技术,由各种传感器以及传感器网关构成,负责识别物体、采集信息。安装在港口各个作业现场,如码头机械、堆场卡口、集疏运载运工具等设施上,负责自动感知和采集船舶、货物以及工作状态信息。

(二)信息综合处理系统

港口信息综合处理系统的目的是共享、发布和决策支持。数据库采用分布式处理模式,在各个子信息库进行信息分类处理,在综合处理系统中进行信息整合。分类处理的主要目的是进行数据统计和整理,整合处理的主要目的是数据对比、挖掘分析等。

在信息数据库的建设过程中,可通过运用数据仓库技术,将基础应用系统的数据由原来分散的、无规则或规则不强的业务数据,处理为按照标准化要求的统一数据,为上层进行业务查询、统计、分析和决策提供依据。在综合处理系统的建设中,需要加入决策支持基础分析系统。

信息整合和处理的目的还包括利用信息基础数据,对港口的业务流程进行分析与优化重组。删除多余的环节,建立规范化的流程,使港口内部的信息系统作为一个整体进行运作,避免出现信息孤岛的现象。通过对港口信息系统的整合,实现信息共享,合理配置资源,提高效率,增加顾客满意度。

（三）信息发布和共享平台

信息发布和共享平台包括口岸管理信息平台和港口公共信息平台。口岸管理信息平台连接口岸管理部门和相关服务企业,是港口口岸管理的操作平台。港口公共信息平台连接与港口相关的银行和保险金融服务机构、生产企业和贸易企业等。

另外,信息发布和共享平台可以提供信息转换、传递、存储等业务,实现高效的监管和服务,并方便开展标准化、电子化的国际贸易和电子商务,从而实现减少操作流程、提高通关效率、降低交易成本、增加贸易机会、增强港口服务能力的目的。

（四）港口决策支持系统

港口决策支持系统是在数据处理的基础上,通过绩效分析等方法建立决策模型,为港口企业管理者提供经营分析和决策支持的工具,帮助港口企业实现经营分析和决策的数字化和科学化。

通过该系统跟踪港口企业的经营过程,及时发现问题并发出警示信息,从而引起经营者的关注,以便采取措施,化解经营风险。

决策支持系统还可以帮助企业管理者对关键业绩指标进行多维度、多层面的分析,从计划控制的角度来分析企业经营的状况等。

第三节　人工智能在智慧港口的应用

人工智能技术在港口应用广泛,例如将人工智能技术应用到港口的生产计划与调度过程中,可实现码头无人驾驶、自箱号识别、智慧船舶配载、智能泊位调度、智能场地策划、智能设备调度等,码头生产组织的智能化应用,可以实现最小化船舶在港时间、最小化堆场翻操作、最小化集装箱运输成本等。

一、人工智能在码头无人驾驶设备中的应用

作为人工智能等技术在汽车领域、交通领域的延伸与应用,无人驾驶近几年在世界范围受到了密切关注。当前人工智能的主要细分技术包括机器视觉、深度学习、GPU等均在自动驾驶领域发挥着重要的作用。随着人工智能技术新一轮的发展浪潮,人工智能与港口集疏运设备的自动驾驶也愈加契合。

2018年1月,西井科技与振华重工联合研发出一款无人跨运车,并成功在某码头完成了多次实际场景路测。该无人跨运车无须事先埋设磁钉,依靠人工智能技术,即可实现自主定位、自主导航的无人驾驶决策,不但可以自动规避障碍物,还可以做出减速、刹车或绕行等遭遇突发状况的各种决策。同时,无人跨运车可根据码头实际路况,自主规划出集装箱水平运

输的最优驾驶线路。

2018年1月,西井科技与广东珠海港集团合作的全球首辆港口作业无人集装箱卡车正式亮相珠海港;2018年4月,图森未来发布称已实现对接现有港机系统及港务系统的无人码头内集装箱转运车队解决方案。

二、人工智能在自主箱号识别技术中的应用

集装箱箱号是集装箱在整个港区装卸船、堆放、验残、出关等作业时流转的依据,对整个港口大数据流转、理货公正性等有着直接影响。由于集装箱的作业通常在露天环境,易受到港口所在地气候、光线条件等影响,且集装箱的箱号横竖排列不定、存在曲面、油漆脱落等情形,快速、精准识别集装箱箱号成为技术难点。

人工智能的计算机视觉以及深度学习算法的突破,使机器在"看"这一认知能力上的加强。利用人工智能,可以实现箱号自主识别,提高箱号识别的效率和准确率,并可在此基础上进一步实现港区无人智慧闸口、无人智慧吊装等功能。

三、人工智能在智慧船舶配载中的应用

船舶配载是海上货物运输中的重要环节,集装箱船舶配载指在确保船舶适航性和经济性的前提下,根据船公司要求,按照一定装箱规则绘制预装船图,以便将集装箱合理地装于集装箱船舶上。集装箱船舶配载是一项复杂、全面、综合性强、技术含量高的工作,对操作人员综合素质的要求较高,其配载质量直接影响码头装卸作业效率和船舶的安全性能。

船舶配载和堆场运动是可以更具预测性的领域,因此成为当前人工智能技术可以增加"巨大价值"的地方。可结合船舶的箱量分布、箱型比例、挂靠港等信息,以及实时的货物堆存信息、机械设备状态、班轮航线、泊位、货源等信息,利用人工智能算法,在预测的基础上,自动完成最优配载图,将货物安全、高效装船,帮助提升船舶有效积载。

四、人工智能在码头智能调度中的应用

未来港口智能调度将借助物联网技术、人工智能等成果,结合实时的生产现场机械设备状态、泊位、车辆运输等相关数据,并与船舶行驶状态实时交互,通过预测,制定最优决策方案,实现信息系统指令与码头机械设备控制功能的无缝衔接;提高作业效率和准确率,保证生产过程的连续、协调、均衡和经济运行,以求实现生产效益的最大化。

2018年1月,鹿特丹港务局和IBM宣布打造的"未来港口",通过沿着码头的墙壁、系泊柱和道路从荷兰鹿特丹市到北海的42千米的陆地和海洋进行安装传感器,收集有关潮汐和潮流、温度、风速和风向、水位、泊位等数据,利用物联网和人工智能对这些数据进行分析,转化为鹿特丹港可用于制定决策的信息,以缩短等待时间,确定停靠、装载和卸载船舶的最佳时间。

第四节 基于 5G 技术的智慧港口的应用场景

从港口作业环节来看,5G 技术与港口的核心需求十分契合,从目前已经开展 5G 场景应用来看,主要有以下几个场景。

一、装卸作业的远程控制

集装箱码头的运作效率主要取决于集装箱码头的相关运输设备、堆场的布置等因素。岸桥是集装箱码头在船舶泊位装卸集装箱的主要设备,场桥是集装箱堆场进行集装箱装卸的重要设备,这两者的效率是整个集装箱码头运输的关键。目前 90% 以上的岸桥、场桥为人工现场高空作业,具有远程控制需求。部分新建港口场桥(轮胎吊)如果用光纤部署,由于光纤易磨损,改造升级成本高,难度大;少数信息化港口采用 Wi-Fi 或 LTE-U,但可靠性、时延、速率等性能欠佳。港口装卸远程控制是 5G 重要应用场景,充分利用 5G 网络的大带宽、低时延、高可靠性实现岸桥、场桥远程控制、高清视频回传等业务。

应用 5G 技术实现远程控制,装箱操作员可以在中控室观看多路视频进行操作,完成吊车吊具的精准移动、集装箱抓举等操作,1 名远程控制人员可操控多台场桥或岸桥或轮胎吊,可大幅度降低人力成本,在改善工作环境的同时,大幅提升作业效率和作业安全性。

二、港口无人运输

传统港口集卡一直是人工驾驶,司机机械式劳作,这容易造成疲劳驾驶,影响运输效率和安全。港口无人运输是智慧港口的重要组成部分,是智慧港口建设的基石。随着港口自动化的发展,采用 AGV/IGV 和 5G 无人驾驶集卡进行运输,可以大幅度降低人力成本,实现 24 小时作业。5G 能为港口的 AGV/IGV 自动运输、集卡无人驾驶和港区视频管理等应用提供更好的网络支持。

采用无驾驶舱的港口无人驾驶集装箱车,可实现环境主动感知、自定位、自主智能控制、遥控控制和远程通信五大功能,且其配备的 5G T-BOX 能够实现特殊工况远程驾驶,实现车辆远程监控、智能化管理,助力智慧港口运营成本的降低和运营效率的提升。

港口无人运输是 5G 重点应用场景之一,基于 5G 大带宽、低时延、高可靠和广连接特性,同时结合高精度定位与车路协同等技术实现 AGV/IGV/集卡无人驾驶以及实时路况回传,使得 AGV/IGV/无人驾驶集卡的运行数据能够实时传输到后台控制中心,由控制中心监管运输进度,对集卡的位置、姿态、电量、载重等数据进行监控,并实时查看车辆的感知与规划信息。在集卡发生故障或需前往临时区域时,即可切换 5G 远程接管,保障其运输、驾驶安全。

三、港区视频监控和 AI 识别

视频监控在港口的应用场景主要有四个。

(1) AI 识别：吊车摄像头对集装箱 ID 的识别及自动理货。

(2) 安全防护：对司机面部表情、驾驶状态进行智能分析，对疲劳、打瞌睡等异常现象进行预警。

(3) 运营管理：车牌号识别、人脸识别、货物识别的管理。

(4) 智能巡检：利用无人机、机器人快速智能巡检，利用 5G 的大带宽、低时延和低空覆盖能力实现无人机实时高清视频监控，同时配合后台视频分析系统，借助人工智能手段进一步提升巡检效能。

目前，港区很多区域无法部署光纤。对于临时部署场景和移动场景，无线回传作为光纤的补充具有部署灵活、调整便捷、低成本的优势。5G 大带宽广连接能力有效支持多路高清视频和传感器信息回传。结合边缘计算＋AI 能力以及高精度定位等技术，帮助港口设备和生产系统同步协调，提升港口作业效率和智能化运作水平。

四、集装箱电子标签

智能集装箱通常是在设备的外部和内部均使用或者加装多个主动 RFID 产品。在结合 GPS 技术后，能在集装箱状态发生变化时实时将状态变化发生的时间、地点以及周围的环境信息传输到货主或管理人员的机器上去，实现集装箱的实时跟踪，包括一张电子封条、一张传感器封条，这些标签可以贴在运输货物的集装箱上，而这些标签能够随时将集装箱的一些关键信息如位置、安全状况、灯光、温度和湿度的变化传给读取器网络，读取器网络收集、过滤获得 RFID 的信息，并将有效信息输送到 TSS 系统（transportation security system，交通安全信息系统）。发货人通过 TSS 系统，就可以实现货物的追踪，了解货物的及时方位、状态和安全状况。TSS 系统与集装箱周转流程如图 9-5 所示。

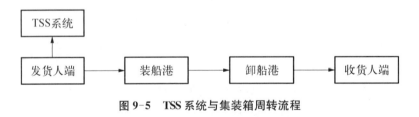

图 9-5　TSS 系统与集装箱周转流程

（一）发货人端

在发货人端，出口集装箱完成作业后，须在集装箱上加装 RFID 电子标签并以手持终端机启动 RFID 电子标签，再由集装箱运输公司将集装箱运往码头集装箱堆场。

（二）装船港

待集装箱进入港口后，系统通过 RFID 读取器实时记录集装箱到达的时间与集装箱的安全状态，并适时将信息以 GPRS 传输方式传送至 TSS 系统。同时，必须通过网络登录事先预设的账户，并在 TSS 系统上维护测试集装箱的舱单资料。集装箱进场信息经过码头集装箱场的港口管理系统确认后，集装箱场的集装箱监控作业就开始由 RFID 监控读取器进行全程监控。当集装箱开始装船作业时，架设在船边的龙门起重机上的 RFID 读取器记载集装箱装船作业的时间,同时确认该集装箱的安全状态,确保装船的集装箱为安全状态,之后集装箱船即经海运路线驶往目的港。

（三）卸船港

集装箱船进港停靠码头后,经由卸货龙门起重机将集装箱调至集装箱场后,由现场的安全作业人员已手持终端机取得集装箱到港的信息。

（四）收货人端

在门到门运输模式下,集装箱被直接运送到收货人所在位置。收货人在收到集装箱之后,直接剪断电子标签的插拴,完成集装箱的安全旅程。

五、集装箱码头自动化

通过大数据分析实现对港口生产、运营、市场、服务、安全、环保等方面实时监测管理,打造"数字孪生港口"。

六、海关电子监管通道

海关在通道沿途设立了一定数量的基站,当贴有 RFID 标签的集装箱进行通道后,基站会实时采集 RFID 标签信息并传输给数据中心,从而使海关能够有效监管通道中运输的集装箱状态,包括集装箱是否被打开,货品是否因颠簸而损坏等。

关港协同新模式,大力推进港口与海关的信息互通与业务融合,积极推广船边直提、抵港直装等作业模式,降低企业通关成本,提升口岸通关效率。

七、港口智能管理

智能理货系统打通了地磅、卡口系统数据,把事后汇总的提货、装卸船、转堆工作改为实时输入,并融合港口、货主、代理、车队等多方信息,实现了预约提货、动态跟踪、实时查询等功能,为港口方、货主、代理方了解货物生产动态数据提供技术支持。

港口通常需要 24 小时作业、对司机技术要求高、作业环境封闭,这些特殊要求让无人卡车开进港口成为可能。

通过对接 TOS(码头管理系统),无人卡车获得相应运输指令后,实现码头内任意两点间的水平移动、岸吊、轮胎吊、正面吊、堆高机处等自动收送箱功能。

每一台无人卡车通过车载网络实时与码头控制中心保持联系,实时接收每一条任务指令,并将当前车辆状态,任务执行情况实时汇报给控制中心。

总之,5G 网络以其高带宽、低时延、广连接的特性,以及网络切片、边缘计算两大核心能力,结合高精度定位、人工智能、物联网等技术,能够为港口打造定制化的行业专网,满足港口企业多场景应用需求,上面介绍的 5G+智慧港口的应用场景已经在上海洋山港、宁波舟山港、厦门远海码头、天津港等得到广泛应用,实现了 5G 全场景的应用落地,提升了港口自动化、智能化水平,提高了港口运营效率。

第五节　智慧港口的建设策略

一、智慧港口的建设目标

智慧港口的建设目标是实现港口物流服务和管理智能化。

（1）实现港口物流服务电子化、网络化、无纸化和自动化，降低港口物流服务成本，提高物流服务效率和港口经济效益。

（2）实现港口与船公司、铁路、公路、场站、货代、仓储等港口相关物流服务企业的无缝连接，通过物流信息平台实现信息集成和共享，优化物流供应链管理，提高物流服务水平。

（3）提高港口管理和决策水平，如实现远程调度、信息自动化采集、存储和加工，优化港口物流流程和生产组织提高港口物流服务质量。

（4）实现港口与海关、海事、商检等口岸单位的信息一体化，提高"大通关"效率和口岸部门服务水平。

（5）搭建港口物流市场信息服务平台，拓展港口物流市场交易、金融、保险等配套服务功能。

（6）实现港口物流信息资源的整合，为实施智能港口和智能交通系统规划提供支持。

二、智慧港口的建设内容

（一）云数据中心

搭建港口云数据中心，拓展港航大数据集成共享新空间，全面支撑企业核心应用系统的稳定运行与港航大数据的开发运营。

（二）大数据管理平台

推进港口数据资源整合与跨界数据资源融合，加强对口岸贸易物流的全过程信息采集，搭建统一开放、数据完整、架构先进、安全高效的大数据管理平台，实现对海量数据的存储、挖掘、分析与利用。

（三）智能化集装箱码头建设

建设智慧零碳码头，智能化程度高、运营效率优、综合成本低、适用范围广，是符合绿色发展的智能化集装箱码头。

（四）集装箱码头自动化

实现"自动化岸桥＋自动化轨道桥＋无人集卡编组＋智能解锁站"联合作业。

（五）智能化设备控制系统

实现对平行岸线智能化集装箱码头智能水平运输设备的精准调度和有序管理，全面支撑自动化岸桥、自动化轨道桥、智能水平运输设备、智能解锁站等智能化码头全设备要素的联合作业。

（六）港口智能管控中心（IMCC）

通过大数据分析实现对港口生产、运营、市场、服务、安全、环保等方面实时监测管理，打造"数字孪生港口"。

（七）智能调度指挥系统

智能调度指挥系统，实现船舶动态智能编排、进港车辆实时跟踪、生产效率智能分析，提高生产资源配置合理性，增加港口枢纽功能。

（八）关港协同新模式

关港协同新模式，大力推进港口与海关的信息互通与业务融合，积极推广船边直提、抵港直装等作业模式，降低企业通关成本，提升口岸通关效率。

（九）电子商务网

打造全港统一的对外服务平台，为客户提供7×24小时线上业务受理、集疏运预约、在线支付、金融保险、信息查询等便捷服务，打通进出口货物在港口物流环节的"最后一千米"，提升口岸通关效能。

（十）集装箱业务单证电子化平台

优化港口业务单证流程，打造集约化管理平台，实现集装箱装箱单、设备交接单、进口货物提货单等单证"全程无纸化"。

本章案例

案例9-1 人工智能在港口码头的应用

人工智能当下炙手可热，已与诸多行业深度融合。航运业可谓人类经济发展中非常古老的行业，近年来凸显出与人工智能的深入融合，通过全自动码头、智慧船舶配载、智能调度等各领域的应用，以及未来可能朝着无人驾驶船舶、智能解决方案设计等趋势，航运业不断从信息化到智能化演化发展。

一、全自动码头

自动运输设备和控制系统的结合，实现无人工介入的协同高效作业。

全自动码头在全球各地均有涌现，技术应用已经较为成熟。我国的上海洋山港、青岛港、广州港等港口也都在全自动码头建设中走在了世界前列。

以上海洋山港的出口集装箱调运为例，自动化码头的作业流程大致分为6个步骤：使用自动化轨道吊起重集装箱、自动化轨道吊自动将集装箱堆叠至集装箱堆场、自动化轨道吊将集装箱从堆场自动运送至AGV运输点、AGV将集装箱运送至岸桥起重点、岸桥起重、远程控制及调度中心将集装箱起重运至运输船。

在上述流程中，AGV起到了关键性中介作用，这是一种具备电磁或者光学等自动导引装置，能够沿规定的导引路径行驶，具有安全保护以及各种移栽功能，不但可以自动规避障碍物，还可以做出减速、刹车或绕行等遭遇突发状况的各种决策并规划最优驾驶线路。

AGV自动导航的实现技术是多元的,其中在业内被广泛采用的是磁钉定位导航系统。例如洋山港自动化码头四期工程中,就在地面埋设了61 483颗螺钉,磁钉与磁钉之间就处于一种较为精确的定位状态,再通过磁导航传感器检测磁钉的磁信号即可实现AGV的定位,此时可以依靠编码器数等里程计量传感器来计算位置,依靠陀螺等角度传感器来确定方向角。

有了自动引导设备,全自动化码头作为一个庞大系统,要实现协同运作,还需要通过人工智能、运筹学决策和系统工程理论来发展中央控制系统。上海洋山港的控制系统主要包含了全自动化码头智能生产管理控制系统(TOS)与设备管理系统(ECS),它们指挥着130台AGV协同工作,共同发挥出最优的效率。

自动运输载体之外,人工智能也渗透到了全自动化码头的各方面,解决了传统码头作业中的难题,极大提高了自动效率。例如,在码头上,轨道吊从集卡车上抓取集装箱时,如何安全高效地进行全自动化交互作业,是全球港口一直未解决的行业难题。因为集装箱与集卡车的拖盘锁销一旦没有完全分离,轨道吊卸箱时容易造成集卡被吊起事故,存在安全隐患。青岛港自动化码头团队则通过用人工智能、图像识别等技术研发了机器视觉集卡防吊起系统,实现集卡防吊起自动识别。这项新突破,让自动化码头的全自动化范围再次延展,从码头卸船作业一直延至陆侧区域。这样一来,码头收箱作业避免人工介入,进一步提升了安全性,解决了行业难题。

除了已经应用的技术,全自动码头的发展也与相关技术的进步紧密结合。广州港集团就积极引入高新技术,与华为公司开展了战略合作,着力结合5G技术打造"车路协同"平台,优化自动化码头的作业流程。华为已在广州港等港口进行有关联合创新和测试,探索5G在港口陆地和海域等特殊场景的覆盖技术,实现港口遇险报警、辅助航行、智能理货等业务运用。

二、智能船舶配载

人工智能算法模拟配载员操作,实现自动配载过程。

智能船舶配载通过人工智能技术和算法优化,可以结合船舶箱量分布、箱型比例、挂靠港、货物堆存、机械设备状态、班轮航线、泊位、货源等信息,自动完成最优配载图,实现货物安全、高效装船,有效提升船舶装载效率。

目前较为尖端的基于学习导向的船舶智能配载技术采用了深度神经网络的学习方法进行学习,克服了大多数"抽象的配载策略无法用构造式的人工规则来描述"这一问题。同时,在配载求解过程中也采用了智能算法,但是在算法的上层还构造了一层工作流引擎用于快速调用配载特征库进行配载,从而大幅提升了配载求解的速度。

自动配载的效率约是人工配载效率的8~10倍。以装船2 000自然箱为例,自动配载的速度平均为15分钟,人工配载则需要大约2~3小时。

此外,智能配载还能够降低劳动强度、固化员工经验、提高夜间配载质量。针对超大型船舶,可大幅降低员工劳动强度,逐步使配载员从反复重复的操作者角色转化成为规则的制定者。同时,通过计算机自动配载系统不断地吸纳与固化员工的配载作业经验,即可稳步、有效地提高配载质量。系统配载的另一特点即是配载质量稳定,计算机超强的计算能力能够有效避免人工因夜间疲劳导致的配载质量下降等不良情况。

智能配载在诸多港口已经进入应用阶段。宁波港大榭集装箱码头是国内首个使用智能配载技术的集装箱码头。截至2018年12月,应用智能配载船舶(装载量大于300集装箱的船舶)千余艘次,其中,大型超大型船舶应用率约占90%。该码头应用智能配载技术的船舶平均单机效率比往年同期显著提升,平均作业路数比往年同期有所减少。智能配载技术大幅提高了配载计划的编制效率,1 000集装箱积载时间可以在10分钟内完成,公司吞吐量达300万集装箱时,计划岗位人员编制仍保持不变,特别是针对短截关期状况下的大型船舶,该技术可以平均将装船作业开工时间提前3~4个小时,节能减排的同时显著降低码头生产运营成本。

上海港应用智能配载技术后,由于配载决策所需时间显著缩短,可先根据放关情况提前数小时进行首次决策,靠泊前针对剩余出口箱进行二次决策,且首次决策时间大幅延后,减少了首次决策后放关出口箱数量,提升了决策效率和决策水平。

三、无人驾驶船舶

无人驾驶船舶的发展尽管尚处于研究论证阶段,但是,其未来的商业化运营并非遥不可及。

全球首艘无人集箱船已于2017年9月29日下水测试,这艘名为"Yara Birkeland"号的船只由挪威康士伯海事和全球最大的化肥制造商——挪威Yara集团合作研发设计。全电动模式可完全实现零排放,长80米、宽15米,能够装载120个约长度6米的标准集装箱,虽然载货量很少,但该船的正式投入运营将会成为全球航运史上的一个巨大转折点。据报道,"Yara Birkeland"号利用自身安装的全球定位系统、雷达、摄像机和传感器等,能够在航道中实现避让其他船舶,并在到达终点时实现自行停靠。

技术已经先行一步,接下来,随着智能船舶控制系统、海洋、气象、水文等智能识别技术的完善,以及相关法律法规的健全,无人驾驶船舶成为可能。而一旦无人驾驶船舶商业化运行开启,必将重新定义集装箱运输业的参与主体和商业模式。在物联网、大数据、区块链、虚拟现实等技术不断裂变式发展的背景下,人工智能技术亦将不断推动集装箱运输业从信息化走向去中心化、走向系统分散化、走向智能化,其商业模式创新也将在技术浪潮中呈现出各个参与主体的数字化转型而更加呈现出共生发展的模式,引领集装箱运输业真正步入智能化新阶段,以航运互联网生态系统的搭建启动智慧航运的时代。

案例9-2 天津港5G智慧港口建设

一、天津港5G智慧港口简介

天津港5G智慧港口建设,从2018年开展以来,已部署东疆、北疆两个集装箱码头区域。当前已部署的13个5G基站和MEC专网,为港口5G应用提供良好创新环境,并与港口各种设备设施进行业务对接,通过提供无人集卡视频与指令系统应用和岸桥远控、自动理货的全面应用,为港口智慧化改造奠定技术基础,为后续5G港口应用场景复制推广具备积极意义。

二、项目建设的经济和社会效益

该项目能够产生相当可观的经济效益。5G网络与天津港岸桥设备进行业务对接,取代了传统光纤传输方式,单桥可降低运维费用100万元/年。无人集卡在5G网络保障下,累计行驶超过2万千米,完成3 000个作业循环,相比单车智能整体港口水平运输成本节约3 000万元。智能理货系统可节约人工成本2 580万元。

该项目的社会效益更是明显。该项目成功实现了全球首个利用5G网络的商用无人驾驶电动集卡整船作业,有望成为全球首个成熟无人集卡自动驾驶商用案例,对港口应用系统产生革命性影响,从源头推动5G产业链的发展。

智能理货系统上线后,在节约人工成本的基础上,显著改善理货工作的作业环境,解决了理货行业劳动强度大、危险系数高的问题,进一步提高了港口作业的安全性。通过对接岸桥PLC信号,系统实现自动判定装船位置,提高了装船位置确认的准确率,提升了港口对外服务水平。在新冠肺炎疫情发生后,因智能理货项目已全面投产,外轮理货员不再需要登轮作业,极大减轻了港口的疫情防控压力。

三、对企业发展的意义

该项目通过5G、人工智能、自动驾驶、港机远程控制、车路协同等多种技术的应用,推动了天津港智慧港口的信息化、智能化的转型升级。5G凭借低时延、高带宽、高可靠、大容量等特性,提供了更好的远程操控服务。通过替代光纤,可以降低维护成本。通过搭建企业5G专网,与光纤可以互为备份,增强了网络安全性与可靠性。

案例9-3 青岛港5G智慧港口建设

青岛港采用"一张5G行业专网+一个核心平台+N大应用场景"的建设模式,孵化出了5G轨道吊自动化远程控制、5G智能理货、5G无人集卡车等应用场景,实现了对港口水平运输、垂直装卸系统的智慧化转型升级,在自身降本增效的同时,推动了我国5G应用的进一步发展。

项目采用以5G宏站作为港区广覆盖、以微站进行集装箱堆叠区补盲覆盖的方法,解决集装箱堆叠5G信号受阻问题,满足港口内垂直装卸和水平运输的无缝覆盖需求。

5G轨道吊自动化远程控制系统。该系统利用5G网络大带宽、低时延特点,将控制信号、视频、图像、语音等信息传回中心机房的服务器,对轨道吊实施自动化运行和远程监控,实现了包括自动精准定位、一键锚定安全防风、安全作业自动防撞、大车轨道系统与大车运行水平轮导向、ARMG吊具八绳自动防摇、远程控制系统以及远程全方位监测、陆侧集卡车全自动收发箱作业等功能,大大极高了设备的可靠性和自动化程度。

5G智能理货系统。系统前端通过在门机上部署球形摄像机,采集集装箱装卸作业过程中的视频,并通过AI识别技术,智能识别集装箱号、集卡车号等关键作业信息。系统传输部分使用 5G 网络,实现视频和信号数据的高质量、低时延传输。系统后端包含智能理货平台、手持功能 PC 版、TOS 系统数据对接、海关数据对接、集装箱理货系统数据对接等。

5G 无人集卡车系统。基于 5G 集群通信技术结合自动驾驶技术,实现集卡车全域自动驾驶、智能调度,加快智慧绿色港口建设,实现"无人集卡车+无人驾驶拖车+自动化轨道吊+远程操控桥吊"全场景自动化作业模式。方案支持车管平台调度和异常工况远程接管,单车多路高清视频回传对 5G 上行速率需求大于 20 Mbit/s、上行视频时延小于 100 ms、下行控制命令时延小于 10 ms。同时通过差分服务和高精度地图,结合激光雷达等融合定位算法,实现无人集卡车港区整体厘米级定位精度,无人集卡单车能在岸桥、轮胎吊下精准定点停车、装箱和卸箱,以及自动识别避障和远程控制等功能。

案例 9-4　北仑矿石码头人员定位系统,助力智慧港口发展

一、北仑矿石码头港口简介

宁波北仑港区 20 万吨级矿石中转码头位于杭州湾口外,占地面积 150 平方千米。年接卸进口铁矿砂能力可达 3 000 万吨以上,适应开展大宗散货国际中转业务的需要,北仑港区是我国目前规模最大的进口铁矿中转基地。

二、智慧港口项目需求

由于现场作业环境复杂,大型机械设备繁多,工人较多且分散,作业稍有不慎,很容易引起伤亡事故;管理方面,缺乏有效的监控及预测手段,各类问题难以及时发现和处理,也会导致工作过程中效率低,人员的安全防护得不到保障。因此,如何实现对员工的智能化安全管理及生产设备的维护,是码头管理方面临的难题。

三、安全管理亟待加强,智能化转型势在必行

2019 年 5 月,宁波港北仑矿石码头分公司提出人员定位需求,希望全面实现对作业人员安全生产风险实时动态监测预警,通过人员定位智能化管理,辅助提升企业安全监管的信息化、网格化和数字化监管能力,强化生产安全管理,降低安全风险。

四、蓝牙+北斗融合定位技术,实现室内外一体化定位

经过现场勘测并多次与业主沟通,制定了一套适合客户需求的人员定位方案,即在蓝牙精准定位的基础上,融合北斗卫星定位技术,这套定位方案特别适用于港口码头这样的大面积区域、复杂环境,可完美实现室内外定位需求的无缝衔接,可有效实现人员位置管理,保障人员安全,规避隐患,从多层面实现高效管理,有效推动安全管理智能化建设。

五、定位系统介绍

北仑矿石码头人员定位系统采用"北斗卫星+蓝牙"融合定位技术,由作业人员携带安全帽式定位器,接收北斗卫星定位信号或蓝牙信号,并通过远距离无线传输系统将原始经纬度数据和蓝牙定位数据发送至定位基站,数据汇总后通过多种网络传输方式传送至定位引擎主机,定位引擎通过多目标位置融合算法得出定位器精确位置。系统实现了对码头内人

员位置实时定位、轨迹回放、报警管理、一键求救、巡检管理等功能。人员定位系统架构如图9-6所示。

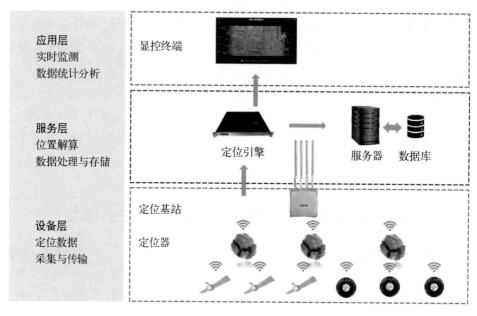

图 9-6 人员定位系统架构图

六、项目实施方案

北仑矿石码头人员安全定位系统项目分三期进行建设,其中,一期、二期项目定位区域为穿山港区中宅矿石码头,三期项目定位区域为北仑机修分部区域;定位区域总占地面积约 125 平方千米,定位总人数 500 人。

作业区、设备区及重点危险区域采用蓝牙定位技术,蓝牙信标布设于引桥、装卸船码头、廊道、轨道、道路、堆场、转运站、斗轮车及海岸线等,其余地方采用北斗卫星定位。定位基站安装于灯塔、转运站顶部等较高的位置,可做到信号全覆盖,保证无盲区。

管理人员通过数字地图,可实时掌握现场人员分布信息、历史轨迹信息、区域人员数量、人员到岗情况等,一旦发现有紧急状况可充分调配现场资源。

(一) 违章作业及时预警,提高安全管理效率

实时监测现场的人员聚集、原地停留、非法闯入、非法闯出等情况,与现场已有的视频监控相结合,实现人员位置与视频的联动,做到及时发现、及时预警;记录并汇总现场的违章情况,分析各作业区域的安全管理薄弱环节,有效控制现场的安全风险,提升安全管理绩效。

(二) 完整电子围栏隔离,确保安全路线

高层设备区采用标注完整电子围栏隔离等方式,实现人员栈道翻越设备报警功能,进一步保障工人按照规定安全路线前行。

(三) 海岸线侵线报警设计,保证人身安全

实时监测靠近海边人员动向,一旦有人靠近海边一米距离就开始报警,同时弹出视频联

动报警,以便于对工人进行安全警告。

七、人员定位系统建设的意义

把人员从传统作业模式中解放出来,实现安全管理,是北仑矿石码头从传统管理走向智能化管理最重要的第一步,人员定位系统的意义正在于此。未来,航飞光电将继续利用自身在定位技术领域的领先优势,坚持不断创新,助力现代化智慧港口发展。

本章思考题

1. 智慧港口的优势有哪些?
2. 智慧港口发展趋势有哪些?
3. 人工智能在智慧港口的应用有哪些?
4. 5G 技术在智慧港口的应用场景有哪些?
5. 智慧港口的建设策略有哪些?

第十章 大数据与智慧物流

 本章要点

- ◆ 大数据的含义
- ◆ 大数据的价值
- ◆ 互联网时代大数据的来源
- ◆ 物流大数据的含义
- ◆ 大数据与智慧物流的关系
- ◆ 物流企业应用大数据的优势
- ◆ 大数据在物流企业中的应用场景
- ◆ 大数据在智慧物流领域的应用策略

第一节 大数据概述

随着大数据时代的到来,云计算和大数据技术加快向物流业渗透,通过海量的物流数据挖掘新的商业价值。物流之争在一定程度上逐渐演变为大数据技术之争。在大数据技术的支持下,人与物流设备之间、设备与设备之间形成更加密切的结合,形成一个功能庞大的智慧物流系统,实现物流管理与物流作业的自动化与智能化。可以说,大数据技术是构建智慧物流的基础。

一、大数据的内涵

大数据是一个体量特别大,数据类别特别大的数据集,并且这样的数据集无法用传统数据库工具对其内容进行抓取、管理和处理。大数据是指其大小超出了典型数据库软件的采集、储存、管理和分析等能力的数据集合。

大数据，又称为巨量资料，指需要新处理模式才能具有更强的决策力、洞察力和流程优化能力的海量、高增长率和多样化的信息资产。

"大数据"的经典定义可以归纳为4个V：海量的数据规模（volume）、快速的数据流转和动态数据体系（velocity）、多样的数据类型（variety）和巨大的数据价值（value）。

大数据技术的战略意义不在于掌握庞大的数据信息，而在于对这些含有意义的数据进行专业化处理。换言之，如果把大数据比作一种产业，那么，这种产业实现盈利的关键在于提高对数据的加工能力，通过加工实现数据的增值。

二、互联网时代大数据的来源

1. 内容数据

互联网时代，每个人都成为了媒体，都在网络上生产内容，包括文字、图片、视频等。

2. 电商数据

随着电子商务的发展，线上交易量已经占据整个零售业交易的大部分。每一笔交易都包含了买家、卖家以及商品背后的整条价值链条的信息。

3. 社交数据

随着移动社交成为最主要的社交方式，社交不仅仅只有人与人之间的交流作用，社交数据中包括了人的喜好、生活轨迹、消费能力、价值取向等各种重要的用户画像信息。

4. 物联网数据

各行各业都出现了物联网的需求和解决方案，每时每刻都在产生巨量的监测数据。那么如此之多的数据，包含着很多有价值的信息，这些信息并不是以直观的形式呈现出来的，需要有办法对这些数据进行处理，无论是计算、存储还是通信，都提出了很高的要求，云计算的相关技术就是对巨量数据的计算、存储和通信的解决方案。

三、大数据的发展历程

大数据的发展可以分为三个阶段：

第一阶段是数的产生，早在公元前8000年，两河流域的苏美尔人将各种形状的小的黏土记号像珠子一样串在一起，保留记数实物来记数信息。

第二阶段是产生于近代的数据科学，是以统计学作为基础，特别是云计算等技术的成熟，巨量数据的计算存储已不再是问题，并且大数据应用显现出巨大价值的时候。

第三阶段，大数据时代到来。大数据时代的显著特征之一就是可以利用数据的相关性来解决问题，而不只是依赖因果关系，创新的数据应用开始层出不穷。而基于大数据技术的深度学习等人工智能的发展，特别是谷歌AlphaGo的成功，让我们更加认识到大数据技术可以突破人的认知能力极限，因此，一个真正革新的时代来临了。

四、大数据的价值

大数据的价值不仅在于其原始价值，更在于数据之间的连接、大数据扩展、再利用和重

组。例如,京东利用物流大数据加上用户交易数据,推出的移动商店就大受欢迎。另外,大数据开放对于提升整个社会的发展水平具有重要作用。大数据作为数字资产,可以重复利用,不像资源类的零和游戏,政府、协会等社会组织可以收集数据脱敏后对社会开放,为社会服务,创造出更大的社会价值。

五、大数据变革商业

在大数据时期,个性化将颠覆一切传统商业模式,成为以后商业进展的终极方向和新驱动力。大数据为个性化商业应用提供了充沛的养分和可持续进展的沃土,如基于交叉融合后的可流转性数据、全息可见的消费者个体行为与偏好数据等。以后的商业能够通过研究分析这些数据精准挖掘每一名消费者不同的爱好与偏好,从而为他们提供专属的个性化产品和服务。

但是纵观整个中国互联网,海量规模的大数据却与个体消费者针对性需求存在着庞大的鸿沟。现今,每一个企业对其用户的了解都是片面的或单个维度的。例如,卖运动装的网站 A、卖休闲装的网站 B 和卖包的网站 C,都了解用户在自己网站的偏好,但却无法了解用户在自己网站外的行为和偏好。

试想一下,若是网站 A 能够了解它的用户在网站 B 和 C 上的爱好(比如喜爱紫色的休闲衣服和包),就能够加倍精准地为该用户提供其喜爱的运动装。这不仅能增强了网站的转化率,也可大幅改善了用户体验。一旦打通消费者在多个领域内(比如购物、资讯、交友、娱乐等)的数据,就能够通过大数据构建挖掘消费者全面的爱好图谱。

实现如此的营销变革,首先就需要解决大数据的信息"孤岛"问题,从海量数据中分析与挖掘出最符合用户需求的特性参数,从而提供基于大数据的个性化推荐,增进用户消费。

六、大数据开启时代转型

大数据重构了传统零售业,是未来零售业变革的催化剂。数据的产生和收集本身并没有直接产生服务,最具价值的部分在于:当这些数据在收集以后,会被用于不同的目的,数据被重新再次使用。

大数据会为各行各业带来效率,而大数据对于服务业来说不仅仅是效率,更多的是创新。比如沃尔玛会在手推车上追加跟踪器,根据推车路径来改进货架的摆放。日本、英国也有通过人脸识别来做数据的分析,从而获得性别、年龄、人种等数据。

大数据产业的长足发展推动我国经济发展水平提升到更高级的阶段——数字经济。

大数据这一系统工程的发展分两个阶段:第一阶段实现了数字产业化,也即数字经济的基础,依赖于信息化企业的技术创新和运营商基础设施及网络的发展,电子信息制造业、信息通信业、软件服务业等通过大数据技术变革实现了产业升级。

第二阶段是产业数字化,即"大数据+传统产业",大数据应用遍地开花,制造业、工商业、金融业等传统行业的生产效率和产品品质得到大幅度提升。同时,通过与大数据技术的融合,传统产业还逐步衍生出个性化的生产交付方式、服务化的产品售前售后等,实现了质的飞跃和升级。

未来,各产业与大数据的融合度只会越来越深。比如,以大数据为代表的创新意识和传统产业长期孕育的工匠精神结合起来,能让新旧动能融合发展,改造提升传统产业,为中国经济发展打造新引擎。

七、大数据给商业带来的影响

客户是企业的重要数据源。当大量客户位于同一平台上时,将生成无数个数据源。企业通过对大数据的综合分析来分析这些数据源,并探索大数据客流分析。通过计算人群热指数的潜力图、竞争产品的分布以及大数据以识别城市生活消费功能区域,可以反映客流状况和购物中心附近客流的潜力。

(一)了解用户方式

今天的客户与过去有很大的不同。大数据的兴起使他们能够在购买产品之前不懈地研究产品,并了解其消费情况。通过使用大数据,客户,用户和产品有机地联系在一起,以个性化用户的产品偏好和客户关系偏好,从而生产出用户驱动的产品并提供面向客户的服务,并从数据中发现适合企业发展环境的社会和业务形式,使用数据进行挖掘并了解用户和客户对产品的态度,并准确发现和解读用户的许多新需求和行为特征。

(二)锁定资源方式

通过大数据技术,在企业运作方式中,公司可以收集并分析运作方式中所需的资源的挖掘,特定条件和储备分布等,从而形成基于企业的资源分布图,就像"电子地图"。各种优势将是"点对点"数据化和图像化显示,从而使企业管理者可以更直观地查看自己的企业,并更好地利用各种现有和潜在资源。如果没有大数据,将很难找到曾经被认为是完全不相关的行为之间的相关性。如果没有大数据,能将这两者联系起来几乎是不可能的事情。

(三)计划生产方式

大数据不仅改变了数据的组合方式,而且影响到企业产品和服务的生产和提供。通过用数据来计划生产架构和流程,不仅能够帮助他们发掘传统数据中无法得知的价值组合方式,而且能给对组合产生的细节问题,提供相关性的、一对一的解决方案,为企业开展生产提供保障。更好地帮助企业做到"未雨绸缪"。大数据的虚拟化特征,大大降低了企业的经营风险,使企业能够在生产或服务尚未展开之前就给出相关确定性答案,让生产和服务做到有的放矢。

(四)运作方式

通过大数据的相关性分析,根据不同品牌市场数据之间的交叉、重合,企业的运作方式方向将会变得直观而且容易识别,在品牌推广、区位选择、战略规划方面将做到更有把握地面对。不用像过去一样每天做市场预测,还要依靠自身资源、公共关系和以往的案例来进行分析和判断,得出的结论往往也比较模糊,很少能得到各自行业内的足够重视。

(五)服务开展方式

通过大数据计算,社会信息数据,客户交互数据等,可以帮助公司进行横向设计和品牌信息的细分。

第二节 大数据与智慧物流

一、物流大数据定义

物品从供应地到接收地的实体流动过程,根据实际需要,将运输、储存、装卸、搬运、包装、流通加工、配送、信息处理等基本功能实施有机结合。

基于目标客户、运输时效、标的重量、资费价格等不同,运输方式主要分整车运输、零担运输和快递运输三种模式。

电商的发展尤其是网络购物的爆发式增长大大促进了快递业的发展,使其成为社会商品流通的重要渠道。同时,以快递为主要形态的电子商务物流服务业成为了物流行业创新最前沿领域,是物流行业智能化的最集中体现。

物流的大数据,即运输、仓储、搬运装卸、包装及流通加工等物流环节中涉及的数据、信息等。通过大数据分析可以提高运输与配送效率、减少物流成本、更有效地满足客户服务要求。

物流大数据将所有货物流通的数据、物流快递公司、供求双方有效结合,形成一个巨大的即时信息平台,从而实现快速、高效、经济的物流。

二、大数据与智慧物流的关系

智慧物流就是以大数据处理技术为基础,利用软件系统把人和设备更好地结合起来,系统不断提升智能化水平,让人和设备能够发挥各自的优势,达到系统最佳的状态,并且不断进化。

智慧物流相比普通物流业多了智能化的运作,这就要依托大数据的应用。智慧物流,指的就是利用集成智能化技术,包括大数据、AI、人工智能、云计算等,使得现有物流系统能够模仿人脑进行智能运作,具备学习、感知、推理等能力,实现物流配送的自动化、信息化和网络化。

在"互联网+"的大环境下,智慧物流成为业界一致追求,智慧物流的基础就是大数据相关的技术。以大数据为基础的智慧物流,在效率、成本、用户体验等方面将具有极大的优势,也将从根本上改变目前物流运行的模式,"双 11"就是典型的案例。

大数据在智慧物流中大有可为,其作用不可小觑。例如,根据对用户的大数据分析,能够预测核心城市各片区的主流单品的销量需求,提前在各个物流分站预先发货;或者根据历史销售数据和对市场的预测,帮助商家制定更精准的生产计划,帮助他们在合适的地区进行区域分仓等。从物流网点的智能布局,到运输路线的优化;从装载率的提升,到最后一千米的优化;从公司层面的决策,到配送员的智能推荐等,从点到面,大数据逐步提升智能化水平。合理地运用大数据,将对物流企业的管理与决策、客户关系维护、资源配置等方面起到相当积极的作用。

三、物流企业应用大数据的优势

面对海量数据,物流企业不该仅仅把大数据看作是一种数据挖掘、数据分析的信息技术,而应该把大数据看作是一项战略资源,充分发挥大数据给物流企业带来的发展优势,在战略规划、商业模式和人力资本等方面作出全方位的部署。

(一)信息对接,掌握企业运作信息

在信息化时代,网购呈现出一种不断增长的趋势,规模已经达到了空前巨大的地步,这给网购之后的物流带来了沉重的负担,对每一个节点的信息需求也越来越多。每一个环节产生的数据都是海量的,过去传统数据收集、分析处理方式已经不能满足物流企业对每一个节点的信息需求,这就需要通过大数据把信息对接起来,将每个节点的数据收集并且整合,通过数据中心分析、处理转化为有价值的信息,从而掌握物流企业的整体运作情况。

(二)提高物流的智能化水平

通过对物流数据的跟踪和分析,物流大数据应用可以根据情况为物流企业做出智能化的决策和建议。在物流决策中,大数据技术应用涉及竞争环境分析、物流供给与需求匹配、物流资源优化与配置等。

在竞争环境分析中,为了达到利益的最大化,需要对竞争对手进行全面的分析,预测其行为和动向,从而了解在某个区域或是在某个特殊时期,应该选择的合作伙伴。

在物流供给与需求匹配方面,需要分析特定时期、特定区域的物流供给与需求情况,从而进行合理的配送管理。在物流资源优化与配置方面,主要涉及运输资源、存储资源等。物流市场有很强的动态性和随机性,需要实时分析市场变化情况,从海量的数据中提取当前的物流需求信息,同时对已配置和将要配置的资源进行优化,从而实现对物流资源的合理利用。

(三)降低物流成本

由于交通运输、仓储设施、货物包装、流通加工和搬运等环节对信息的交互和共享要求比较高,因此可以利用大数据技术优化配送路线、合理选择物流中心地址、优化仓库储位,从而大大降低物流成本,提高物流效率。

(四)提供依据,帮助物流企业做出正确的决策

传统的根据市场调研和个人经验来进行决策已经不能适应这个数据化的时代,只有真实的、海量的数据才能真正反映市场的需求变化。通过对市场数据的收集、分析处理,物流企业可以了解到具体的业务运作情况,能够清楚地判断出哪些业务带来的利润率高、增长速度较快等,把主要精力放在真正能够给企业带来高额利润的业务上,避免无端的浪费。同时,通过对数据的实时掌控,物流企业还可以随时对业务进行调整,确保每个业务都可以带来赢利,从而实现高效的运营。

(五)培养客户黏性,避免客户流失

网购人群的急剧膨胀,使得客户越来越重视物流服务的体验,希望物流企业能够提供最

好的服务,甚至掌控物流业务运作过程中商品配送的所有信息。这就需要物流企业以数据中心为支撑,通过对数据挖掘和分析,合理地运用这些分析成果,进一步巩固和客户之间的关系,增加客户的信赖,培养客户的黏性,避免客户流失。

(六)数据加工从而实现数据增值

在物流企业运营的每个环节中,只有一小部分结构化数据是可以直接分析利用的,绝大部分非结构化数据必须要转化为结构化数据才能储存分析。这就造成了并不是所有的数据都是准确的、有效的,很大一部分数据都是延迟、无效的甚至是错误的。物流企业的数据中心必须要对这些数据进行加工,从而筛选出有价值的信息,实现数据的增值。

四、物流大数据的来源

要想充分构建智慧物流,首要考虑的是必须获得可靠的数据来源,那么,物流大数据方案提供商能从哪些方面获取海量数据呢?

第一,消费者的物流数据,包括消费者收货地址、服务选择、对物流公司的评价数据等。

第二,商家的物流数据,包括商家发货地(通过物流公司揽收网点解析)、商家的发货速度、商家总体以及每个合作伙伴的时效/评分/投诉等、商家对物流公司的选择偏好等。

第三,物流公司数据,例如,全国主要物流公司都向一个共享平台实时推送包裹跟踪数据,平台通过对包裹跟踪数据进行分析挖掘,解析出物流公司的路由网络。

第四,其他社会数据气象数据,可以通过和中国气象局的合作,采集全国的天气预测和实况的数据;交通实况的数据可以通过和高德地图的合作,采集全国交通实况的数据。

物流或者电子商务及周边企业要想充分实现大数据智慧物流,必须解决优质数据来源与采集问题。

五、大数据在物流企业中的应用场景

在大数据技术和物流大数据本身的保障下,可以开展多种应用,如从物流网点的智能布局,到运输路线的优化;从装载率的提升,到最后一千米的优化;从公司层面的决策,到配送员的智能推荐等,从点到面,逐步提升智能化水平,智慧物流将显示出在效率、成本、用户体验方面的优势。

智慧物流就是以大数据处理技术为基础,利用软件系统把人和设备更好地结合起来,系统不断提升智能化水平,让人和设备能够发挥各自的优势,达到系统最佳的状态,并且不断进化。

智慧物流作为一个新的社会基础设施,一端连接着消费者,通过满足消费者更加多样化的需求,提供更好的消费体验,不断促进消费升级;另外一端连接着供应商,使得供应链得到深入优化,所以智慧物流向前发展,有着广阔的前景,我们将看到越来越多基于大数据的精彩应用。

在这个信息爆炸的时代,物流企业每天都会涌现出海量的数据,特别是全程物流,包括运输、仓储、搬运、配送、包装和再加工等环节,每个环节中的信息流量巨大,使物流企业很难及时、准确地处理这些数据。随着大数据时代的到来,大数据技术能够通过构建数据中心,挖掘出隐藏在数据背后的信息价值,从而为企业提供有益的帮助,为企业带来利润。

物流企业正一步一步地进入数据化发展的阶段,物流企业之间的竞争逐渐演变成数据之间的竞争。大数据能够让物流企业能够有的放矢,甚至可以做到为每一个客户量身定制符合他们自身需求的服务,从而颠覆整个物流业的运作模式。目前,大数据在物流企业中的应用场景主要有以下一些方面:

(一)市场预测

商品进入市场后,并不会一直保持最高的销量,是随着时间的推移,消费者行为和需求的变化而不断变化的。在过去,我们总是习惯于通过采用调查问卷和以往经验来寻找客户的来源。而当调查结果总结出来时,结果往往已经是过时的了,延迟、错误的调查结果只会让管理者对市场需求做出错误的判断。而大数据能够帮助企业完全勾勒出其客户的行为和需求信息,通过真实而有效的数据反映市场的需求变化,从而对产品进入市场后的各个阶段作出预测,进而合理控制物流企业库存和安排运输方案。

1. 库存预测

互联网技术和商业模式的改变带来了从生产者直接到顾客的供应渠道的改变。这样的改变,从时间和空间两个维度都为物流业创造新价值奠定了很好的基础。大数据技术可优化库存结构和降低库存存储成本。

运用大数据分析商品品类,系统会自动分解用来促销和用来引流的商品;同时,系统会自动根据以往的销售数据进行建模和分析,以此判断当前商品的安全库存,并及时给出预警,而不再是根据往年的销售情况来预测当前的库存状况。总之,使用大数据技术可以降低库存存货,从而提高资金利用率。

2. 运输破损能力的预测

通常而言,用于制造生产的零部件的质量决定了最终成品的质量。因此,公司不但要确保其生产过程运行顺利,还要防止有缺陷的部件被组装。但是,在生产部件被运输到生产线的过程中,尤其是敏感材料很可能已经受到严重损害,但是这些被损害的部件有时要么被发现得太晚,要么根本就没有被发现而被组装成了成品。

在智慧物流平台上,可以将客户相关的数据如预测、计划、采购订单、运输订单等和实时传输的物联网数据相结合。通过智慧物流平台,客户可以实时监测在途货物的损坏情况。

数据分析显示,某些供应商在某些运输路线上造成运输物料损害的可能性很大,那么下一步客户可以通过优化线路规划避免这类问题。智慧物流大数据使企业能够预测交货问题,提前采取预防措施,确保组装部件的质量,从而提高生产质量和客户满意度。

3. 物流设备修理预测

美国 UPS 公司从 2000 年就开始使用预测性分析来检测自己全美 60 000 辆车规模的车队,这样就能及时地进行防御性的修理。如果车在路上抛锚,损失会非常大,因为那样就需要再派一辆车,会造成延误和再装载的负担,并消耗大量的人力、物力。

以前,UPS 每两三年就会对车辆的零件进行定时更换,但这种方法不太有效,因为有的零件并没有什么毛病就被换掉了。通过监测车辆的各个部位，UPS 如今只需要更换必要零件，节省了好几百万美元。

（二）分析交付可靠性

生产材料通常需要经过长途运输方能到达工厂，通常需要使用不同的运输工具进行运输，比如途经集散中心，先用卡车陆运几个星期，再改用铁路运输，最后再回到陆运。

通常这样的运输路线会存在几个信息盲点，无法掌握货物当前的准确位置，尤其是海运，情况更加困难，比如风暴使船偏离了航线，或者由于意想不到的港口容量问题可能会导致卸货延迟，还有更多突发的情况可能会影响原定的预计到达时间，从而打乱了原本的计划。

然后公司却可能需要几天甚至几周的时间才能了解到这一情况。为了不影响生产计划，物料计划员必须紧急查看是否还有库存可以填补缺口，或者迫于时间的压力不惜高价加购。

交货延迟和故障会造成相当大的财务损失，这就是为什么越来越多的公司会对其供应商进行详细评估：供应商是否可靠？是否会在约定的期限内交付商定的数量？由于其过去曾有过未能如期交货的情况，是否还会再次出现这种情况？

智慧物流大数据便能有效缓解这一情况的发生，所有的需求信息和业务数据都集中在数据库里，然后整合卫星的定位数据，从而实时精确定位船的位置。

根据这些位置数据和相关信息，智慧物流平台可以计算是否仍然能够在预计到达时间内到达，还是交付会延迟几天或者几周。这样即使物料仍在途，客户可以提前甚至几周就收到延误警报并且根据现状重新进行安排。

利用智慧物流大数据可以对供应商服务进行深度剖析，聚焦客户需求，分类统计，同时建立对供应商评价标准和对客户分层分级管理，如图 10-1 所示。

简而言之，智慧物流大数据可以帮助企业尽早发现问题，为及时找到补救方案并且最大限度减少对生产的影响争取到了宝贵的时间。

（三）物流中心的选址

物流中心选址问题要求物流企业在充分考虑到自身的经营特点、商品特点和交通状况等因素的基础上，使配送成本和匿定成本等之和达到最小。针对这一问题，可以利用大数据中分类树方法来解决。

（四）车货匹配

通过对运力池进行大数据分析，公共运力的标准化和专业运力的个性化需求之间可以产生良好的匹配，同时，结合企业的信息系统也会全面整合与优化。通过对货主、司机和任务的精准画像，可实现智能化定价、为司机智能推荐任务和根据任务要求指派配送司机等。

从客户方面来讲，大数据应用会根据任务要求，如车型、配送千米数、配送预计时长、附加服务等自动计算运力价格并匹配最符合要求的司机，司机接到任务后会按照客户的要求进行高质量的服务。在司机方面，大数据应用可以根据司机的个人情况、服务质量、空闲时间为他自动匹配合适的任务，并进行智能化定价。基于大数据实现车货高效匹配，不仅能减少空驶带来的损耗，还能减少污染。

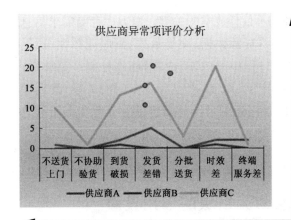 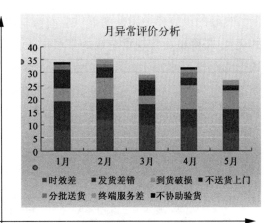
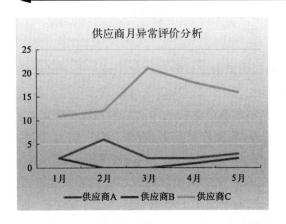 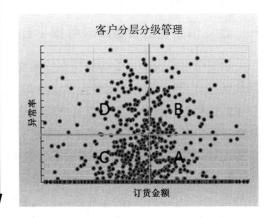

图 10-1　对供应商服务进行深度剖析以及客户需求分析

（五）优化配送线路

配送线路的优化是一个典型的非线性规划问题，它一直影响着物流企业的配送效率和配送成本。物流企业运用大数据来分析商品的特性和规格、客户的不同需求（时间和金钱）等问题，从而用最快的速度对这些影响配送计划的因素做出反应（比如选择哪种运输方案、哪种运输线路等），制定最合理的配送线路。而且企业还可以通过配送过程中实时产生的数据，快速地分析出配送路线的交通状况，对事故多发路段做出提前预警。精确分析配送整个过程的信息，使物流的配送管理智能化，提高了物流企业的信息化水平和可预见性。

通过运用大数据，物流运输效率将得到大幅提高，大数据为物流企业间搭建起沟通的桥梁，物流车辆行车路径也将被最短化、最优化定制。

（六）供应链协同管理

随着供应链变得越来越复杂，使用大数据技术可以迅速高效地发挥数据的最大价值，集成企业所有的计划和决策业务，包括需求预测、库存计划、资源配置、设备管理、渠道优化、生产作业计划、物料需求与采购计划等，这将彻底变革企业市场边界、业务组合、商业模式和运作模式等。

良好的供应商关系是消灭供应商与制造商间不信任成本的关键。双方库存与需求信息的交互,将降低由于缺货造成的生产损失。通过将资源数据、交易数据、供应商数据、质量数据等存储起来用于跟踪和分析供应链在执行过程中的效率、成本,能够控制产品质量;通过数学模型、优化和模拟技术综合平衡订单、产能、调度、库存和成本间的关系,找到优化解决方案,能够保证生产过程的有序与匀速,最终达到最佳的物料供应分解和生产订单的拆分。

第三节 大数据在智慧物流领域的应用策略

一、建立信息化的智慧物流数据平台

物流信息平台的主要功能是支持和提供商品的物流信息。智慧物流领域正处于高速发展的状态,而智慧物流数据平台可以协调物流活动的各个环节,所以它可以充分利用大数据技术的优势把各部分的物流信息进行优化处理,调整物流产业链的内部结构和规模布局,对物流运行的各项业务以及配套的服务进行监督管理,平衡好消费者、资金、商品三者之间的资源配置,提高物流资源的利用水平与效率。

智慧物流信息化数据平台就如同仓库一样,拥有存储的功能。同时相关的物流企业或者公司业务中涉物流的企业都可以入驻这个平台,对本公司的数据信息进行存储工作,提高公司运行的效率。智慧物流信息平台还具有信息分类和沟通的作用,能够促进各位物流企业间的数据分享,提高数据的利用率。目前,很多云盘等都可以建立线上云储蓄库进行数据的储存工作,但是部分项目还不够完善。应该充分吸收大数据技术的优势,完善运行的结构与模式,为更多的企业提供数据服务,实现智慧物流信息平台的价值。当企业要寻找某一组数据时,使用抓取功能就可以快速获取了。

(一)提高大数据搜集和运用能力

对企业大数据的分类研究和综合利用主要过程包括了大数据的分类搜集、资料分析储备、资料分析计算和数据分析三个主要方面,除了对所有物流配送的及时和安全进行管理外,整个物流配送管理过程中也是完全自动可查和实时可视化的,如此安全人性化的系统设计,得益于移动互联网和商业大数据的先进技术支持。

(二)加强物流信息平台的安全防护系统

尽管目前大数据的安全和风险防范技术正处于不断发展进步中,但是它们之间的资源共享和安全问题依旧普遍。物流企业在充分运用互联网和云计算等技术进行运营管理的同时,还需要进一步加强消费者的个人隐私信息。

二、运用 PDCA 循环技术优化数据

大数据技术可以对智慧物流的数据进行高效挖掘与清洗。使用 PDCA 循环技术可以对

数据进行有效的优化,它为物流的质量管理提供了指导思想和方法对策。对PDCA技术进行解析,其中P指的是计划,可以采用网络信息结构、云存储、可视化结构的模式进行数据的挖掘。D指的是结合设计的方案与具体的规划,进行数据规划,最后达成目标的过程。C指的是核查数据的任务,看是否存在遗漏或者不清楚的情况,并在检查中发现有价值的信息。A具有处理的功能,即清除不干净的数据,查缺补漏。在运行中可以多次使用PDCA循环技术,提高数据的清洁度,挖掘出更多具有经济效益的数据。

三、提高智慧物流发展的分析能力

在智慧物流领域的核心是数据分析技术。广泛应用大数据技术,加强物流智能化体系的构建,对物流的数据进行深度挖掘,提高物流数据分析的广度。可以采用维度数据分析的方式,对物流的运行模式进行判断与预测,提高运作的智能性与合理性;对数据进行对角度的挖掘,判断物流运行管理的模式,保障运行的科学性。企业应该结合自身发展情况制定适宜的数据分析模式,提高实际的分析能力,保障对企业下阶段工作的合理预测,精准把握行业内的商机,增加自身的市场竞争力。例如,某化妆品电商应用大数据技术,预测行业内的潮流走向,领先于其他店铺推出更能够抓住年轻消费者心理的产品,在市场中把握了先机,获得充足的经济收益。

四、运用大数据分析消费需求实现末端配送智能化

(一)适应大数据与互联网经济创新发展的消费体验需求

在当前的大数据时代下,我们在开展物流终端配送工作中就需要注重对物流终端配送服务方式进行革命性的创新,运用以消费体验和服务为主的大数据分析技术,将其创新技术视为物流终端配送可持续性发展的主导驱动力,更好地顺应互联网时代下产业融合发展的市场经济环境。通过大数据对接消费需求的分析和扩散,从互联网+大数据+消费需求的分析和实际运用中能够更好地满足广大消费者的体验性需求,从而在实践中获取互联网+大数据在经济创新发展过程中的价值和创造性能力。

(二)结合O2O的消费要求促使物流终端配送服务品质的提高

不管在线上或线下,运用O2O商家对于购物终端商家的消费体验和购买需求进行大数据分析,把握消费者对于O2O商家购物终端的配送与消费体验和购买需求之间的差距。针对每位消费者不同种类的特色物流终端配送经营体验的不一样化需求,从空间、时机等多种方面为广大客户量身定制的特色物流终端配送经营体验服务,使广大客户能够在家中更好地享受和感知到更佳的物流终端配送经营体验。

(三)适应和满足互联网+大数据时代下对于消费者信息技术的体验要求

消费者对于各种物流终端配送的交易及时查询、配送在途的情况等都感到非常迫切,通过对于消费者在互联网中的信息技术经历和体验要求的分析,凸显了我国物流企业在进行末端配送管理工作中所处的各种技术环境和管理条件及其智能化程度,从而实现我国物流企业的末端配送管理智能化。

五、通过大数据分析实现仓储智能化

(一) 利用大数据对商品进行分析

确保商品适当存放储位,对于大大提升仓容利用率,以及在储存和搬运之后的货物分拣工作效果都来说是一个非常重大的课题。对于一些运输商品的数量大、进行出货次序多以及频率快等物流交通枢纽来讲,商品储位意味着它们的工作效率和经济效益,通过利用互联网和大数据物流平台对海量的货品信息关联进行了数据挖掘,比如说物品情况,大致要了解物品大小、物品重量、物品数量、物品种类取放规律等。

(二) 利用大数据对仓储选址进行分析

仓储的合理位置对于提高搬运效率和仓储利用率等都是具有十分必要的价值。在有若干商品供给点及若干商品需求点的经济发展区域内,需要正确选址,如若选址不当,会造成不小的损失。但是这个数据量尤为大,难以完全分析到位。如今,企业可以使用大数据进行数据分析,第一步进行数据采集,输入相应的区域进行定制,找到设立仓库需要的几个维度的数据。第二步,进行数据结果分析,分析人口数量密集程度、交通情况、房价、地皮价格、交通情况等数据。第三步,则需要根据企业自身的条件,对各个因素进行打分,设置一个取值范围,然后根据这些进行一个标准的给分,再把每个因素针对各自的权重进行相乘,从而计算出每个备选方案的得分,从而可以选出最优方案。最优点则是降低了人为情感评判,经过大数据分析,为企业仓储选址量身订造,从而实现仓储选址智能化。

六、运用大数据分析竞争环境完成多方企业合作

(一) 利用大数据分析目标市场挑选合作企业

企业可以通过对互联网和大数据技术进行分析寻找目标客户和市场,找出自身优势互补的科技企业,积极参与各方之间的关系,并建立一种优势互补及合理竞争的战略伙伴机制,以此来改善和增强整个企业的物流业务运行与经营效率。这样便可为我们的客户提供一批优秀的和具有独特价值的物流企业和大数据,形成一批在市场上具有核心竞争力的物流企业。

(二) 利用大数据分析竞争对手来选择合作企业

在企业的竞争环境分析中,需要针对自己的竞争者和客户进行全面的分析,预测他们的行为和发展动向,从而帮助我们了解在某一区域或者是在某一特殊的时期,应该考虑如何选择哪一种类型的合作关系。大数据的分析平台相对于以前的信息情报系统,能够更加迅速地察觉出竞争对手的行为,对其未来可能做出的行为进行推断,帮助企业及时判断并采用合适的解决方法,给企业更多的时间去寻找合适的合作伙伴来应对已经出现或者可能要出现的问题。

七、加强智慧物流人员的职业素养

首先从智慧物流的角度出发,系统运行的主体是"人",所以应该加强对运行工作者的管

理,提高他们的专业能力。

应该结合智慧物流的运行模式,引进新鲜的血液。与人力管理部门合作,改革原有的招聘制度,选择具有充足物流经验与管理意识的人才,提升运用大数据技术的意识,为智慧物流领域增加活力。政府、企业、学校之间构建良好的合作关系,做到政、产、研、学一体化。通过大数据找到合适的物流智能化技术人才,可以利用互联网和大数据技术对于人才进行全方位评估,作为引进人才做出决策的依据。

培养大物流智能化技术人才。首先,物流企业本身就应当积极地采用企业技术培训、自我学习、校企合作等各种形式,增进对于企业内部以及全体员工的专门技术培训和信息化教育,提高企业内部以及全体员工的信息化和企业大数据意识,使他们能够更好地了解和掌握企业物流运输和服务以及企业内部的大数据技术应用知识和技能,并进一步地加强企业内部以及全体员工之间的相互学习和实践经验相互交流,提升企业物流公司的管理人员和企业内部所有员工的整体综合素质和能力。有关部门还应该进一步加大物流智能化相关领域的资金投入,加快物流智能化相关应用技术的开发研究,对于物流智能化相关领域的大数据及其他高科技应用企业也要给予一定的扶持和政策。

本章案例

案例10-1 海尔日日顺智慧物流平台生态分析

面对物联网时代的挑战,日日顺物流早已开始探索基于物流引领的社群交互平台,通过布局在城市的社区快递柜、布局在农村的水站站点为入口,形成一个以城市为核心竞争力的社群用户交互平台,实现一体化的服务,通过一体化来赢得体验经济的终身用户。其探索实践可用客户定制化、服务场景化、企业平台化来概括。

1. 企业平台化

日日顺的企业平台化即建立诚信生态、共享平台,把整个日日顺变成开放的创业平台,变成共创、共赢、共享的平台。这个平台包括两端:一端是互联共享的客户资源,包括品牌商、渠道商,还有一些在日日顺平台上创业的中小微的物流企业带来的资源;另一端是互通共创的物流资源。日日顺平台是以诚信为基础,以用户的全流程最佳体验为核心为客户创造价值。

之所以提出平台化实践,是因为物流行业正在进入资源共享的时代,企业要做的是整合用户、企业、货主、车主的不同需求和痛点,对需求进行分类整合;借助开放平台和物流资源的共享,随着用户需求的变化不断演进来提供相应的服务,为企业发展和进化提供源源不断的支持。

在平台化方面,日日顺拥有中国大件物流行业首个全网共享的三级分布式云仓网络和中国大件物流唯一全网覆盖极速送装、到村入户的服务网络,包括多元化干线集配网、三级分布式仓储、仓配一体化网、最后一千米末端网和连接城村的服务网。

如日日顺在大家电物流行业开放了资本、仓储网络和最后一千米送装网络,与阿里巴巴形成战略合作,并与菜鸟网络实现共创共赢;在大家居行业,日日顺把对家居客户提供的送装修的服务进一步开放共享,菜鸟和一些品牌商也战略投资了日日顺的家居部门。

另外在快消、零担、冷链等方面日日顺也都有资源开放和资本开放的举措,日日顺开放创业平台的实质是通过整个资源的开放、有关方协同,整合平台上创业的有关方和日日顺的优势资源结合起来,优势互补,协同发展,实现共享经济中的有关各方利益最大化。

2. 供应链定制化

供应链定制化是由于线上线下融合的营销模式驱动物流模式的升级。传统的物流服务是按照客户的要求提供,用标准化的物流服务即可,而定制化的物流供应链服务则是为客户提供一体化的定制解决方案,参与客户前端营销模式,包括供货的策略、线上线下的打通,最终实现销售下沉、库存共享的"五通":库库通、店库通、车库通、人库通、人车通。

通过对客户销售数据的分析和预测,日日顺建立了一个"五通"的库存共享机制,缩短了整个配送总周期,提升了用户体验,这其实就是把供货策略和前端紧密结合在一起。

日日顺物流通过参与客户营销模式的变革,制定相应的布货策略和库存共享机制,依托分布式云仓网络来缩短配送周期,以少量的仓来实现全国的覆盖,实现按需的配送,降低客户全部的库存成本,同时通过一体化的解决方案来降低客户全链路的运营成本。

3. 服务场景化

场景化服务本质上是客户体验的进一步升级,最初的客户需求是安全送达即可;随着消费者为中心的商业环境逐步发展,客户体验也升级为按约送达、送装一体;而在接下来的场景商务时代,按需服务将成为客户体验升级的下一个阶段,即按照客户的需求提供服务,除了送装一体服务,日日顺物流平台通过用户的评价来驱动司机跟用户零距离交互,并从最后一千米的送到服务,升级到领先一千米的社群服务,按照用户的需求提供有温度的个性化的服务。

日日顺物流通过在城市社区快递柜的入口和在农村布局的站点入口,布局形成一个以城市为核心竞争力的社群用户交互平台,使整个平台成为一个用户需求的部门和沉淀用户流量的部门。

日日顺物流的服务目标不是送到产品,而是得到终身用户,即通过有温度的触点和服务,对接基础物流服务的口碑支撑,实现用户体验迭代。日日顺在全国布局了 30 多万有温度的触点,通过城市与乡村的社群小管家,搭建起以用户体验为核心的开放生态圈。

在智慧物流实践方面,日日顺物流以用户的全流程最佳体验为核心,将物流地产商、仓储管理合作商、扫描设备商、机械化作业设备商、仓储自动化设备商、IT 公司以及建设商等聚合在同一平台上,按单聚散优秀资源。

在物流设备上,无人盘点机、地牛车、爬楼机器人、智能化的 AGV 自动牵引车、RF 扫描设备、智能夹抱车、立体货架等均已在日日顺智能仓储中得到应用。

作为国内大件物流领导品牌,日日顺物流通过采用云计算、大数据、移动互联、RFID、传感器、GPS/北斗等信息工具,打造全流程可视、可控、可追踪的共创共赢物流生态圈平台,实现物流货源、仓储资源、干线资源、配送资源、服务资源等多项资源的共享使用,提升资源利用效率,降低企业综合物流成本,为家电、家具、卫浴、健身器材及互补行业客户及用户提供全品类、全渠道、全流程、一体化解决方案。

以"双十一"的物流配送为例,日日顺物流通过容量管控、仓配雷达、车辆轨迹平台、智慧云仓等实现物流的智能化配送,通过自动化设备和信息技术手段来实现海量订单和包裹的高效处理。

(1) 容量管控。容量管控是指通过摸排日日顺物流在每个区县最后一千米的配送及安装能力,控制前端用户下单预约的应达日期,从而控制各区域大件商品每天的送装容量。

如日日顺为某条配送线路的日配送量设置的配送上限为20万单,如果当天的订单量达到这个数量时,系统则自动顺延至后一天配送,把前端用户下单时的预约送达日期也自动顺延。对最后一千米订单服务量的管控为日日顺物流的干线作业能力和仓储作业能力也提供保障,确保订单都按应达日期准时送达消费者来保证消费者满意度。

(2) 仓配雷达。仓配雷达是指从时间维度、订单维度、库区交接组维度进行监控仓内作业的接单状态、各关键环节的负荷情况及完成状态,以方便各负责人及作业人员可随时查看各节点的完成状态,从而更好地协调及匹配仓内作业资源。

系统主要用于监控中心配送环节的作业情况,通过数据分析,展现中心的订单接收情况、配车情况、出库情况,以及目的地的订单闭环情况,结合中心和目的地的作业能力,给出中心出库决策,为决策者提供决策数据支撑,避免能力不足导致订单延迟发货情况,或因盲目发货造成目的地订单积存情况。

(3) 车辆轨迹平台。日日顺在2016年前后推出的智能化GPS平台主要有三大功能:车辆轨迹和状态实时跟踪、订单配送轨迹和节点实时跟踪以及干线到车、干线到单、区配到车、区配到运单、区配到配车单轨迹查看等。可实时监测单、车、人,动态跟踪订单轨迹,无缝监控9万辆车、3 300多条支路及2 915个区县,最终实现智能调配,全程可视。

(4) 智慧云仓。日日顺物流以用户体验为核心搭建三级云仓体系,即服务商仓(10个前置揽货仓)、区域仓(5个集货仓CDC,31个始发仓RDC)、城市仓(100个过站仓TC)的云仓布局,配合6 000个大件送装HUB库,商家通过提前备货,可实现次日达服务。

日日顺物流各级仓库之间库存可实现共享,系统根据订单就近仓库发货,提高配送时效的同时减少了货物因多次中转换装造成的破损。最后通过引入无人智能仓库、电子面单等技术,从商品入库、上架、存取、出库全过程都在算法指引下通过自动化设备完成,大幅提升了仓库周转效率和精确性。

目前日日顺物流仓内所有的商品从入库、存取、出库全过程都是在算法指引下完成,通过AGV实现货物仓内自动运输,通过计算库位系数、库位健康度来实现指导并垛作业和提升仓库利用率。通过AGV自动搬运,货到车、库内无人化、货到人分拣模式,可有效避免了人工搬运过程中可能造成的货物损坏,实现产品全程不落地,质量零损失。

消费者在电商平台下单后,杭州仓运营中心会即时获得订单信息,通过自动化流水线,订单中的货品从立体货架上取下,经过拆垛、信息比对,运送到仓库出库月台,整个过程作业效率可有效提升66%,拣货正确率几乎可达100%。商品备好之后,司机根据拣货后库外大屏显示备货区信息进行提货,并按照系统规划的最优送货路线,将货物按照预约时间送到用户手中。

日日顺物流的智能仓将RF/WMS/IWMS/TPS/RCS/WCS等六大智能系统整合,实现了仓内全流程可视,人、单、货、库的智能交互。通过仓库入口的巨大的显示屏幕,可以实时监控库内AGV的任务状态、位置、轨迹、异常等状况,还能够清晰梳理库区的出库客户单数、出库订单进度、入库单量趋势、出库单量趋势等,智能指导商品入库的合理存放,提高仓储运输的合理性和工作效率。

按照近期历史订单和往年同期的订单情况,通过系统计算,估算货品的受欢迎程度并自动分配库位,动态调整"冷热区",即冷门货品放置在较远的货架,热门货品放置在较近的货架,满足不同频次不同数量SKU最优出入库,最大限度提高订单量大的热门货品运送效率。

案例10-2　中国中铁智慧物流供应链平台的建设实践

中国中铁智慧物流与供应链协同服务的平台,其核心内容是物流管理,该平台通过用户信息维护、项目计划、合同管理、运输作业、运营大数据等功能,为中国中铁股份有限公司下属各单位、项目部、承运单位和各类生产单位、供货商等提供建筑行业供应链的数智化解决方案,打破信息孤岛与各系统的单点瓶颈,并实现物流场景全流程可视化的协同管理平台。

一、建筑行业供应链管理的痛点

建筑工程行业具有标准化程度低、建设周期长、产业链规模大等复杂性,对于建筑工程供应链协同提出了更高要求,在多变的外部环境和需求变动的条件下,为了提升面向工程项目的供应链的保供、保质、降本等供应链服务能力,需要建立更加快捷、高效的供应链协同网络与数字化平台,特别是针对供应链网络企业间的,现场业务协同场景的数字化、智能化服务。

中国中铁智慧物流管理系统以建筑行业业务协同作为系统建设突破口,在角色与业务之间实现低成本的信息交互,保障存储资源与数据价值相匹配。不断完善其供应链生态圈建设,对于建筑行业的供应链起到标杆与示范作用。

二、智慧物流供应链协同中心平台的建设内容

中国中铁智慧物流与供应链协同服务的信息化集成管理创新平台,既符合施工单位及贸易企业对物流业务的经营生产需要,又可以实现运力线上化、管理智能化、数据可视化、内容可追溯等目标,也是提高企业和单位信用,开展供应链金融等多项增值服务的需要。建设物流可视化系统,将企业与物资采购管理相关的外部活动信息纳入系统,可以为多项增值业务的开展创造更加有利的条件。

智慧物流系统在与各个生产单位、发货上游进行对接的同时,完成与试点合作生产单位的系统协同,掌握核心发货数据,实现采购数据、物流运输数据、结算数据等数据的共享,保证信息即时互通、高效协同。全力完成中国中铁供应链业务闭环,实现与BCP系统全线上

化单据互通,链接项目物资、智能收验货、上游钢厂的业务网,为中铁实现全流程实时物流可视化提供帮助。与此同时,将逐步接通支付平台及财务共享系统,实现供应链协同一体化。目前已成功对接攀钢、南钢、陕钢等大型生产制造企业的信息化平台,开展产业链协同合作,并不断推进与欧冶云商、敬业、昆钢等业内知名厂商交易平台的对接工作。

智慧物流供应链协同中心平台的搭建拓宽了建筑行业上下游业务线上化实施的可能性,通过跨企业的信息模式,将数据形成线上化供应链,打破信息孤岛与各系统的单点瓶颈,实现全流程平台化的协同管理。与专业的车联网进行对接,引入行业领先的网络货运平台作为资源服务提供商,打通生产厂商的物流管理平台,建立第四方智慧物流协同服务平台,实时采集车辆行车数据、位置信息、安全行车预警信息。所谓物流,字面化的在途物流信息跟踪是基础,中国中铁智慧物流系统从创建计划到货物签收全业务流程进行了实时跟踪监控,全流程轨迹记录。在业务进程全流程中,实现多点协同,既支持数据自动化,也支持角色对数据进行主动触发,发货人、收货人、承运企业、货运人等均可以通过智慧物流进行业务分发及处理。最后,通过大数据的智能化分析及处理手段,全流程的业务交易数据可支持分发,实现全流程监控。

三、创新应用

1. 经济效益

智慧物流供应链协同平台作为辅助系统有助于智慧物流系统自动获取运单需求,提高效率。以解决中国中铁50%的物流运力匹配估算,如通过提升物流运输效率降低物流成本1%~2%,预计每年度为企业节省物流成本约1亿元。此外,还将带来融资成本、人力成本、审计成本等大量间接经济成本的下降。

2. 管理效益

当前施工企业在运输和收验货环节的管理模式仍以电话沟通、人工清点、人工对账和库存管理为主,对物流信息的管理仍处于低效率、高成本的状态,产生供应风险从而可能影响到项目建设与管理。通过建设智慧物流供应链协同平台、智能验收系统以及项目物资管理系统,不但提高了物流管理的整体水平,同时也提高了采购供应链整体管理水平,为供应链管理闭环打通最后一千米。通过对收发货企业、运输单位、采购物资的物流信息(品种、规格、数量、质量等)进行采集、编码、传输、储存、统计等,实现数据的在线可视化管理,可以对物流运输环节进行有效监督、监控,降低沟通成本,减少各个环节的人力投入,提高协作效率。

3. 社会效益

首先,更广泛的在线供应链协同服务打通了货主、承运方与采购方之间的信息壁垒,使物资流通环节的信息更加对称,加速物资流动效率。有利于全产业链的协同共享和高效发展。其次,智慧物流供应链协同平台通过采集、整合、统计、分析物流信息数据,优化供应链体系,加强对风险的控制,响应国家交通运输体系智能化发展规划以及智慧供应链体系建设。考虑到目前建筑型中央企业电商平台较少实现供应链协同平台的建设,供应链协同平台,构建中国中铁供应链生态圈也有利于创新业务模式,为建立全行业的供应链生态圈系统起到示范作用,也能为高效节能的绿色供应链提供服务。

 本章思考题

1. 互联网时代大数据的来源有哪些?
2. 如何理解大数据与智慧物流的关系?
3. 物流企业应用大数据的优势有哪些?
4. 大数据在物流企业中的应用场景有哪些?
5. 大数据在智慧物流领域的应用策略有哪些?

图书在版编目(CIP)数据

智慧物流管理／殷延海主编. —上海：复旦大学出版社，2023.1(2024.11 重印)
新零售系列教材
ISBN 978-7-309-16270-7

Ⅰ.①智… Ⅱ.①殷… Ⅲ.①智能技术-应用-物流管理-教材 Ⅳ.①F252.1-39

中国版本图书馆 CIP 数据核字(2022)第 109072 号

智慧物流管理
ZHIHUI WULIU GUANLI
殷延海　主编
责任编辑／于　佳

复旦大学出版社有限公司出版发行
上海市国权路 579 号　邮编：200433
网址：fupnet@fudanpress.com　http://www.fudanpress.com
门市零售：86-21-65102580　团体订购：86-21-65104505
出版部电话：86-21-65642845
杭州日报报业集团盛元印务有限公司

开本 787 毫米×1092 毫米　1/16　印张 15　字数 336 千字
2024 年 11 月第 1 版第 2 次印刷

ISBN 978-7-309-16270-7/F·2895
定价：46.00 元

如有印装质量问题，请向复旦大学出版社有限公司出版部调换。
版权所有　侵权必究